SALTO

A Editora Cultrix e o grupo Meio & Mensagem se uniram para publicar o que há de melhor e mais destacado na área de *business*. Trata-se de livros dirigidos a profissionais de comunicação e marketing, assim como a executivos e estudantes de visão, que sabem da importância de se conhecer novos caminhos no mundo dos negócios e conquistar a excelência pessoal e profissional.

Extremamente criativas e inovadoras, essas obras apresentam ao leitor os desafios e oportunidades do campo empresarial, na ótica de seus maiores líderes. Alguns dos nossos autores dirigem seu próprio negócio e outros chegaram ao ponto mais alto de suas carreiras em grandes multinacionais. Mas todos, sem exceção, contam o que aprenderam em sua jornada profissional, levados pelo simples desejo de dividir com o leitor a sabedoria e experiência que adquiriram.

Esperamos que você, leitor, ciente de que vive num mundo cada vez mais exigente, ache essas obras tão inspiradoras e úteis quanto nós, da Editora Cultrix e do grupo Meio & Mensagem.

  meio&mensagem

SALTO

Uma Revolução em Estratégia Criativa nos Negócios

Bob Schmetterer

Tradução
OKKY DE SOUZA

EDITORA CULTRIX
São Paulo

Título do original: *Leap: A Revolution in Creative Business Strategy.*

Copyright © 2003 Bob Schmetterer.

Tradução autorizada da edição em inglês publicada pela John Wiley & Sons, Inc.

Todos os direitos reservados. Nenhuma parte deste livro pode ser reproduzida ou usada de qualquer forma ou por qualquer meio, eletrônico ou mecânico, inclusive fotocópias, gravações ou sistema de armazenamento em banco de dados, sem permissão por escrito, exceto nos casos de trechos curtos citados em resenhas críticas ou artigos de revistas.

O primeiro número à esquerda indica a edição, ou reedição, desta obra. A primeira dezena à direita indica o ano em que esta edição, ou reedição, foi publicada.

Edição	Ano
1-2-3-4-5-6-7-8-9-10-11	03-04-05-06-07-08-09-10-11

Direitos de tradução para a língua portuguesa
adquiridos com exclusividade pela
EDITORA PENSAMENTO-CULTRIX LTDA.
Rua Dr. Mário Vicente, 368 — 04270-000 — São Paulo, SP
Fone: 272-1399 — Fax: 272-4770
E-mail: pensamento@cultrix.com.br
http://www.pensamento-cultrix.com.br
que se reserva a propriedade literária desta tradução.

Impresso em nossas oficinas gráficas.

Para Stacy

Sumário

INTRODUÇÃO	**Por que Saltar?**	9
CAPÍTULO 1	**Histórias de Alguém que Pensa com o Lado Direito e o Lado Esquerdo do Cérebro**	13
CAPÍTULO 2	**Idéias Criativas nos Negócios**	29
CAPÍTULO 3	**Criatividade no Topo**	45
CAPÍTULO 4	**A Cultura Corporativa Criativa**	61
CAPÍTULO 5	**A Criatividade no Centro da Estratégia de Negócios**	83
CAPÍTULO 6	**Você Sabe em que Tipo de Negócio Está?**	105
CAPÍTULO 7	**O Fim da Publicidade... o Começo de Algo Novo**	149
CAPÍTULO 8	**O Fator Entretenimento**	171
CAPÍTULO 9	**Uma Estrutura para o Pensamento Criativo**	197
CAPÍTULO 10	**Dê o Salto**	233
	Site na Internet	238
	Agradecimentos	239
	Notas	242
	Créditos	250
	Sobre o autor	254

Introdução: Por que saltar?

Este é um livro sobre Idéias Criativas nos Negócios.

Essas palavras não costumam ser usadas juntas. E haverá quem sugira que a combinação entre os termos "criatividade" e "negócios" é tão forçada quanto aquela entre "negócios" e "idéias". Entendo essa posição. Quase sempre o raciocínio nos negócios ampara-se apenas em números, pesquisas, análises e lógica. Estas são as ferramentas mais confiáveis e confortáveis para mentes focadas em administração e para quem toma decisões corporativas. Elas ajudam a evitar riscos em geral. Criatividade é coisa para artistas e sonhadores, poetas e publicitários. É correto amparar uma decisão nos negócios com anúncios criativos, mas não usar a criatividade como elemento central do raciocínio e da estratégia empresarial.

Este livro vai mostrar que existe uma maneira diferente de pensar. Antes que você chegue à última página, acho que não apenas ficará surpreso pelo entusiasmo que o pensamento criativo proporciona como pelo seu potencial nas estratégias de negócios. Irá também se decidir a tomar emprestadas algumas das soluções que desenvolvemos e que aprendemos de outros para aplicar em sua própria empresa.

Pode parecer que as palavras acima foram ditas por algum publicitário consagrado. Não foram. Até porque não sou um deles.

Posso ser, isso sim, um idealista dos anos 60 dedicado a um tipo de negócio — a publicidade — no qual aos olhos de muita gente os ideais não importam. Quem julga assim está inteiramente errado. Através dos anos, vi-me cercado de pessoas obstinadas em encontrar verdades profundas sobre grandes produtos ou negócios e apresentá-las aos consumidores da forma mais criativa possível. Nossa frustração originava-se não no descrédito no valor de nosso trabalho, mas nas limitações impostas ao nosso conhecimento. Éramos como médicos talentosos sendo contratados para fazer simples curativos (no nosso caso, produzir comerciais de TV engraçados ou sentimentais). Um trabalho certamente importante, mas que não nos permitia chegar às origens dos problemas dos clientes. Aí, decidimo-nos por uma ruptura: precisávamos nos tornar parceiros de nossos clientes no sentido mais profundo da palavra. Precisávamos mergulhar na estratégia de negócios da forma mais criativa possível, e não apenas oferecer aos clientes as soluções para suas necessidades imediatas. Somente depois de termos certeza sobre o que nossos clientes — e não apenas os consumidores — queriam, partíamos para criar soluções.

Isso faz uma enorme diferença. É como fazer jornalismo investigativo... com acesso a tudo o que se quer saber sobre o assunto. É como praticar a medicina... quando o paciente coopera totalmente com o médico. É como o trabalho de detetive... sem ninguém no caminho para ocultar as pistas.

Em resumo, é a maneira mais estimulante, produtiva, honrada (OK, e lucrativa) que conheço para passar o meu dia. Diz respeito à sabedoria e à mágica, e ao salto entre os dois. Envolve meu cérebro esquerdo, meu cérebro direito e minha experiência de vida. Exige que eu deixe de lado todas as respostas prontas e encare os novos problemas com humildade, cabeça aberta e um apetite insaciável por conhecimento.

E, em bases regulares, gera a emoção da descoberta. Significa lançar mão da pesquisa, do instinto e da originalidade e ver os três se juntarem com tanto impacto que o ambiente chega a vibrar. Significa ter a esperança de ir do ponto A ao ponto B... e de repente saltar quilômetros à frente, para o ponto M.

Se você está disposto a esse tipo de desafio, de comprometimento e de conquista, você está no lugar certo. Nestas páginas, coloquei a experiência prática e as ferramentas de que precisamos para transformar nossos negócios e para transformar nossas relações enquanto clientes e agências.

Cinqüenta e três por cento das 500 maiores empresas americanas listadas pela revista *Fortune* em 1980 não existem mais.[1]

O pensamento criativo nos negócios e as Idéias Criativas nos Negócios — vamos chamá-las de ICNs — poderiam ter salvo muitas dessas empresas. As ICNs servem justamente para fazer decolar idéias inovadoras. Idéias que não apenas vendam produtos e consolidem marcas — mais importante que isso, que transformem empresas e categorias de produtos inteiras. É uma tarefa e tanto. E não é algo que você veja todo dia — pelo menos não ainda. Mas procure bem e encontrará as ICNs em plena ação pelo mundo. Por exemplo:

- Na Argentina, um incorporador imobiliário precisava de uma campanha publicitária para promover um novo projeto. Pensadores criativos na agência acharam que seria uma melhor idéia criativa nos negócios usar os milhões da verba destinada aos anúncios para construir uma ponte. Não uma ponte imaginária — uma ponte de verdade. Imagine o impacto.

- Na América, o frango era uma commodity... até que surgiu um homem chamado Frank Perdue. Agora, é uma marca. Dele.

- Uma montadora de automóveis francesa queria recuperar a vitalidade e a busca pela inovação que por tanto tempo foram características de sua marca. Ela conseguiu... com uma pequena ajuda do além.

- As vendas de uma indústria de balas da América Latina estavam despencando. Aí, ela lançou um concurso dando às crianças a oportunidade de criar suas próprias idéias de negócios em forma de balas. Doce sucesso.

- Um consórcio sueco da área de tintas desejava aumentar suas vendas. E conseguiu... mas não com uma campanha publicitária — e sim com um programa de TV de sucesso.

- A Nokia queria ampliar a percepção de sua marca entre os usuários de telefones celulares na Europa com algo mais do que campanhas publicitárias. A resposta foi o primeiro jogo interativo multimídia que conquistou toda a Europa.

Embora algumas dessas ICNs tenham sido criadas por nossa agência global, a Euro RSCG Worldwide, não somos os únicos focados em idéias criativas, idéias que levam as estratégias de negócios das empresas a anos-luz dos sonhos dos CEOs. Algumas agências comandadas de forma brilhante também já o fizeram.

O que torna a Euro RSCG diferente é que as ICNs são agora o nosso foco global para os clientes. É em busca delas que trabalhamos. E quase sempre somos bem-sucedidos em chegar a elas.

Há quem possa argumentar que escrever um livro no qual revelo a essência da minha filosofia nos negócios é uma atitude míope e insensata. Afinal, se as Idéias Criativas nos Negócios são o "molho secreto" da minha agência, por que estou mostrando a receita para todo mundo?

Em parte porque, depois de mais de trinta anos no mundo da publicidade, estou convencido de que as melhores idéias em propaganda e comunicação nunca foram postas em prática. Elas foram mortas seja pelas próprias agências, seja pelos clientes, porque foram encaradas como meras idéias para anúncios, não como idéias para negócios. Eu gostaria de ajudar a reduzir o número de óbitos. Isso seria bom para todos nós.

Em parte, também, porque todos os clientes que já conheci dizem, logo no começo da conversa, que estão em busca de grandes pensamentos criativos. Se todos desejam o pensamento criativo, por que não o conseguem? A resposta se encontra nas páginas deste livro.

Também acredito que as pessoas no ramo da publicidade, as pessoas que são pagas para pensar criativamente sobre comunicações e propaganda, são mais bem preparadas do que as outras para introduzir o pensamento criativo nas estratégias de negócios. É um favoritismo, sim, mas baseado em fatos.

Finalmente, confesso-me culpado por ter uma visão precisa sobre quais os caminhos que a publicidade deve tomar. Eu não apenas percorro todo ano meio milhão de quilômetros para conversar com entusiasmo com gente do meu ramo, mas também faço palestras. Repetidamente tenho convocado publicitários e clientes a iniciar uma revolução no pensamento criativo, a encontrar a versão para o século XXI do "*book*" de trabalhos e do "carretel" de comerciais de TV, e a adaptar a relação agência/cliente para o tempo em que vivemos. Conecte-se o mundo da criatividade ao dos negócios, injete-se a mágica da criatividade na essência e na natureza dos negócios, e podemos criar o futuro. Um futuro que será emocionante e gratificante.

O que você está prestes a ler nestas páginas tem uma base teórica — amparada de forma consistente numa série de histórias de sucesso. A teoria, eu lhe prometo, é escrita em linguagem clara. Nada daquelas palavras complicadas que se ouve nas escolas de administração. Quanto às histórias de sucesso, considero-as irresistíveis. E estimulantes. Porque se há algo em que todos no mundo dos negócios concordam é que não há nada tão agradável quanto o sucesso e o prodígio de criá-lo.

Capítulo 1

Histórias de Alguém que Pensa com o Lado Direito e o Lado Esquerdo do Cérebro

"Idéias são apenas o começo", os adultos gostam de dizer aos jovens precoces. "Valem um tostão a dúzia."

Para adultos bem-sucedidos, isso é fácil de dizer — eles já escalaram uma montanha ou duas. Mas quando você é um rapaz de 19 anos, nascido no Bronx e criado numa pequena cidade de Nova Jersey, não é rico e está prestes a se casar, boas idéias que possam ser postas em prática não surgem facilmente.

Não é que me faltasse imaginação. Como muitos que cresceram nos anos 60, passei muito tempo dentro de minha própria cabeça, tentando descobrir o que era bom, verdadeiro e virtuoso. No meu caso, essa busca talvez tenha sido dificultada pelo fato de que, desde muito jovem, percebi que tinha interesses relativos ao lado esquerdo e ao lado direito do cérebro. Uma parte de mim se sentia atraída pelos aspectos criativos e estéticos da vida — música, arte, moda, design e literatura. Outra parte de mim, com igual peso, ansiava pela lógica, pela ordem, pelas idéias amparadas na razão.

Depois que me casei pela primeira vez, ainda muito jovem, passei a ter menos tempo para refletir sobre qualquer assunto. E quando me tornei pai, aos 20 anos, tive que me esforçar em dobro. Trabalhava durante todo o dia e ia à faculdade à noite, para cursar artes e sociologia. Era uma jornada dura; da forma como eu a cumpria, calculava que levaria nove anos para conseguir as graduações que desejava.

Quando eu completei 22 anos, tivemos nosso segundo filho. O senso prático e de realidade tornou-se ainda mais importante. Recalculei meus sonhos: mais 14 anos de estudos noturnos e eu teria formação suficiente para ser um diretor de escola. Ganharia 12 mil dólares por ano.

Entra em cena o homem sensato.

Bem, de qualquer maneira, é assim que funciona na fábula. No meu caso, pedi auxílio a um vendedor. Ele trabalhava com tintas de impressão mas explicou que o produto não importava muito — o importante é que ele adorava vender. "Faça algo que você adore fazer", ele me disse. "O sucesso e o dinheiro virão naturalmente."

Parecia muito simples. Mas o que eu adorava? Quer dizer, adorava de verdade? Bem, se eu combinasse pretensões intelectuais e ambições financeiras, a resposta seria: carros. Aos 10 anos comecei a aprender tudo o que podia sobre eles. Decorava as revistas de automóveis de meu pai. Sabia estatísticas sobre automobilismo da mesma forma que muitas crianças sabem estatísticas sobre beisebol. E quando novos modelos eram lançados, corria para as revendedoras só para vê-los de perto, espiando sob as espessas lonas que os cobriam.

Nesse ponto, segundo a fábula, um novo elemento surge: a simultaneidade. Funciona assim: agora que você já deu o primeiro passo na direção certa, começa a coletar informações que confirmam sua escolha e o levam para a etapa seguinte. No meu caso, foi um outro acontecimento fortuito — um anúncio classificado para um emprego no departamento de peças da British Motor Corporation. Era a montadora que fazia o MG e o Austin-Healey, aqueles belos e clássicos carros esporte tão adorados pelos americanos fanáticos por automobilismo. OK, era no departamento de peças, trabalhando com sistemas computadorizados de controle de estoques. Mas não importava. Era no mundo dos carros. Fui à entrevista e consegui o emprego.

Heureca! Uma ICN Inicial

Um ano depois, fiz uma descoberta tão óbvia que é de se imaginar como ninguém a tinha feito antes: os carros esporte, em si mesmos, não eram suficientes para seus consumidores. Eles queriam acessórios para torná-los mais pessoais e autênticos. Encomendavam volantes de madeira, espelhos retrovisores de corrida, bagageiros cromados e por aí afora. Nós não fabricávamos esses acessórios; deixávamos que os clientes os encomendassem em um punhado de pequenas firmas especializadas. Mas eu achava que poderíamos fazer mais que isso. Poderíamos vender esses acessórios através de nossa rede de revendedoras. E mais ainda: poderíamos criar uma série especial do MG que viesse de série com todos os acessórios. Isso significaria expandir o horizonte de nossos negócios.

Então, lá estamos: um sujeito de 22 anos cuja educação consistia numa batalha constante com os estudos noturnos tem uma idéia. Não é uma idéia de um trilhão de dólares, mas tem embutido um conceito ao qual eu voltaria inúmeras vezes: em que tipo de negócio estou? Especificamente, estaria eu no negócio de vender peças de carros para revendedoras, ou estaria eu no negócio de descobrir o que os donos de automóveis queriam e providenciar sua satisfação? Se este fosse o estudo de um *case* numa escola de administração, a pergunta seria: "Estarei eu na área de marketing ou de produção?"

Eu lhe Avisei...

Em 1965, o nome do meu negócio era entusiasmo. Eu tinha uma idéia da qual realmente gostava, e queria ver se ela funcionaria. Falei com meu chefe, que gostou da idéia o suficiente para me pedir que escrevesse uma proposta. Pouco tempo depois eu me encontrava no escritório de Graham Whitehead, chefão da British Motors nos Estados Unidos. Ele era um inglês típico: pomposo, de bigode, com porte de oficial da Royal Air Force.

Seu escritório não tinha papéis, só antiguidades. Evidentemente, não era de muita conversa e nem caloroso.

— Conte a Graham sua idéia — disse meu chefe, finalmente.

Despejei-a.

— Muito interessante — disse Graham. — Mas não vejo como poderemos concretizá-la.

— O desafio é a integração com os fornecedores de acessórios — disse eu. — Acho que poderemos fazê-la. De certa forma já a estamos fazendo.

Graham disfarçou uma ligeira animação. — Apenas não se esqueça: eu lhe avisei — disse ele, na mais sarcástica forma de demonstrar aprovação que já ouvi.

Bem, os carros esporte MGB-GT Special foram um tremendo sucesso: vendemos cada carro que fabricamos. Se tivemos algum problema, foi com fornecedores; eram tantos pedidos que os pequenos fabricantes de volantes de madeira e bagageiros não conseguiam atender à nossa demanda. Tivemos que ir a locais tão distantes como a Austrália para conseguir peças.

Se este fosse um *case* estudado numa escola de administração, seria a hora de procurar a lição que o episódio encerra. Seria alguma coisa a respeito da competência logística de um departamento de peças. Eu enxergo uma lição diferente. O sujeito que teve a idéia (eu) amava o produto. Sabia tudo sobre ele. Fui apoiado por outros, mas teria tentado colocar a idéia em prática de qualquer maneira.

ANTES DE SALTAR: Entenda que a paixão é o ponto de partida de todas as suas idéias criativas. Se você está procurando vencer criando algo de novo, assegure-se de agir numa área que o cativa e fascina totalmente.

Lembre-se, também, de que sucesso não significa tornar-se vice-presidente da Grandes Idéias S.A. da noite para o dia. No meu caso, na seqüência de meu triunfo, continuei a trabalhar com sistemas computadorizados de controle de estoques. E prossegui com os estudos à noite. A grande mudança é que troquei o curso de sociologia pelo de psicologia.

O Lado Esquerdo do Cérebro Encontra o Direito

Nesse ponto, uma coisa interessante aconteceu. Na faculdade, eu precisava escolher duas matérias optativas para concluir o curso. Escolhi Desenho de Modelos Vivos e comecei a passar uma tarde por semana desenhando nus artísticos. Minha outra matéria optativa naquele semestre foi Pesquisa de Mercado. Seriam duas disciplinas conflitantes? Para mim, não. No que eu agora avalio como um momento crucial de meu desenvolvimento, vi que a criatividade era o ponto de conexão entre a arte e a pesquisa de mercado — e entre a psicologia e meu emprego. Pela primeira vez, senti que poderia usar o cérebro esquerdo e o direito de maneira harmoniosa para produzir trabalho competente e útil.

Por essa época, a Volvo Cars me chamou para um trabalho. O que eu sabia sobre a Volvo? De modo geral, que meu pai havia comprado um carro da marca porque "É o carro mais seguro nas ruas e vai durar para sempre". Eu gostava daquele apelo otimista da Volvo e respondi ao chamado da empresa para implantar um sistema de controle de estoques computadorizado. Acontece que um colega do escritório fazia pesquisa de mercado — atividade que parecia muito mais interessante. "Nove entre dez Volvos já fabricados ainda estão nas ruas", ele resmungou certo dia. "Mas como provar isso em nossa publicidade?" Eu lhe mostrei como. Pouco depois, fui chamado por um brilhante vice-presidente de marketing chamado Jim LaMarre, e ele me nomeou diretor da área de pesquisas de marketing. Isso foi em 1968. Eu tinha 24 anos, era destemido e à prova de balas.

Parte do meu trabalho consistia em manter nossa agência de publicidade atualizada a respeito de quem estava comprando Volvos e por quê. Outros diretores de pesquisas de marketing gostavam de apresentar tabelas recheadas de números; eu gostava de contar histórias. Eu sentia que era o ombudsman dos consumidores porque, afinal de contas, o conhecimento sobre o que vai funcionar num produto repousa em algum ponto da experiência do consumidor. No final dos anos 60 e início dos 70, a Volvo tinha um atraente perfil de consumidor: mais de 80% dos compradores de seus carros tinham formação universitária. Isso os situava num interessante contexto político. Se você era um dono de Volvo e vivia na Costa Leste, você era de esquerda. Se vivia na Costa Oeste, era de direita. Se vivia no centro do país, Volvo era provavelmente a última marca de carro que você pensaria em dirigir.

Eu achava sensacionais essas informações sobre os consumidores. Falava sobre elas todo o tempo com as pessoas da agência de publicidade. O que me leva a outra lição:

ANTES DE SALTAR: Atente para o fato de que dividir informações leva à confiança. E confiança, como breve iremos ver, é o primeiro e mais importante ingrediente da colaboração criativa e do raciocínio criativo.

Depois de concluir um curso de marketing, fiz o que anos antes eu jamais imaginaria fazer. Inscrevi-me num MBA. Os jovens dos anos 60 eram inquietos. Mas para um Young Turk (Peru Jovem), como costumavam nos chamar, com um começo de reputação em raciocínio criativo, dar um salto desses era de certa forma notável. Logo recebi três ofertas de emprego — da Volkswagen, de uma firma de pesquisas de Nova York e de uma agência de publicidade pequena e recém-criada, que conquistou a conta da Volvo. Marvin Sloves, um dos fundadores da agência, era um sujeito muito inteligente e persuasivo, e viemos a nos conhecer durante uma série de reuniões na Volvo.

Tudo Menos um Executivo de Contas

Perguntei a mim mesmo: diante dessas opções, onde posso atuar para fazer alguma coisa importante, algo adequado ao meu senso de responsabilidade social dos anos 60? Minha tendência era continuar na Volvo, uma empresa com responsabilidade social em seu DNA. Pela lógica, não deveria haver uma fábrica de automóveis na Suécia — o país todo tem oito milhões de habitantes, o mesmo número que Nova York. E mesmo assim existem lá duas fábricas de carros: Volvo e Saab. Ambas davam ênfase ao elemento humano. A Volvo preocupava-se em salvar vidas. Uma lâmpada se acendeu dentro de mim quando percebi que, se não fosse pela publicidade, os americanos não conheceriam a Volvo. Aí eu disse à agência que aceitaria o emprego que nunca sonhara em aceitar ... eu iria trabalhar numa agência de publicidade. Uma agência chamada Scali McCabe Sloves.

Minha primeira providência no emprego foi deixar claro ao meu novo patrão que eu não pretendia trabalhar apenas com montadoras de automóveis. "Nada de Volvo", insisti com Marvin Sloves. "Entregue-me um novo cliente. E por favor nunca me chame de executivo de contas." Minha percepção era de que as pessoas que trabalham com contas apenas carregam uma pasta cheia das idéias dos outros. Marvin disse: "Não se preocupe, Bob, você pode ser o que quiser e usar qualquer título, exceto o meu. Vou lhe ensinar estilo, você me ensina conteúdo e logo... você estará à vontade".

Histórias de alguém que pensa com o lado direito e o lado esquerdo do cérebro **19**

Percebi que, mais do que qualquer coisa, eu queria trazer a voz das pessoas, dos consumidores, da experiência da vida real para aquele notável grupo de pessoas jovens e criativas. Eu não queria vender anúncios para clientes, queria vender idéias para gente que pensasse de forma criativa, capaz de transformá-las em algo que pudesse Fazer do Mundo um Lugar Melhor. Uma outra geração iria chamar a isso de "planejamento de contas", que se tornaria o alicerce da criatividade em Londres e Los Angeles e Nova York. Mas, para mim, era apenas o rapaz da década de 60 ainda desejando fazer o bem para a sociedade... embora o ano já fosse 1971.

E foi assim que me vi numa fazenda avícola em Salisbury, Maryland, escutando um homem de aparência curiosa chamado Frank Perdue nos falando sobre a excelência de suas aves. Hoje Perdue é um ícone da propaganda americana, mas na época era desconhecido. Ele foi também o primeiro cliente que tive na publicidade. Chamou-nos à sua fazenda para nos incutir a idéia de que seus frangos eram melhores que todos os outros, e que por isso ele podia cobrar um pouco mais por eles — dois cents a mais por quilo. Ele era muito convincente e falava de maneira dura, mas bem-educada. Era de se imaginar quantas vezes ele havia feito o mesmo discurso... Perdue havia entrado em contato com todas as agências de Nova York em busca daquela que usaria sua pequena verba de publicidade, de duzentos mil dólares, para ajudá-lo em seu caminho rumo ao panteão da fama — e da criatividade — no negócio de aves domésticas.[1]

Perdue falava sem parar. Rapidamente, aprendemos tudo sobre frangos — e tudo sobre Frank Perdue. Da mesma forma que adorava seus frangos no breve período de nove semanas em que eles permaneciam no mundo, era exigente com seus empregados. Deu uma bronca no motorista de caminhão que chegou dez minutos atrasado para levar as aves ao mercado. Enquanto observávamos esse homem singular, uma idéia começou a se formar — uma idéia que afinal fez a fortuna de Perdue. "É preciso um homem durão para fazer um frango macio." Esse slogan, agora famoso na América, foi o resultado de um entendimento profundo das crenças e valores de Perdue e de sua companhia, e do que os consumidores entenderiam como positivo e verdadeiro. O anúncio foi criado brilhantemente por Ed McCabe, com direção de arte de Sam Scali. Era simplesmente uma grande idéia publicitária. Ela convenceu os consumidores a comprar pela marca aquilo que antes eles compravam por quilo. Esse foi um salto criativo original e monumental. Marcou o início de uma forma inteiramente nova de pensar criativamente mesmo sobre o mais banal dos negócios.

ANTES DE SALTAR:

• Ouça, ouça, ouça, e aprenda. Nenhum publicitário conhece tanto sobre o negócio de um cliente quanto o próprio cliente. Mas é nossa tarefa desvendar esse conhecimento e o DNA da empresa, descobrindo como eles podem ser usados para conectar consumidores a marcas. Torne-se um ouvinte dedicado.

• E aprenda isto: não existem produtos banais ou negócios banais. Existem idéias banais.

Pode-se ficar imaginando que agência esperta nós tínhamos para criar uma campanha tão eficiente para Frank Perdue. E não faltam publicitários prontos a assumir os méritos por transformar companhias como a de Perdue em grandes marcas. Mas quem são os verdadeiros heróis? Os clientes! Eles são as pessoas corajosas que criam produtos novos e melhores sem garantia de que o público irá aceitá-los. São eles que procuram parceiros criativos para fazer mágica. São eles que exigem criatividade audaciosa de suas agências de publicidade. E depois, são eles que nunca dizem: "Assim já está bom".

ANTES DE SALTAR: Perceba que, em publicidade, assim como em qualquer bom relacionamento, sempre há duas partes envolvidas. Clientes e agências. Um não pode mandar e o outro obedecer. Ambos têm que trabalhar em harmonia. Dessa forma, a mágica acontece.

UMA REVOLUÇÃO CRIATIVA

Na agência Scali, por 13 anos, de 1971 a 1984, trabalhei com uma legião de colegas brilhantes e muitos ótimos clientes: Castrol, Conair, Continental Airlines, Data General, Maxell, Nikon, Olivetti, Perdue, Pioneer, Playboy, Sharp, Singer, Sperry Corporation, Texas Air, Volvo, Warner Amex Cable. Entre os colegas criativos estavam Ray Alban, Lars

Anderson, Ron Berger, Larry Cadman, Earl Cavanah, John Danza, George Dusenbury, Mike Drazen, Frank Fleizach, Bruce Fierstein, Geoffrey Frost, Ed McCabe, Scott Miller, Ray Myers, Tom Nathan, Bob Needleman, Joe O'Neill, Jim Peretti, Bob Reitzfield, Sam Scali, Joe Schindelman, Tom Thomas, Rodney Underwood, Bob Wilvers — e muitos, muitos outros parceiros extremamente talentosos.

Era uma época maravilhosa para se fazer publicidade. Nos anos 60 e 70 aconteceu uma revolução criativa nessa área. O estilo tradicional das grandes agências, baseado na quantidade de exposição de anúncios, deu lugar a uma publicidade mais humana, mais verdadeira, com mais humor. Um pequeno grupo de agências de ponta — Doyle Dane Bernbach, Lois Holland Callaway, Papert Koenig Lois, Jack Tinker & Partners — geraram toda uma nova fornada de agências, incluindo Scali, Ally & Gargano, Della Femina, Wells Rich Greene e Chiat/Day.

A revolução nos permitiu ser mais criativos, e as novas agências ajudaram a definir o futuro da criatividade na propaganda: o trabalho da DDB para a Volkswagen, da Wells Rich Greene para grandes marcas como Alka-Seltzer, American Motors Corporation e Braniff International Airways; o trabalho da Ally & Gargano para MCI, Federal Express e Dunkin' Donuts. Pela primeira vez, os clientes compreenderam e acreditaram que o pensamento criativo poderia ser uma melhor estratégia.

Durante aqueles anos, tive três experiências diferentes de como é a vida numa agência — trabalhando numa agência pequena, numa de porte médio e, finalmente, numa grande. As três tinham o mesmo nome: Scali McCabe Sloves. Em 1974, a revista *Advertising Age* elegeu a Scali A Agência do Ano[2], e eu fui promovido de diretor vice-presidente de pesquisa de marketing para vice presidente de serviços a clientes, e depois para vice-presidente executivo. Quando a Ogilvy & Mather comprou a Scali, em 1977, para iniciar uma segunda agência internacional, fui sondado para me tornar COO e comandar toda a matriz americana. Meu primeiro casamento acabou depois de 13 anos e eu era um sujeito bem-sucedido e solteiro em Nova York. Comecei a passar mais tempo com meus dois filhos, a aproveitar mais o mundo e a vitalidade da noite nova-iorquina no início dos anos 80. O Studio 54 estava no auge, e pelos sete anos seguintes continuei a crescer e a desfrutar das maravilhas do brilho criativo de grandes clientes e de pensadores criativos com grandes idéias.

Apesar de todas as mudanças no mundo e na minha vida, a lição se tornou cada vez mais clara.

ANTES DE SALTAR: Entenda estas três coisas:

- Existem grandes produtos, feitos por gente admirável, de muita responsabilidade, e não é nenhum pecado social ajudar esses produtos a se tornarem mais conhecidos. É um trabalho honesto e importante.
- Publicidade criativa não é feita apenas por talentos famosos da área. Mais freqüentemente, é feita através de uma notável colaboração entre gente que entende a fundo o negócio do cliente e que é apaixonada pela profissão.
- O lendário produtor cinematográfico Dino De Laurentiis costumava dizer: "A América é apenas 50% do mundo".[3] Embora 50% ainda pareça muito, é necessário alcançar o resto do mundo.

De repente eu estava com 39 anos. Ed Ney, presidente da Young & Rubicam, convenceu-me de que eu deveria estar comandando uma agência expressiva, de alcance global. A Y&R tinha um plano de criar uma segunda agência multinacional através de uma *joint venture* com o gigante da publicidade francesa Eurocom. Eles iriam juntar todas as agências de bandeira Marsteller que a Y&R tinha com todas as de bandeira Havas da Eurocom e chamar a agência resultante de HCM. Era o início da verdadeira globalização da publicidade. Eles queriam um presidente e CEO mundial que não fosse egresso de nenhuma das duas empresas. Eu aceitei o cargo.

ALÉM DA MADISON AVENUE

No outono de 1984, deixei a Scali McCabe Sloves e comecei minha jornada pelo "verdadeiro" mundo da publicidade. Foi uma experiência magnífica e esclarecedora. Um outro ponto crucial de meu desenvolvimento. A descoberta de que o mundo da criatividade era realmente o que eu pensava — e que aquilo que estava acontecendo em Londres, em Paris e no Brasil era muito mais excitante do que o que estava acontecendo em Nova York. Era emocionante trabalhar com clientes internacionais como Danone, Peugeot e Air France.

Dois anos e uma fusão empresarial mais tarde, percebi que eu havia passado por uma experiência ótima e transformadora, mas que a situação tendia a se tornar muito pouco gratificante a longo prazo. A experiência também me ajudou a adquirir uma certeza: eu sabia que desejava abrir minha própria agência, mas queria fazê-lo da maneira certa. Pedi demissão e, depois de dez anos solteiro em Nova York, pedi em casamento uma jovem produtora chamada Stacy Chiarello, o amor da minha vida. Tirei minhas primeiras férias de verão desde a faculdade e fomos para nossa casa em Martha's Vineyard, desejando que o telefone não tocasse. Mas ele tocou.

CINCO CHEFES, NENHUM CLIENTE

Quem estava ao telefone era Ron Berger. Em 1986, Ron e dois de seus colegas da Ally & Gargano, Tom Messner e Barry Vetere, juntaram-se a Wally Carey Jr. para fundar a Messner Vetere Berger Carey. Ron, Tom e Barry não apenas dividiram a responsabilidade pela criação na Alley & Gargano, eles também eram integrantes destacados do célebre Tuesday Team, a máquina de propaganda e marketing por trás da campanha de reeleição de Ronald Reagan em 1984.

Logo acertamos que eu assumiria como presidente e meu sobrenome seria incorporado ao nome da companhia depois de alguns meses. Então, lá estava eu, numa nova agência com cinco chefes e nenhum cliente importante, e sem nenhuma perspectiva imediata de fazer dinheiro de verdade — nós cinco concordamos em não fazer retiradas de salário nos primeiros dois anos. O que havia de tão atraente no negócio? Um organograma horizontal, sem CEO. Um modelo de negócios inteiramente novo, mais parecido com uma firma de advocacia do que com uma butique, ao qual poderíamos adicionar parceiros da forma que quiséssemos. Um sócio em cada conta. Nada de departamento de mídia — nos iríamos terceirizar esse serviço. O planejamento estratégico era mais importante; nós mergulharíamos no negócio de cada cliente de forma tão profunda que nos tornaríamos parceiros estratégicos no mais amplo sentido.

Havia problemas no ramo da publicidade no final dos anos 80, e meus parceiros e eu representávamos uma alternativa. Era uma época de compras e fusões entre as grandes agências, e os preços astronômicos pagos por algumas acabou com a confiança que havia entre elas e os clientes. As comissões que as agências recebiam na negociação de mídia apenas alimentavam a imagem de ganância. Os clientes detestavam quando as fusões causavam reviravoltas e as pessoas que cuidavam de suas contas iam embora. Havia um interesse em agências que ofereciam algo diferente. Nós mostraríamos que éramos diferentes colocando um sócio para cuidar de cada conta e fazendo dos clientes parte do processo estratégico. Acima de tudo, nós sempre faríamos o que fosse melhor para o cliente.

Sermos diferentes era uma conseqüência natural para nós. Não havia nenhuma outra agência que desejássemos tomar como modelo. Em nossa opinião, as agências que faziam um trabalho criativo realmente inovador tinham a tendência a olhar para o passado quando trabalhavam. Olhavam para os trabalhos que tinham feito e então tentavam replicá-los. Para nós, esse tipo de atitude representava um passo atrás. Queríamos olhar para a frente em busca de novos alvos e levar nossos clientes conosco, não fazê-los voltar a um ponto onde já estivéramos.

NOVOS TEMPOS, NOVAS FERRAMENTAS

À medida que crescíamos, até nossos escritórios adquiriram aparência diferente daqueles de nossos concorrentes. Tínhamos um computador em cada mesa de trabalho. Fomos, acho, a primeira agência a usar e-mail. Certamente não precisaríamos usá-lo; éramos apenas 10 pessoas — bastaria gritar pelo escritório! E fomos os primeiros a insistir que nossos clientes usassem internet também. Nosso mantra era comunicação, em grandes quantidades. E velocidade. Nós gostávamos de pesquisa, mas não morríamos de amores por ela; nosso objetivo era ajudar os clientes a avançar em seus negócios.

O primeiro cliente importante que nos deu a chance de mostrar nosso trabalho foi a MCI. Tom Messner havia ajudado a criar peças originais e brilhantes para a empresa na Ally & Gargano. Mas os tempos haviam mudado. Enquanto a telefonia de longa distância era uma commodity, a MCI queria ser uma marca.[4] Chegamos à estratégica conclusão de que escolher uma operadora de longa distância é algo mais próximo do que votar numa eleição do que de fazer compras numa loja. Nesse caso, os candidatos eram três operadoras, e a favorita era a AT&T.

Criamos publicidade para a MCI como se a empresa fosse um candidato a um cargo público, concebendo nossos comerciais de modo a responder a cada novo comercial da AT&T. Contratamos um estrategista político e um especialista em pesquisas eleitorais para trabalhar conosco. Respectivamente, Roger Ailes, o famoso estrategista do Partido Republicano, e Peter Hart, o excepcional especialista em pesquisas do Partido Democrata. Fazíamos pesquisas mensais, e conduzíamos nossa criação de acordo com os resultados. Mas as coisas só começaram a esquentar realmente quando dirigimos a campanha para o bolso do consumidor, em anúncios como o painel eletrônico em Times Square que mostrava os bilhões de dólares que os americanos economizavam com a MCI. Isso realmente entusiasmou o cliente — era uma maneira inteiramente nova de encarar o negócio dele.

Logo a MCI construiu uma relação tão sólida com seus consumidores que pôde oferecer a eles o que considero a primeira marca criada na telefonia de longa distância: Friends & Family (Amigos & Família). Essa evocação de intimidade era possível para a MCI. Seria possível para a AT&T? De jeito nenhum.

Essa conta era significativa por uma outra razão: ela definia nossa maneira de trabalhar, em ambientes totalmente voltados para o problema específico de cada cliente. Eram verdadeiras salas de guerra. Montes de resultados de pesquisas e informações nas paredes. Montes de folhas gigantes de papel em cavaletes. E montes de notas rabiscadas, informações intrigantes e rascunhos enchendo essas páginas. É um ambiente estimulante: literalmente, um armazém de conhecimentos, com uma concentração de energia que se auto-alimenta. Bem parecido com o que se espera encontrar numa campanha política. E não o que se espera encontrar numa agência de publicidade — pelo menos não naquela época.

Conquistar a conta da MCI foi uma tarefa e tanto. Não podíamos competir em tamanho; tínhamos que ser mais espertos. Ganhá-la nos trouxe o primeiro grande cliente. Competimos com inteligência e coragem. Parte dessa coragem veio de uma sensação de segurança quanto ao capital da empresa. Antes mesmo da conta da MCI vir para nós, dissemos sim a um emissário de um grupo de investidores. A firma francesa RSCG queria nos comprar uma participação na agência. Para cinco publicitários quarentões, a idéia de ter estabilidade financeira não era nada má. Não para nós mesmos... mas para os projetos da agência. Nós teríamos condições de investir em novas tecnologias e perseguir negócios mais ambiciosos. A maior vantagem era que, desde o começo, poderíamos fazer negócios a nível internacional. Era tempo de jogar bola em escala global.

AS GRANDES ALIANÇAS

Alguns anos se passaram. Estávamos trabalhando de novo com clientes de nossas antigas agências. Conquistamos novos clientes, entre eles a Nasdaq e a New Balance. Aos nove anos de idade, éramos agora 16 sócios e 350 outras pessoas talentosas, e muita gente escreveu sobre nós. A revista *Fortune* chamou-nos de a nova geração das agências, enxuta e ágil (...) com sócios focados nos negócios dos clientes.[5] Havíamos construído a agência numa plataforma diferente, e isso nos permitia fazer um trabalho melhor. Era uma plataforma na qual tudo e todos eram acessíveis, todos tinham acesso às mesmas informações, e todos tinham o poder de fazer as coisas acontecerem.

> **ANTES DE SALTAR:** Analise o local de trabalho. Se você derrubar paredes (literalmente) e se livrar de portas e divisões hierárquicas tradicionais, vai criar um ambiente e uma cultura que favorece a colaboração criativa no mais alto grau — e permite mais e melhores pensamentos corajosos.

Nossa estrutura não-tradicional nos proporcionava mais compreensão sobre os negócios e oportunidades de nossos clientes. Tínhamos mais idéias para estratégias. E tínhamos mais clientes que passaram a acreditar que, como seus parceiros, poderíamos ter um papel profundo e significativo em seu futuro sucesso.

CARTE BLANCHE

Fundimo-nos mais uma vez, desta vez com a Eurocom (o outro grupo de agências com sede na França dos meus tempos de HCM) e sua agência nova-iorquina Della Femina McNamee. Tornamo-nos Messner

Vetere Berger McNamee Schmetterer (MVBMS) Euro RSCG. Dois anos mais tarde, fui convidado para ser chairman e CEO da Euro RSCG Worldwide. Isso não estava nos meus planos, mas era 1997 e eu acreditava de forma entusiasmada que estávamos vivendo tempos interessantes e excitantes. Como poderia alguém duvidar disso? A explosão da internet, o impacto da revolução digital, a globalização (e a idéia de que vivemos todos separados por um fio), a desregularização e privatização dos meios de comunicação e da indústria, fusões em virtualmente todas as áreas... tudo isso acenava com enormes oportunidades. Acho que ainda estou no negócio do entusiasmo.

Meu sócio francês, chairman e CEO da Havas, Alain de Pouzilhac, me disse: "Bob, precisamos de você para comandar a Euro RSCG e transformá-la numa companhia verdadeiramente global... e você tem *carte blanche*". Joguei com esta carta antes, freqüentemente, em tentativas de me comunicar melhor, de forma mais rápida. Éramos então uma empresa de serviços amplamente globalizada, com dez mil pessoas em volta do mundo, com divisões para publicidade, marketing direto, interatividade, relações públicas e promoções. Essa plataforma de agências poderia se tornar o grande trampolim para o que vínhamos experimentando na MVBMS anos antes. Numa escala muito maior, poderíamos fazer dos clientes parte do processo estratégico. E tínhamos recursos para executar idéias criativas de qualquer tipo, em qualquer mídia, em qualquer lugar do mundo.

Começamos a agendar encontros de diretores a cada cem dias para promover conversas e reforçar essa visão. Convidamos pensadores criativos a se juntar a nós. Um deles foi Thomas Krens, diretor do museu Guggenheim. Ele tinha um conceito totalmente radical sobre museus e aplicou o raciocínio criativo e transformador de forma extraordinária nesse meio. Suas idéias impulsionaram um conceito que começava a se formar em meu próprio cérebro esquerdo/cérebro direito: o de utilizar a criatividade para orientar estratégias de negócios, não apenas estratégias de comunicação.

O conceito de "Idéias Criativas nos Negócios" estava poucas reuniões à frente. A ficha estava prestes a cair.

Capítulo 2

Idéias Criativas nos Negócios

O ex-presidente americano Franklin Delano Roosevelt teria dito que, se ele pudesse colocar apenas um livro em cada lar da Rússia, escolheria o catálogo da loja de departamentos Sears, Roebuck.[1] Ele teve a idéia certa. Produtos americanos têm apelo universal. E em países onde as pessoas dizem odiar os Estados Unidos, eles despertam ainda mais cobiça. Calças Levi's, discos de Elvis e outros ícones da cultura pop americana vendidos no mercado negro provavelmente contribuíram tanto para a queda do comunismo quanto a determinação do ex-presidente americano Ronald Reagan em superar o orçamento militar soviético. Mesmo agora, no Afeganistão, vê-se os mercados inundados por produtos americanos — ou imitações baratas com exóticos erros de grafia nas marcas.

Mas não são produtos genéricos que as pessoas desejam. São marcas.

"Marca! Marca!! Marca!!! Esta é a mensagem... para o fim dos anos 90 e para o futuro", diz Tom Peters, o pensador social que vem estudando tendências dos negócios há décadas.[2]

Outro obcecado por marcas é Tom Wolfe, jornalista que se tornou romancista e ainda usa as ferramentas do jornalismo em seu texto: "Preferência por marcas, gosto nas roupas e móveis, educação, o jeito de tratar as crianças, os criados ou seus superiores são pistas importantes para se conhecer as pessoas. Essa opinião é outra das coisas pelas quais sou criticado, zombado, ridicularizado. Tenho algum consolo no fato de que o principal crítico de Balzac em sua época costumava dizer o mesmo sobre a fixação do escritor em móveis. Pode-se aprender mais sobre peças obscuras de mobiliário lendo Balzac do que lendo o catálogo da Sotheby's".[3]

Por que as marcas se tornaram tão importantes?

Bem, certamente isso não aconteceu por acaso. Todos os dias somos

O problema é que muitos de nós seguem as estruturas, os métodos que funcionaram bem antes. Agimos com cautela. Nossos clientes nos dão novos produtos para vender. Novos carros com inovações incríveis. Novos remédios que irão mudar nossa vida e a de quem amamos. Então por que tantos de nós pegam o "novo" e o despejam numa "velha" estrutura? Vamos fazer um anúncio de 30 segundos na TV! Vamos usar outdoors!
— Israel Garber, Euro RSCG MVBMS, Nova York

bombardeados por mensagens dizendo que nossas vidas serão piores se não nos apressarmos em comprar a Marca X (no caso das marcas de nossos clientes, evidentemente, é a pura verdade).

Os telespectadores são expostos a tantos comerciais que podem muito bem pensar que a TV foi inventada prioritariamente para vender produtos — e em boa parte eles estão certos. Os leitores de revistas deparam com tantos anúncios que podem concluir que as reportagens estão ali apenas para separá-los. Nos teatros e estádios, nos placares e em volta do campo, em camisetas, sapatos e chaves de hotéis — para onde quer que olhemos alguma empresa gigantesca está vendendo seu nome.

A verdade é que a publicidade é onipresente, insistente, manhosa; suas músicas são a trilha sonora de nossas vidas, seus slogans alimentam nossas conversas no dia-a-dia.

E nós trabalhamos duro no passado para criar esse estado de coisas.

Em nosso ardente desejo de conectar-nos com o consumidor, todos nós, vendedores, temos um objetivo comum: encontrar uma vantagem competitiva. Estamos todos no desafio de descobrir o que costumávamos chamar de proposta exclusiva de vendas — uma característica do produto ou uma maneira de alardear suas virtudes que o torne irresistível. Quando uma agência descobre essa peculiaridade, os executivos por trás dos anúncios geniais são saudados como gurus do marketing, filósofos ou profetas. Suas doutrinas alimentam matérias de reflexão nas revistas — ou até em livros. E os clientes vendem mais produtos.

E agora que o volume do barulho em nossa cultura dirigida para as marcas alcançou níveis ensurdecedores, somos todos impelidos a entoar o mesmo mantra sobre o valor das marcas.

DIZEMOS A NÓS MESMOS: SE AO MENOS PUDÉSSEMOS CONSTRUIR MARCAS DE VALOR SÓLIDAS E DURADOURAS, SE AO MENOS PUDÉSSEMOS FIGURAR NAS LISTAS DE MARCAS MAIS VALIOSAS DO MUNDO, OU ESTAR NAS LISTAS DAS 100 MAIS OU DAS 500 MAIS, COMO A MICROSOFT, A INTEL E A CISCO, ENTÃO TUDO ESTARIA BEM.

Mas, espere um minuto: uma campanha da Apple usa brilhantemente gente de verdade para desacreditar a superioridade da Microsoft. Uma indústria concorrente diz ter um chip com performance ainda maior que o microprocessador da Intel. E embora a Cisco tenha sido a queridinha dos analistas de mercado da alta tecnologia, o gráfico com os preços de suas ações ao longo de três anos parece um eletrocardiograma de alguém mergulhado em estado de profunda inconsciência.

Como as marcas prosperam? Por que elas desmoronam?

Da minha cadeira numa agência de publicidade, eu diria: primeiro, olhe para o produto em si. Ele está sendo continuamente aperfeiçoado — ou a inovação é uma prioridade baixa?

Das cadeiras de outros escritórios (nas salas dos executivos das empresas), deve-se obter uma resposta diferente. Uma resposta, eu aposto, de uma palavra só: *publicidade.*

Ambos, o publicitário e o CEO corporativo, estão certos.

PERSEGUINDO A CRIATIVIDADE

Em meus mais de trinta anos na publicidade, convivendo com centenas de empresas e marcas, todo cliente que conheci dizia querer um "grande pensamento criativo", "grandes campanhas criativas" e "grandes idéias criativas". Ninguém jamais disse: "Ei, Bob, pulemos a parte criativa e vamos falar direto sobre comerciais e planos de mídia". Ninguém. Nunca. Eles querem criatividade em todas as suas formas: no marketing direto por base de dados, em marketing interativo e promoções de vendas, assim como na publicidade. Querem criatividade em todas as ações de comunicação e em seu negócio como um todo. Desejam-na em seus trabalhos e em suas vidas.

Se todo mundo quer grandes pensamentos criativos, por que não os vemos mais freqüentemente? Por que é tão difícil criar e estabelecer uma marca?

Na indústria da publicidade, o caminho para um ótimo resultado passava tradicionalmente por uma sala de reuniões na qual um punhado de gente criativa dedicava-se a um *brainstorm* até conceber uma "grande" campanha. Esse processo pode ter funcionado nos primeiros tempos da publicidade, quando os produtos não precisavam brigar por espaço nas prateleiras — e nem pela nossa atenção. Agora, porém, as agências precisam apresentar idéias que vão além da publicidade para agregar valor ao negócio do cliente. Na EURO RSCG Worldwide, nós a chamamos de Idéias Criativas nos Negócios (ICNs).

Por que as ICNs são tão importantes a ponto de construirmos a agência em torno delas? Bem, por um simples motivo: porque as agências de publicidade não estão mais no negócio da publicidade.

A teoria virá depois. Primeiro, deixe-me mostrar as Idéias Criativas nos Negócios funcionando no mundo real.

Inovação Lucrativa: As Lições de Quatro Casos

Algumas das Idéias Criativas nos Negócios a seguir vêm de minha própria experiência pessoal, de agências nas quais trabalhei e de gente que tive a sorte de conhecer; outras são tiradas do mundo empresarial em geral. O que todos esses exemplos têm em comum é uma base de pensamento não-linear. Sem ele, nenhuma dessas idéias teria visto a luz do dia...

Uma Ponte em Buenos Aires

Há alguns anos, conheci dois colegas notáveis de uma pequena agência de Buenos Aires, a Heymann/Bengoa/Berbari, que precisavam criar um comercial para um empreendimento imobiliário situado em frente a um rio. Eles eram talentosos e inovadores, mas por mais que tentassem, não se convenciam de que uma campanha publicitária conseguiria se destacar e fazer barulho suficiente no mercado.

Enquanto eles procuravam por alternativas, a equipe de criação fez uma observação engenhosa e perspicaz: eles constataram que, ao contrário da maioria das grandes capitais do mundo, Buenos Aires tinha poucos pontos de referência que servissem como cartões-postais da cidade — isso numa metrópole com quase três milhões de habitantes e cerca de duzentos quilômetros quadrados.

Em vez de construir uma campanha publicitária, eles decidiram aconselhar o cliente a construir um cartão-postal instantâneo. O empreendimento imobiliário — que incluía escritórios, prédios de apartamentos, lojas, restaurantes e um hotel — ficava numa área de pouco trânsito da cidade. Era fora de mão, não muito fácil de se alcançar. Então, a agência concebeu a idéia de construir uma ponte para pedestres, de forma a que as pessoas tivessem acesso fácil à área. Uma ponte. Literalmente, uma ponte sobre o rio.

Isso é pensamento criativo não-linear que vai de A para B para M. Esse é um enorme salto criativo.

Até aqui, isso é grande pensamento criativo.

MAS EM CADA IDÉIA CRIATIVA NOS NEGÓCIOS EXISTE UMA QUESTÃO IMPLÍCITA: VOCÊ FOI ATÉ ONDE ERA POSSÍVEL? ESSA GRANDE IDÉIA PODERIA SER AINDA MAIOR?

No caso de Buenos Aires, a idéia tinha um outro salto criativo: a ponte poderia ser projetada por um arquiteto de fama mundial. O que isso significava? Que ela se tornaria um ponto de atração tanto para turistas quanto para habitantes da cidade. Uma atração que não podia deixar de ser vista. Um destino em si própria. Seria um tributo à cultura da cidade e um orgulho para seu povo. E, naturalmente, a ponte seria um ímã, atraindo gente para as margens do rio — e para o empreendimento imobiliário. A idéia gerou uma enorme quantidade de ações gratuitas de relações públicas, comentários e repercussão na mídia. Muito mais que qualquer campanha publicitária.

Construir uma atração turística em vez de criar um punhado de anúncios e estabelecer um plano de mídia? Isso é pensamento criativo nos negócios num nível estratégico mais alto do que simplesmente executar uma campanha publicitária. É uma autêntica Idéia Criativa nos Negócios.

EXPERIMENTE CRIAR MARCAS

Próximo caso: parques temáticos. Faça de conta que você é Walt Disney. Como um inventor de personagens infantis surge com a idéia de criar um parque temático? Como alguém dá o salto imaginativo da Branca de Neve para a montanha-russa?

Disney não era obcecado por parques temáticos. Ele era obcecado pela idéia de construir a marca Disney. E um parque temático era uma maneira de criar uma experiência do consumidor com a marca. Uma manobra estupenda? Uma aposta alta? É claro que sim.

Naquela época, os americanos consideravam os parques de diversões um programa meio brega e destinado às classes menos favorecidas. "Por que você quer construir um parque de diversões?", perguntou a esposa de Disney. "Eles são tão sujos". Walt respondeu: "Esse é o ponto-chave — o meu não será sujo". Sua visão: "O que desejo da Disneylândia, acima de tudo, é que ela seja um lugar alegre, onde adultos e crianças possam experimentar juntos algumas das maravilhas da vida, da aventura, e sentirem-se melhor com isso".[4]

Por quase meio século, aquele salto criativo tem sido a força que impulsiona cada tentáculo da marca Disney. A Disney não está no negócio do cinema ou no negócio de parques temáticos e nem mesmo no negócio do entretenimento. A Disney está no negócio de fazer as pessoas felizes.

Está "Inside"...

Outro exemplo, desta vez usando o maior cliente com o qual trabalhei. Você conhece o slogan da Intel? Olhe para o seu computador. É quase certo que ele vai estar lá: "Intel Inside".

Pense num desafio difícil! No caso da maioria dos produtos, pode-se ver o que se está comprando. Mas imagine impulsionar a marca de um pequeno componente tecnológico — o microprocessador — instalado tão profundamente nas entranhas do computador que o usuário nunca o enxerga. Eis aí um grande salto.

A Intel tinha uma necessidade grande, urgente mesmo, de provocar desejo nos corações e mentes de seus consumidores pelo seu produto. Gerenciadores de sistemas de informação sabiam o que eram microprocessadores; os consumidores médios não tinham a menor idéia. A empresa decidiu esclarecê-los: primeiro, explicar o que era a sua linha de produtos e, depois, convencer os consumidores que os processadores da Intel eram os melhores do mercado.

Por fim, o que a Intel conquistou foi algo ainda mais poderoso do que apenas se diferenciar de seus concorrentes: ela convenceu os consumidores de que o que está dentro de um computador é tão importante, ou ainda mais importante, do que a marca que ele ostenta. Transformou uma commodity numa marca.

Esse salto criativo transformou a Intel, antes uma pouco conhecida empresa de engenharia, numa das mais conhecidas e valiosas marcas do mundo. Não foi uma idéia publicitária. Foi uma grande Idéia Criativa nos Negócios.

ENTRETENIMENTO MÓVEL

No início dos anos 80, viajei com meus filhos para Courchevel, nos Alpes franceses, para esquiar. Eles levaram na bagagem duas pequenas caixas de metal azulado equipadas com fones de ouvido. "Ouça isto, papai", eles disseram. Eu não pude acreditar no que estava ouvindo. Aquelas pequenas caixas iriam mudar a música e marcar toda uma geração. Avalie o impacto do Walkman antes de que a música começasse a ser gravada em CDs e o toca-fitas portátil fosse substituído pelo CD Walkman. Pense na ubiqüidade do nome: ninguém chama o aparelho de "toca-fitas estéreo portátil com fones de ouvido em miniatura". Todos o chamam Walkman.

Como isso aconteceu? Novamente, através de um brilhante raciocínio não-linear e um grande salto criativo. Muitos conhecem o nome de Akio Morita, fundador da Sony. Menos conhecido é o co-fundador da companhia, Masura Ibuka, o equivalente na área de engenharia ao gênio do marketing Morita. Em 1979, um setor da empresa estava desenvolvendo um novo tipo de toca-fitas portátil; outro setor desenvolvia um projeto de fones de ouvido mais leves, para serem usados ao ar livre. Essas tecnologias não eram exclusivas da Sony — outras empresas estavam trabalhando em fones de ouvido pequenos e toca-fitas portáteis. Entretanto, só a Sony tinha Masura Ibuka, o sujeito que deu o salto criativo e juntou os dois aparelhos.[5]

Ibuka levou a idéia a Morita em forma de um pedido pessoal — ele queria colocar fones de ouvido num toca-fitas portátil de forma a que pudesse ouvir música sem importunar as pessoas à sua volta. Morita imediatamente enxergou algo que passou despercebido a Ibuka: um novo aparelho com potencial para mudar a forma como as pessoas consomem música. Há tempos ele já havia observado que os jovens gostam tanto de música que fazem de tudo para levá-la com eles a todos os lugares, até mesmo carregar aparelhos de som pesadões pela rua. Agora, ele daria a eles condições de ouvir música em qualquer lugar e em todos os lugares. Esta solução inovadora, pioneira na indústria, iria transformar o mercado. E tudo começou com o salto criativo de juntar fones de ouvido e um toca-fitas portátil.

O que esses exemplos têm em comum é que são todos grandes e criativos saltos que resultam em estratégia nos negócios. E todos são baseados no raciocínio não-linear. Ninguém teria chegado a essas idéias inovadoras seguindo um processo convencional de raciocínio.

ANTES DE SALTAR

- Jogue fora todas as suas idéias preconcebidas e preconceitos. As Idéias Criativas nos Negócios desconhecem limites. Elas não precisam estar conectadas às lições tradicionais de publicidade e marketing. Elas podem ser tão incomuns quanto... erguer uma ponte.
- Construa experiências "sensoria-cionais". Crie um mundo no qual os consumidores podem ver, tocar, cheirar e provar sua marca. Forneça-lhes moeda corrente que possa ser convertida em novas aventuras e exposições pessoais a novas maneiras de viver e pensar.
- Cruze fronteiras. Transforme uma commodity numa marca. Uma marca numa experiência. Uma experiência numa conexão com os consumidores.
- Deixe-os saber que você está lá. Nem todas as marcas podem ser vistas, mas todas podem ser ouvidas.
- Preste atenção às suas próprias necessidades e desejos, e aos das pessoas que você conhece. Se você compraria um produto, é provável que muitas outras pessoas também o comprassem. E não esqueça de perguntar: o que os consumidores irão valorizar amanhã?

BARRADO NA SALA DO CONSELHO

No mundo de hoje não há carência de gente competente para desenvolver estratégias de negócios. Há muita gente esperta por aí — estrategistas hábeis, mesmo brilhantes, com mecanismos eficientes para expandir negócios. O nível das firmas de consultoria empresarial e dos especialistas em planejamento estratégico provavelmente nunca foi tão alto.

A diferença entre grande raciocínio estratégico e grande raciocínio criativo, porém, é a linearidade. No mundo empresarial, definimos a boa estratégia nos negócios como aquela que é científica, analítica, informativa, quantificável e mensurável — quanto mais mensurável melhor. E a maneira como desenvolvemos essas estratégias de negócios passa por um processo bastante linear e lógico. A leva a B que leva a C.

O que falta nesse processo é o *salto*: a idéia criativa que lhe permite começar no ponto A, passar para o B e depois saltar até o M... ou talvez

> *As Idéias Criativas nos Negócios nem sempre são simples. Você tenta convencer um CEO a encarar o mercado de uma forma completamente nova. Onde estão os números? Isso nunca foi feito antes!*
>
> — Matt Donovan, Euro RSCG Partnership, Sydney

até mesmo até o Q. O salto o leva a um lugar que você talvez não alcançasse de outra forma. Trata-se de usar o pensamento criativo para criar uma estratégia de negócios que nunca lhe ocorreria se você tivesse seguido um raciocínio linear.

Onde esteve o pensamento criativo todos esses anos? Provavelmente guardado em outro andar, em outro departamento ou em outro escritório. O pensamento não-linear — pensamento criativo — tem sido relegado à área de comunicações. O pensamento criativo costuma ser visto como território dos profissionais de publicidade, de tipos criativos. Está correto ser criativo numa campanha publicitária, numa ação de relações públicas, ou em alguma idéia sensacional para um evento de marketing. Quanto mais criativo, melhor — vale qualquer coisa para fazer barulho. Mas, na maioria das vezes, a criatividade tem sido barrada na sala de reuniões do conselho de administração — com o cartaz de "Não Perturbe" pendurado do lado de fora da porta. Não tem havido espaço para o pensamento criativo no desenvolvimento da estratégia central dos negócios — ou na definição dos objetivos empresariais — porque não se considera que ela tenha qualquer valor corporativo real.

A REALIDADE É QUE A MAIORIA ABSOLUTA DAS EMPRESAS NÃO ESTÁ ESTRUTURADA DE FORMA A PERMITIR QUE O PENSAMENTO NÃO-LINEAR SEJA PARTE DO PROCESSO DE TOMADA DE DECISÕES NA ESTRATÉGIA DOS NEGÓCIOS.

Quantos CEOs você conhece que estão intimamente envolvidos com pensamento criativo? Eles não são pagos para isso. Eles são pagos para se envolver no pensamento linear, para produzir os melhores resultados esperados possíveis com o mínimo de risco.

Idéias empresariais são palpáveis. O pensamento criativo tende a lidar com o intangível. Idéias empresariais conduzem a resultados mensuráveis. Idéias criativas podem ser difíceis de se medir. Idéias empresariais são seguras. Idéias criativas supõem riscos. Idéias empresariais são indispensáveis. Idéias criativas são bem-vindas, mas não são consideradas essenciais aos negócios.

Esse modo de pensar precisa mudar. Agora.

No ambiente volátil dos negócios de hoje, a criatividade tem que ser convidada para a sala do conselho administrativo. Tem que ser *exigida* na sala. Se desejamos crescer, vicejar e prosperar, se queremos levar nossos negócios à frente, precisamos de idéias criativas que transcendam a publicidade. Precisamos de Idéias Criativas nos Negócios.

E para chegar lá, nós *não* deveríamos perguntar como montar uma campanha publicitária, seja ela tradicional ou interativa. Devemos todos começar perguntando: "Como nós, juntos, chegaremos a uma Idéia Criativa nos Negócios? Por *juntos*, quero dizer clientes e agências. Não firmas de consultoria empresarial. Agências. Companhias de idéias criativas.

Por quê? Porque os publicitários de idéias criativas não são apenas bem equipados para pensar em negócios de forma criativa, eles são os mais bem equipados. Sejam elas agências de publicidade, firmas de marketing direto, firmas de relações públicas, companhias de internet, de promoções, ou firmas interativas... empresas de comunicação criativas estão repletas de pessoas pagas para pensar de forma criativa e para dar saltos diariamente. É assim que elas ganham seus salários. No contexto dos negócios, é a razão fundamental de sua existência.

Ninguém é mais bem qualificado para usar o pensamento criativo a altos níveis do que as pessoas criativas da publicidade.

A FICHA CAI

Como e quando surgiu essa compreensão sobre o assunto? Como e quando "a ficha caiu"? Participei de muitos saltos criativos em minha carreira, mas foi apenas em 1999, cerca de dois anos depois de me tornar chairman e CEO da Euro RSCG Worldwide, que resolvi introduzir o conceito de Idéias Criativas nos Negócios em toda a nossa rede global de agências. Em Nova York e Chicago, em Paris e Buenos Aires, em Amsterdã e Sydney, constatei evidências de grandes ICNs florescendo nas agências. Na verdade, o sucesso de muitas de nossas agências em volta do mundo foi resultado direto do pensamento não-ortodoxo — pensamento criativo dirigido ao âmago da estratégia empresarial.

Eu queria mais.

Começamos a fazer experiências com algumas das agências mais criativas. A premissa era descobrir como poderíamos usar esse recurso de forma mais eficiente, como poderíamos usar aquilo que é uma das poucas

> *Nenhum outro ramo de negócios é composto por talentos ecléticos como o nosso: ex-arquitetos se tornam diretores de criação, advogados viram produtores e um comerciante de peixes pode vir a ser um redator bem-sucedido. É um ramo que atrai gente apaixonada por muitas coisas na vida — mas, ao contrário do que ocorre na maioria dos negócios, essas paixões não se restringem à vida privada das pessoas. Elas são parte daquilo que contribui para pensamentos novos e interessantes a cada dia.*
> — Trish O'Reilly, Euro RSCG MVBMS, Nova York

razões pelas quais a publicidade e o marketing existem — em outras palavras, pensamento criativo — de uma forma mais eficaz. Como acontece freqüentemente, um dos primeiros locais em que a experiência deu resultado não foi no laboratório, mas no mundo real.

Só o Melhor

Entra em cena um outro homem sensato.

Este era um CEO visionário. Ele nos pediu para fazer o que a maioria dos clientes pede: ajudá-lo a construir seu negócio. Mas a seguir ele nos pediu o que nenhum cliente pede: *não façam nenhuma publicidade.* Aconteceu de a agência ser a Euro RSCG MVBMS, em Nova York. O CEO era Irv Hockaday. Quanto à empresa, era uma que os consumidores americanos conhecem há várias gerações: a Hallmark Cards, indústria de cartões comemorativos. Seu slogan: "Quando Você Gosta o Bastante para Mandar Só o Melhor".

Como a agência reagiu ao pedido é um assunto ao qual voltarei. Em minha visão, o que era realmente extraordinário é que o CEO estava procurando esse enorme grupo de pessoas criativas — talentosos diretores de arte, diretores de criação, redatores, gente de produção, de comunicação, planejadores, estrategistas, pessoas cuja principal função de existir é ser criativa — e contratando-as para pensar criativamente sobre seu negócio. Era uma ruptura, um outro ponto crucial em minha carreira. Um cliente pedindo para fazermos o que já vínhamos fazendo — disfarçado de publicidade.

Além da Publicidade

Pedi a Ron Berger, CEO da Euro RSCG MVBMS, para relatar a história da Hallmark ao time administrativo na nossa próxima Reunião dos Cem Dias (encontros que tínhamos a cada cem dias com nossos cem principais executivos). O caso Hallmark tornou-se uma maneira de enunciar e demonstrar o que já estava começando a ser feito em algumas de nossas agências, mas permitiu-nos abordar a questão de uma forma diferente. O fato de o CEO dizer aquelas quatro palavras — *não façam nenhuma publicidade* — lançou um foco com a precisão do raio laser sobre a idéia. Na reunião, apresentei vários outros exemplos de Idéias Criativas nos Negócios, entre elas a ponte em Buenos Aires, e dei às pessoas do grupo suas próprias tarefas: apresentar idéias criativas baseadas em raciocínio empresarial.

Quando as idéias foram apresentadas, podia-se ouvir um zumbido de vozes no salão, um zumbido que só acontece quando se estimula verdadeiramente a imaginação das pessoas. *Não façam nenhuma publicidade* desencadeou uma torrente de pensamento criativo vindo de um lugar inteiramente novo. As algemas haviam sido removidas.

A seguir veio o inevitável: o que fazer com toda aquela energia — energia num nível que, combinada com o assombroso potencial de realização de todas as diferentes agências e especialidades de nossa rede, tornou-se explosiva.

Havíamos reunido um grupo de pessoas para fazer o que elas sempre fazem, aquilo que são pagas para fazer, ou seja, pensar de forma criativa — mas desta vez pedimos a elas para focar em como usar o pensamento criativo num nível mais alto do que apenas executar estratégias de marketing ou comunicação. O nome pode não ter sido uma tacada de gênio, mas o raciocínio por trás dele foi. Batizamos nossa nova forma de trabalhar de Idéia Criativa nos Negócios.

O próximo passo, eu sabia, era fazer com que todos os nossos escritórios adotassem as ICNs como a sua maneira de trabalhar, diariamente, em toda a agência. Se conseguíssemos, estaríamos revolucionando nosso negócio — e o nosso ramo de negócios.

Eu quis que todos na agência entendessem que não estávamos mais no negócio de publicidade.

O modelo de negócios precisava mudar? O modelo de publicidade precisava.

O COMEÇO DE ALGO NOVO

A publicidade tradicional começa com pesquisa de mercado... que leva à estratégia... que leva à mídia e à publicidade propriamente dita.

Mas entre a estratégia e as peças publicitárias existe um abismo: o abismo entre a sabedoria da estratégia e a eficiência dos anúncios.

Idéias criativas nos negócios **41**

O que acontece nesse abismo é a mágica.

Mágica é um assunto proibido nos negócios. Os CEOs costumam consultar psicólogos e astrólogos, mas o fazem escondido, como se a divulgação desses seus interesses fosse bombardear os preços das ações de suas empresas e causar a demissão deles. Na verdade, o interesse por conhecimentos alternativos sempre andou de mãos dadas com a rigorosa racionalidade. "Mesmo os maiores nomes da revolução científica se interessaram por assuntos místicos", escreve Langdon Winner em *Autonomous Technology*. "Kepler era também astrólogo; Newton fez experiências com alquimia."[6]

A MÁGICA PROIBIDA EM NOSSO TEMPO É A CRIATIVIDADE, AINDA RESTRITA A ARTISTAS E BOÊMIOS. MAS ESSE TIPO DE MÁGICA É INTEIRAMENTE CAPAZ DE CONTER UMA ESTRATÉGIA QUE SEJA ATRAENTE, RELEVANTE E INESQUECÍVEL PARA AS PESSOAS.

Pular o abismo de uma forma sistemática é a definição de grande pensamento criativo. É o que separa a publicidade de todos os outros tipos de negócios.

Pular o abismo é o que permitiu à Nike dizer para o mundo "Just Do It" ("Simplesmente Faça-o"). É o que permitiu à Volkswagen dizer às pessoas "Think Small" ("Pense Pequeno") e à Apple dizer "Think Different" ("Pense Diferente"). É o que permitiu à De Beers proclamar que "A Diamond is Forever" ("Um Diamante É Para Sempre").

Hoje, no mundo dos negócios, esse tipo de pensamento criativo é necessário não apenas para pular o abismo no meio da jornada definida pela estratégia... a mágica da criatividade é necessária desde o começo do processo. Precisamos de sua ajuda para definir a jornada e a idéia básica da estratégia empresarial, para criar e definir marcas e negócios.

Criar marcas não é mais uma estratégia de comunicação. É uma estratégia de negócios.

DECIFRANDO AS ICNS

Como cumprir esses objetivos? Primeiro, temos que estar certos do que significa uma Idéia Criativa nos Negócios. Não é tão fácil. Ao longo dos anos, nós continuamente reexaminamos e aperfeiçoamos o conceito

> *O extraordinário nunca acontece num ambiente de segurança e conforto.*
> — Don Hogle, Euro RSCG MVBMS, Nova York

> *O interessante no nosso trabalho é encontrar uma maneira agradável de fazer marketing, de modo a que as pessoas ouçam você. De outra forma, elas não o ouvem. Você não invade as casas dizendo: "É maravilhoso, ligue o botão, você vai assistir ao comercial". Se você vai visitar pessoas, tem que levar flores, não é mesmo...?*
> — Mercedes Erra, BETC Euro RSCG, Paris

de Idéia Criativa nos Negócios. Nossa definição atual é a seguinte: uma idéia que combina criatividade e estratégia de novas maneiras e que resulta em soluções inovadoras e em empresas líderes. Ela se origina da estratégia nos negócios — não apenas da estratégia de comunicação — e depois a influencia. Ela conduz a ações inovadoras através de mídias tradicionais e mídias novas — e realiza-se de forma brilhante *para além* das mídias tradicionais e novas. Isso resulta em soluções empresariais que influenciam a própria natureza do negócio: inovação lucrativa, transformação e ampliação do mercado e novas maneiras de maximizar as relações entre consumidores e marcas.

OS TRÊS COMPONENTES

Nós também descobrimos que, quando você a analisa detidamente, a típica ICN compõe-se de três ingredientes: um forte componente produto, um forte componente comunicação e uma poderosa experiência do consumidor com a marca. Essa é a essência da estratégia nos negócios do século XXI: o produto, a comunicação e a experiência do consumidor com a marca.

1. *O componente produto.* A idéia está enraizada no produto, nasce dele, é quase a sua extensão orgânica. Em alguns casos, o produto pode ser até criado ou transformado a partir da idéia criativa. Os parques temáticos da Disney, o Walkman da Sony — ambos tiveram origem na estratégia criativa nos negócios.

2. *O componente comunicação.* A transmissão da idéia precisa demonstrar uma compreensão profunda da essência, da natureza intrínseca da marca. Precisa também proteger ferozmente a integridade da marca. Não se pode formular uma Idéia Criativa nos Negócios para a Disney, por exemplo, sem primeiro entender o que a marca significa para as pessoas — alegria e diversão, e não parques temáticos ou personagens de histórias em quadrinhos.

3. *A experiência do consumidor com a marca.* É uma idéia maior do que apenas veicular anúncios. Para a Perdue, a experiência do consumidor com a marca estende-se à colocação de divisórias amarelas nas caixas do pro-

duto, de forma que elas sejam identificadas instantaneamente na prateleira do supermercado. Inclui a colocação de um pequeno termômetro no frango, que indica quando ele já está assado, e a publicação de receitas nas embalagens. No caso do Walkman, a experiência do consumidor com a marca significava levar a música ao dia-a-dia e às atividades das pessoas — de uma hora para outra, você podia ouvir suas músicas favoritas em qualquer lugar e a qualquer hora. A ponte em Buenos Aires não apenas ofereceu à população um magnífico local de convivência ao ar livre — para reuniões de amigos e famílias, para encontros, ou apenas para se ir e ficar sozinho — como deu a ela um cartão-postal majestoso capaz de reafirmar-lhe o orgulho pela cidade.

Mais uma vez, o ponto de partida é a idéia. Quanto maior, melhor. E nesse jogo há pontos extras para saltos não-lineares e "irracionais".

SEM MEDO

Esqueça o gênio solitário confinado no sótão.

IDÉIAS CRIATIVAS NOS NEGÓCIOS SÃO RESULTADO DE UMA NOTÁVEL COMBINAÇÃO ENTRE TRABALHO EM EQUIPE E DISCIPLINA.

O primeiro passo nesse processo é a pesquisa exaustiva. Depois, o cliente e a agência têm que observar a criatividade inata de seus funcionários envolvidos, não apenas aqueles dos chamados departamentos de criação da agência, mas em ambas as companhias. Todas as noções preconcebidas e todos os planos para o futuro devem ser postos de lado, já que o cliente, com a ajuda da agência, considera todas as possibilidades. A seguir, todos no processo têm que perder o medo de abraçar idéias consideravelmente maiores do que a criação de comerciais.

É um processo um pouco assustador, que exige disciplina rígida. Em várias etapas do caminho, surgem oportunidades para se evitar encruzilhadas, deturpar idéias e voltar à segurança do já conhecido. Não é uma tarefa para aqueles de coração fraco. Idéias Criativas nos Negócios, em todos os níveis, exigem coragem. É preciso coragem para desenvolver uma

ICN, apresentá-la aos colegas e clientes, batalhar para que ela seja aceita e levá-la a cabo até a realização.

Também é preciso coragem para abraçar o próprio conceito de Idéias Criativas nos Negócios. Significa estar aberto para o pensamento criativo e disposto a aplicá-lo na estratégia empresarial, não apenas na publicidade. Significa decidir-se a dar o salto para transformar seu negócio de uma forma que você nunca imaginou. Freqüentemente, também significa ser minoria e lutar contra as investidas dos habitantes de Lilliput em direção à mediocridade. Você não pode ter medo.

Acima de tudo, Idéias Criativas nos Negócios significam mudanças. Esteja pronto para derrubar os muros internos de sua firma e os muros entre agência e cliente. Esteja pronto para munir-se de coragem e sair de seu papel tradicional de marqueteiro ou publicitário, cliente ou agência, para adotar todos os canais de comunicação e usá-los para se conectar com os consumidores de novas maneiras. Em um novo mundo, todos precisamos jogar seguindo novas regras.

SUA RECOMPENSA

Você receberá um pagamento. E dos grandes. As empresas e agências que conseguirem injetar a mágica da criatividade na estrutura e na essência dos negócios terão sua recompensa, e elas são enormes.

Mas como chegar lá? Como desenvolver um ambiente propício a Idéias Criativas nos Negócios, um local que não apenas as cultive como também as receba bem, as aceite e as coloque em prática?

Pela minha experiência, a solução para isso começa — ou às vezes termina — no topo.

Capítulo 3

Criatividade no Topo

O ator Robert de Niro atuou em *Tempo de Despertar*, um filme sobre um eminente neurologista e seus pacientes em coma. O que será que De Niro, conhecido por suas interpretações intensas, fazia no estúdio nos intervalos entre as filmagens? Segundo o diretor da fita, Penny Marshall, De Niro passava muito tempo no telefone conversando sobre guardanapos — ele estava abrindo um novo restaurante.[1]

O lendário professor de arte dramática Konstantin Stanislavsky era um grande fã do pianista e compositor Sergey Rachmaninoff. Certo dia perguntou a ele o segredo de sua técnica ao piano. A resposta de Rachmaninoff: "Não pressionar a tecla errada".[2]

Que ducha de água fria no mito dos gênios atormentados...

Quando pensamos em CEOs criativos, nossa imagem mental é igualmente desfocada. Um executivo que pinta quadros nos fins de semana? Existe aos montes. Alguém que é criativo no escritório? Bem mais difícil de se imaginar. E se você quer saber por que os empregos corporativos ainda são considerados mais aborrecidos do que os outros, aqui está o começo da sua resposta.

Quantos CEOs realmente criativos você conhece? Não muitos, eu imagino. Na ausência de uma liderança criativa, quais são as chances de um dia você se ver frente a frente com uma autêntica Idéia Criativa nos Negócios? Ou, se acontecer de você ter uma idéia desse tipo, que chances terá de receber o apoio necessário para implementá-la?

Não tenha receio. Nas palavras do escritor Warren G. Bennis, "Existem duas formas de uma pessoa ser criativa. Ela pode cantar e dançar. Ou ela pode criar um ambiente no qual floresçam cantores e dançarinos".[3]

Os cantores e dançarinos são aqueles abençoados CEOs que pensam criativamente sobre seus negócios e não têm problemas em oferecer idéias empresariais afiadas e relevantes. Eles não precisam de alguém para dar saltos por eles. Voam alto por si próprios.

E há os outros CEOs — um grupo muito maior — que reconhecem não serem cantores e dançarinos, mas entendem e aceitam o poder do pensamento criativo aplicado a seus negócios. Em vez de dar o salto por conta própria, trabalham com seus parceiros da agência para chegar lá. Deixe os outros dançarem e cantarem; os CEOs podem ser os produtores do show.

Pela minha experiência, a chave para a criatividade não é apenas contratar gente brilhante e criativa. É preciso também contratar líderes talentosos que reconheçam o poder do pensamento criativo. Isso porque o único elemento em comum que encontrei até hoje em todas as Idéias Criativas nos Negócios é a presença de um executivo de alto nível que aprecia novas idéias e as apóia. Esse executivo considera que adotar novas idéias é uma parte fundamental de seu trabalho e está preparado para defendê-las dos detratores que farão qualquer coisa para obstruí-las.

A ACEITAÇÃO DO PENSAMENTO CRIATIVO PELAS ALTAS INSTÂNCIAS DA EMPRESA É UM PRÉ-REQUISITO PARA AS IDÉIAS CRIATIVAS NOS NEGÓCIOS.

Sem essa aceitação, uma ICN não sobrevive. É simples assim. A não ser que o estímulo à criatividade comece pelo topo, pode-se estar certo de que a ICN será barrada ao chegar lá.

HORA DO BOZO DORMIR

Vamos a um exemplo. Tivemos uma reunião com um CEO para lhe mostrar as peças de uma nova campanha que estava prestes a ser veiculada. O trabalho era rico em idéias. Mirava no alvo. Era amparado por uma estratégia. Como eu tinha certeza disso? Porque ele era resultado de uma parceria verdadeira entre os cantores e dançarinos de nossa agência e os da empresa dele. Era o resultado de incontáveis horas passadas no campo de batalha da criação.

Mas havia um problema.

Num dos comerciais de TV, apareciam palhaços. Não apenas um, mas quatro deles. Não eram palhaços velhos e acabados, veteranos de décadas de circo. Era um quarteto de atores novatos, com vinte e poucos anos, de boa aparência, saindo atrasados para uma apresentação e tentando se acomodar num carro com suas fantasias. "O que a minha empresa tem a ver com palhaços?", perguntou-nos o CEO. "Não quero palhaços nos comerciais. Eles não combinam com a imagem da marca." No roteiro do comercial, os palhaços estavam fazendo trabalho voluntário, encaminhando-se para uma apresentação num hospital infantil. Isso se encaixava perfeitamente em nosso objetivo de expandir a imagem da marca, mostrando que os empregados da empresa participavam ativamente de sua comunidade e se preocupavam com as pessoas em dificuldades.

Os palhaços foram embora... e uma grande idéia também.

Nosso ramo de negócios é o mais indicado para fazer as ICNs virem ao mundo. No entanto, isso só acontece se os clientes tiverem igual entusiasmo e coragem para abrir novos caminhos para o futuro, novos rumos para um novo fluxo de idéias.
— KuanKuan Ong, Euro RSCG Partnership, Pequim

TORNE-SE UM CAMPEÃO

"Quando a mente de um homem se alarga com uma nova idéia", observou Oliver Wendell Holmes Sr., "ela nunca volta às suas dimensões originais".[4] Então o truque é alargar mentes — em todos os níveis da empresa. Dessa maneira, as idéias criativas têm uma chance. Mas uma chance é apenas o começo. Em última análise, as idéias criativas precisam ser aceitas (ou rejeitadas) pelos executivos dos cargos mais altos. E quando elas chegam lá, a questão central não é mais a idéia em si. É o poder de decisão. Sem a chance de serem aceitas nos níveis mais altos, as idéias morrem. Esse é o motivo pelo qual a maioria das grandes idéias nunca é apresentada nas empresas e muito menos postas em prática. Se elas não são mortas externamente, são mortas internamente. Mas quando os CEOs abraçam uma idéia, podem se tornar seus maiores defensores. Eles não precisam cantar ou dançar; precisam simplesmente apoiar a performance.

As histórias que se seguem mostram três CEOs que sabem cantar e dançar — gente que deu saltos fantásticos por conta própria. Significativamente, os três se tornaram os melhores divulgadores de suas marcas.

OPONDO-SE À MULTIDÃO

Primeiro, considere uma grande idéia que nunca se tornaria realidade se um CEO não tivesse se tornado seu grande defensor: o Walkman da

Walkman da Sony

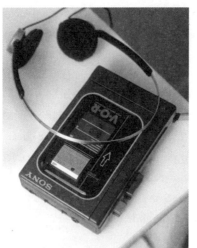

Sony. No capítulo 2, examinamos o pensamento não-linear — o salto — que resultou nessa tecnologia revolucionária. Neste capítulo, vamos refletir sobre o homem por trás da marca — e como seu inesgotável entusiasmo foi essencial para o sucesso do produto. Se Akio Morita não tivesse levado a idéia adiante, nossas ruas e praias poderiam estar ainda atravancadas de caixotes de som...

Anos depois de o Walkman se tornar um tremendo sucesso, Norio Ohga (o sucessor de Akio Morita) declarou o seguinte sobre o desenvolvimento do produto: "Quando eles me mostraram o Walkman... eu estava absorvido com CDs e tecnologia a laser, muito mais sofisticada e interessante. Honestamente, não pude entender por que a Sony fabricaria um produto tão banal do ponto de vista tecnológico. E essa é a grande diferença entre mim e o Sr. Morita. Ele tinha uma intuição de negociante que lhe permitiu enxergar onde aquele produto chegaria. Se fosse por mim, o Walkman não teria sido fabricado".[5] Na época, Ohga não entendeu como esse exemplo de pensamento criativo aparentemente desinteressante poderia ser útil ao seu negócio.

Morita estava plenamente convencido de que juntar um toca-fitas portátil com um par de fones de ouvido em miniatura era uma idéia com um tremendo potencial. Tanto que fez dela uma espécie de cruzada pessoal. Instruiu os técnicos da Sony a retirar o alto-falante e as funções de gravação do toca-fitas portátil da companhia e a colocar no lugar um amplificador estéreo. Mandou que desenvolvessem fones de ouvido leves, mas com som de alta qualidade. E determinou que a produção fosse tão barata que qualquer adolescente pudesse comprar o produto final.

Ao longo do processo, Morita enfrentou forte oposição de seus técnicos e profissionais de vendas. Todos argumentavam que aquele produto não era viável e que seria um fracasso comercial. Perguntavam quem iria querer um gravador que não gravava. "Eu ficava desconcertado", escreveu

Morita em suas memórias, *Made in Japan*, "de cultivar tanto entusiasmo por um produto que todo mundo achava que seria um mico. Mas eu tinha tanta confiança de que o produto era viável que anunciei que assumiria responsabilidade pessoal pelo projeto".[6] Para que o Walkman fosse produzido ao preço baixo que Morita queria, em seu lançamento no Japão a Sony teve que produzir trinta mil unidades do aparelho — o dobro do que o gravador de maior sucesso da empresa vendia por mês. Quando a equipe de vendas reclamou que não conseguiria dar conta de tantos aparelhos, Morita assumiu um compromisso do qual poucos CEOs seriam capazes hoje. Ele disse que pediria demissão se a equipe não vendesse toda a produção. As trinta mil unidades foram vendidas em dois meses. A inovação lucrativa foi uma marca dessa Idéia Criativa nos Negócios desde o início.

> **ANTES DE SALTAR:** Se você tem entusiasmo pela sua idéia, e acredita que está fazendo a coisa certa — para os negócios e para a marca —, não tenha medo de arriscar o pescoço. Brigue pela sua idéia. Combata a correnteza da mediocridade. E se acontecer de você trabalhar para um CEO que luta por uma idéia que parece maluca, dê-lhe tempo. Ele pode ser um daqueles CEOs capazes de cantar e dançar.

O Walkman da Sony foi uma idéia tão brilhante porque combinava criatividade e estratégia de novas maneiras. Tornou-se um carro-chefe da indústria. Uma solução inovadora que transformou o mercado e, na verdade, gerou toda uma nova indústria. É um exemplo poderoso de uma nova maneira de maximizar as relações entre consumidores e marcas.

QUEM É CONTRA O PENSAMENTO CRIATIVO?

Em 1995, quando a revista *Fast Company* foi lançada, distribuí um exemplar para todos que iriam participar de nossa próxima Reunião dos Cem Dias. Queria que eles aprendessem com as idéias da revista a respeito de transformações — e com as empresas que reagem rapidamente às mudanças à sua volta.

Mais tarde, convidei Bill Taylor, um dos fundadores da *Fast Company*, para participar de uma daquelas reuniões de cúpula da administração da agência. Taylor e eu simpatizamos de cara um com o outro. Era como se ele soubesse tudo sobre nós, embora não soubesse nada a nosso respeito.

Na visão de Taylor, se alguém pergunta a uma platéia: "Quem é contra o pensamento criativo?", ninguém irá levantar a mão. É óbvio que todo mundo é a favor da criatividade; de forma abstrata, ela é algo tão incorporado à vida quanto a maternidade ou a bandeira nacional. Por outro lado, segundo Taylor, se você observar, 90% das empresas do mundo e, particularmente, seus executivos graduados, verá que tudo o que eles fazem embute a seguinte mensagem: "Eu odeio inovações; a criatividade é minha inimiga". Por quê? Porque somos contra os erros, contra os fracassos, e é difícil ter criatividade e inovação sem erros e fracassos.

Sem Coragem, Nada de Glória

Morita não ganhava sempre. Pense no Betamax, o videocassete da Sony. Se você é jovem, nunca ouviu falar dele — o padrão da indústria é o VHS. Isso porque a Sony desenvolveu uma tecnologia usando um tamanho de fita que poucos fabricantes adotaram. A Sony foi triturada. Mas mesmo nesse caso há muito o que aprender com Morita e seus sucessores, com sua disposição em correr riscos, cometer erros e aceitar derrotas. Eles tinham entusiasmo.

Foi o entusiasmo pelas próprias idéias — o Walkman, o primeiro gravador de videocassetes, o compact disc — que lhes forneceu a coragem de desenvolver esses produtos sem nada temer, contra todas as apostas em contrário.

Seja um Renegado

Quando as pessoas conversam sobre líderes que têm entusiasmo por idéias, não conseguem avançar no assunto sem mencionar um dos maiores renegados do mundo dos negócios: Richard Branson, presidente do Virgin Group. Branson adora desafiar a ordem estabelecida e, na maioria das vezes, é espetacularmente vitorioso ao fazê-lo. Ele conseguiu não apenas um, mas vários carros-chefe dos negócios. Tem sido extremamente bem-sucedido em inovações lucrativas. Nesse processo, reinventou segmentos empresariais inteiros.

Pedi a um grupo de pessoas na agência para analisar mais profundamente o império de Branson, por dois motivos. Primeiro, porque achamos que ele seria um cliente em potencial (não conseguimos atraí-lo, ainda). Segundo, porque eu sentia que poderíamos aprender muito com a Virgin. À medida que estudávamos a marca, fiz uma pequena descoberta: Branson e seus empreendimentos são o exemplo acabado de uma extraordinária Idéia Criativa nos Negócios. O homem não apenas salta, ele voa.

O que é a Virgin? Uma gravadora musical? Uma companhia aérea internacional? Um refrigerante do tipo cola? Um banco *online*? Uma loja para noivas? Todas essas respostas... e mais. Então, o que é a marca Virgin? À primeira vista, a companhia parece uma plêiade de diferentes produtos e serviços com poucas coisas em comum entre eles. O que conecta a todos — a essência da marca Virgin — é um modo de vida, um ponto de vista e uma maneira de enxergar o mundo. A Virgin é como aquele sujeito que está sempre contra o sistema, contra o *establishment*. E Branson é Davi enfrentando uma longa fila de Golias: British Airways, Coca-Cola, Pepsi e a classe alta inglesa.

Eu sua autobiografia, *Losing My Virginity: How I've Survived, Had Fun, and Made a Fortune Doing Business My Way*, Branson conta que sempre teve problemas na escola, em parte por causa de sua dislexia.[7] Mas ele também trombou de frente com muitas das tradições cultivadas pelo colégio interno em que estudou. Ele estava procurando uma forma de manifestar seus sentimentos rebeldes. Encontrou-a em sua primeira grande aventura nos negócios, a revista *Student*. Embora o empreendimento consistisse basicamente de algo semelhante a uma criança dando telefonemas de um orelhão, Branson conseguiu anunciantes e publicou entrevistas com nomes de peso como Vanessa Redgrave, Mick Jagger e John Lennon. Ele queria que a *Student* fosse porta-voz de um estilo de vida novo, melhor e contra as instituições estabelecidas — a atitude rebelde que finalmente moldaria a marca Virgin.

CONTRATE UM DISLÉXICO

Como um garoto rebelde que tem problemas na escola se transforma num empreendedor com uma das marcas mais conhecidas do mundo?

Aqui, vou dar o meu pequeno salto particular e arriscar uma resposta: talvez a dislexia de Branson o tenha ajudado. A dislexia pode ser uma grande limitação quando se trata de aprender matérias escolares: leitura, escrita e matemática. Mas é uma grande vantagem numa área em que a maioria das escolas (e das empresas) não valoriza muito: pensamento criativo. Os disléxicos têm uma tendência a se destacar na arte, na arquitetura, no teatro e na música. Peça-lhes para se sentar e ler em voz alta um romance de 500 páginas — e eles tremem. Peça-lhes que se expressem de forma criativa — e eles poderão voar alto.

Embora exista uma percepção estereotipada de que o disléxico é aquele que confunde letras e números, a realidade é bem mais complexa e interessante. A dislexia está profundamente ligada à maneira do cérebro trabalhar, à forma com que a pessoa processa as informações. Os cientistas hoje acreditam que ela se caracteriza pela desordem dos caminhos cerebrais — como numa fiação defeituosa. A maioria de nós pensa de forma linear. A leva a B que leva a C. No pensamento dos disléxicos, A leva a M ou R ou Z. Eles são praticamente incapazes de pensar linearmente, a não ser que se esforcem muito para isso. A solução não surge naturalmente.

Leonardo da Vinci. Albert Einstein. Rodin. Agatha Christie. W. B. Yeats. Júlio Verne. Winston Churchill. Louis Pasteur. Acredita-se que todos eles sofriam de dislexia. E também Charles Schwab, John Chambers (presidente e CEO da Cisco Systems), Paul Orfalea (fundador da Kinko's) e Craig McCaw (o pioneiro da indústria de celulares). E assim por diante.

Por que tantos CEOs disléxicos? Talvez haja um bom motivo para isso. Ronald Davis, autor do livro *The Gift of Dyslexia*, concorda com a tese de que os verdadeiros disléxicos caracterizam-se pela inteligência acima da média e pela aptidão para resolver problemas. Seus extraordinários dotes sensoriais, ele acredita, resultam num enorme grau de criatividade.[8]

O disléxico Ben Way, um empreendedor britânico que ainda adolescente fez uma fortuna no ramo das telecomunicações, descreveu a um repórter do jornal Daily Telegraph, de Londres, o que acontece quando ele tem uma nova idéia. "Todo mês, durante uma semana, fico acordado na maior parte das noites, pensando. Às vezes sinto que a idéia vem chegando, percebo a intensa atividade nos dois lados do meu cérebro e aí — uau! — tudo se mistura como numa máquina de fazer algodão doce, girando em minha mente, estabelecendo conexões entre todas as partes dela. Em uma hora, vejo que tenho a solução para um problema".[9]

Pensamento Não-Linear. Pensamento com o Cérebro Esquerdo e com o Direito. De A para B para M.

Os mecanismos do cérebro dessas pessoas as tornam predispostas a dar saltos criativos. De repente, pode ser uma boa idéia trazer mais pessoas disléxicas para as nossas empresas. A dislexia pode ser uma ferramenta perfeita para a geração de Idéias Criativas nos Negócios.

Dando o salto

Então, como Branson deu o seu salto?

A gravadora Virgin Records nasceu de uma idéia de Branson para vender discos pelo correio, com desconto, através da revista *Student*. Ele e sua turma escolheram o nome Virgin ("Virgem") porque eles eram virgens no mundo dos negócios e acharam que, aplicada a seu modo de vida, a palavra carregava uma divertida ironia. A idéia decolou. Em 1971, com apenas 20 anos, Branson sofreu seu primeiro revés — uma greve dos correios ameaçou seriamente seu pequeno negócio de vendas postais. Foi aí que ele teve um lampejo e identificou a necessidade de um produto que ainda não existia.

Na Inglaterra dos anos 70, os discos eram vendidos em lojas formais e monótonas. Branson enxergou a oportunidade de capitalizar o aspecto social da música. Ele queria abrir uma loja de discos que fosse "uma extensão da *Student*, um lugar onde as pessoas pudessem se encontrar e escutar música juntas". Assim como Morita, da Sony, ele estava consciente de que os jovens passavam mais tempo ouvindo música do que fazendo qualquer outra coisa. O objetivo de Branson era oferecer um produto mais barato num ambiente que proporcionasse prazer aos clientes. "Ao pesquisarmos essa fórmula", escreve Branson, "acho que criamos a estrutura conceitual do que seria a Virgin mais tarde".[10]

Isso é pensamento criativo aplicado à estratégia de negócios. E é um ótimo exemplo de um outro aspecto-chave das ICNs: não apenas ofereça um produto. Proporcione uma experiência ao cliente. A Idéia Criativa nos Negócios de Branson não foi apenas abrir uma loja de discos — isso seria ir de A para B. Sua decisão de abrir uma loja projetada para oferecer uma experiência aos clientes foi que o levou de A para B para M. E foi aquela idéia — combinar comércio e entretenimento — que posteriormente gerou a Virgin Megastore. Sofás, fones de ouvido para escutar música, mesas com revistas de música e café grátis... eis aí uma Idéia Criativa nos Negócios.

Em pouco tempo a Virgin conquistou uma clientela fiel e uma imagem diferenciada para sua marca. Mas nessa altura Branson já estava desenvolvendo idéias para reinventar um outro segmento do mercado musical. Assim como identificara uma falta de sintonia entre as lojas de discos e a cultura jovem, ele enxergava agora uma falta de sintonia entre a forma como a música era gravada e a cultura dos músicos. Os estúdios de gravação eram administrados de forma convencional, mas os músicos eram anticonvencionais. Branson imaginava os músicos gravando num ambiente mais descontraído. Ele comprou uma velha mansão no campo e transformou-a num estúdio de atmosfera relaxada e fora dos padrões.

Mais uma vez, a criatividade foi aplicada aos fundamentos dos negócios em si. Os dois saltos de Branson nasceram da estratégia nos negócios e a influenciaram. Eles não nasceram da estratégia de comunicação. Como conseqüência, eles introduziram inovações em antigas e novas mídias. O resultado foi uma solução de negócios que transformou os mercados e criou novas maneiras de maximizar as relações entre consumidores e marcas.

UM SALTO PARA O CÉU

Saltar de uma loja de discos para uma gravadora de música faz algum sentido. Mas ir de uma gravadora para uma companhia aérea? É uma caminhada e tanto, mesmo para quem não pensa de forma linear. O ímpeto para esse salto veio de um advogado americano que procurava alguém para investir numa companhia aérea que operava no aeroporto de

Gatwick, em Nova York. O sujeito procurou Branson, e seus colegas na diretoria da Virgin acharam que ele estava louco de ao menos considerar a possibilidade de entrar no negócio. Compreensivelmente, eles não viam qualquer ligação entre sua empresa e o setor aéreo. O que tem a indústria de discos a ver com aviação? Em seu livro, Branson descreve a sua estratégia: "Eu acredito muito mais no instinto do que num monte de pesquisas e estatísticas. Talvez porque, devido à minha dislexia, eu não confie em números. Acho que eles podem ser manipulados para demonstrar qualquer coisa. A idéia de operar uma companhia aérea Virgin arrebatou minha imaginação, mas eu tinha ainda que calcular quais eram os riscos potenciais".[11]

A conclusão foi de que os riscos eram imensos — assim como os obstáculos que ele iria encontrar. Branson iria desafiar a gigante British Airways. E com esse desafio iria estabelecer uma filosofia que o permitiria levar a marca Virgin de uma indústria para outra. "Como sempre fazíamos, analisamos o negócio e nos colocamos no lugar dos clientes para ver o que poderia ser melhorado. Fizemos perguntas fundamentais: será essa uma oportunidade para reestruturar o mercado e criar vantagens competitivas?"[12]

O salto criativo de Branson não foi apenas criar uma nova linha aérea. Isso seria pensamento linar, de A para B. O salto do mercado de discos para a linha aérea ocorreu porque Branson imaginou que poderia fazer melhor. E assim ele foi de A para B para M. Lá estava uma pequena empresa, inaugurando uma gigantesca companhia aérea e prometendo que ela seria melhor que as outras. Seria exagero ou era mesmo verdade? Para descobrir a resposta, resolvi interromper minhas atividades e reservei um vôo para Londres na Virgin. A primeira diferença que notei foi ainda no aeroporto de Newark. Logo depois de fazer o *check-in*, perguntaram-me se eu gostaria de comer antes de embarcar. Jamais uma companhia aérea havia dado essa opção antes. Depois, perguntaram-me se eu queria ser acordado ou não para tomar o café da manhã antes do pouso. E tudo isso antes mesmo de entrar no avião. Inédito. Ofereceram-me pijamas. Transporte de graça, num carro de luxo, até o meu hotel em Londres. No caminho, eu poderia dispor de uma manicure ou de uma massagem nas costas. Como não gostar do tratamento?

Depois de embarcar, pude notar uma grande diferença nas atitudes dos comissários de bordo. Eles pareciam gostar sinceramente do que faziam. O toque final veio com um anúncio feito ao microfone pouco antes do pouso, convidando os passageiros a doarem as moedas que tivessem no bolso — em nenhum país se troca moedas estrangeiras por dinheiro local, só cédulas — para uma das instituições de caridade auxiliadas pela Virgin.

Em conjunto, não é que a Virgin estivesse dando aos passageiros tudo o que eles sempre sonharam num vôo — eu não estava procurando por aqueles serviços extras. O que a Virgin fez foi tornar a experiência de voar mais interessante. Não era apenas outro vôo transatlântico que me levaria a algum lugar e depois de volta ao ponto de partida. Era muito mais. Era uma experiência transatlântica. Da mesma forma que Morita possibilitou às pessoas ouvirem música onde quisessem, a Virgin era uma marca que proporcionava uma grande experiência. E isso não tem nada a ver com publicidade. Na verdade, o caso da Virgin Atlantic Airways serve quase como uma definição de cartilha de ICN. É aplicar pensamento criativo em estratégia de negócios de uma forma que resulte em soluções inovadoras e empresas líderes. É uma realização brilhante *além* das mídias tradicionais e das novas. É inovação lucrativa, transformações de mercados e novas maneiras de maximizar as relações entre consumidores e marcas. Há também nesse caso um forte componente produto, um forte componente comunicação e uma poderosa experiência do consumidor com a marca.

Antes de Saltar:
- Prepare-se para ignorar os limites-padrão dos negócios.
- Esteja disposto a correr riscos. Mesmo quando parecer que alguém já domina o mercado a ponto de saturá-lo.
- Esteja disposto a cometer erros. Grandes erros.
- Se você acredita com entusiasmo numa idéia, não dê bola para os pessimistas. O trabalho deles é fazer calar o canto e a dança. Não deixe que o façam.

Vendendo um Personagem

E quanto ao uso tradicional da mídia? Para promover a Virgin, Branson apoiou-se muito pouco em publicidade convencional. Em vez de comprar inserções na TV e páginas de revistas, ele usou sua personalidade exuberante para vender e promover a companhia aérea (assim como seus outros produtos). No primeiro vôo da Virgin Atlantic Airways, Branson encheu o avião com empregados da Virgin, amigos e jornalistas. Foi um grande espetáculo publicitário a que não faltou uma piada irreverente: um falso vídeo mostrava os pilotos acendendo um cigarro de maconha depois da decolagem. Desde aquela época, Branson continua a alimentar o folclore em torno de seu nome e marca, sempre se expondo à curiosidade do público. Ensaiou quebrar um recorde de velocidade num barco de corrida sobre o Atlântico, tentou ser o primeiro a cruzar o mesmo oceano a bordo de um balão e envergou um vestido de noiva na inauguração de sua loja no centro de Londres. Sutil ele não é.

A decisão de Branson de desafiar a "classe alta" — ou seja, a British Airways — rendeu grandes dividendos. Não apenas ele abocanhou uma boa fatia dos negócios da BA como transformou a si próprio numa marca. Em 1994, uma pesquisa da rede de telecomunicações inglesa BBC perguntou a 1200 pessoas entre 15 e 35 anos quem seria a personalidade mais indicada para reescrever os Dez Mandamentos. Branson ficou em quarto lugar, colado com a apresentadora de TV Oprah Winfrey, atrás apenas da Madre Teresa de Calcutá, do Papa e do Arcebispo de Canterbury.[13]

Você Canta e Dança?

Richard Branson, Akio Morita, Walt Disney — todos eles tiveram grandes percepções, idéias realmente grandes. Pertencem àquela rara estirpe de CEOs visionários e empreendedores que têm a habilidade de inventar ou reinventar um tipo de negócio, criar uma empresa e, por causa de sua liderança carismática, mobilizar multidões de pessoas à sua volta. Eles têm a habilidade de dar grandes saltos, de pensar de forma criativa sobre seus negócios e de gerar ICNs que transformam ramos empresariais inteiros.

Eles são eficientes, mas existem também outras formas que não a deles de ser eficiente. Há líderes que chegam ao topo e reinventam não apenas categorias de produtos, mas empresas inteiras. Eles não são visionários empreendedores. Não cantam. Não dançam. Eles são os visioná-

Virgin Atlantic Airways

ICNs exigem um grupo selecionado de talentos, incluindo o líder. Este, num ambiente voltado para as ICNs, é como se fosse um instrutor técnico. Não pode ter o estilo ditatorial do maestro de uma orquestra criando sua própria versão de uma partitura. Precisa ter as qualidades de um grande jazzista à frente de uma jam session na qual a harmonia e a estrutura estão presentes, mas o brilho dos músicos tem que aparecer para se chegar a um resultado novo e único no gênero.
— Juan Rocamora, Euro RSCG Southern Europe, Madri

rios catalisadores, aqueles com habilidade de transformar uma companhia — freqüentemente derrubando os muros da burocracia e da tradição. O trabalho deles é criar um ambiente no qual cantores e dançarinos — e idéias — possam florescer. O trabalho deles é fazer com que os outros pensem de forma criativa sobre o negócio e os ajudem a dar os saltos que eles não conseguem dar sozinhos.

Qual o papel de um líder em estimular ou possibilitar o pensamento criativo?

Bill Taylor, da revista *Fast Company*, tem algumas opiniões interessantes sobre essa questão. De acordo com sua experiência, os altos executivos que criam ambientes positivos e propícios à inovação têm algumas características em comum. O mais significativo é a autoconfiança suficiente para dizer a seus comandados: "Eu não tenho todas as respostas. Não é minha tarefa pensar por toda a empresa".[14]

Na avaliação de Taylor, o mito em muitas empresas é que compete ao chefão traçar as estratégias e elaborar os grandes raciocínios, enquanto a tropa apenas executa as idéias. Em empresas realmente inovadoras, no entanto, os altos executivos se dizem todo o tempo: "O mundo é muito complicado; está mudando de forma muito rápida para que eu e esse pequeno grupo à minha volta tenhamos todas as respostas". O cérebro do grupo sempre triunfa sobre os cérebros individuais de seus integrantes.

Esse tipo de argumento, no entanto, não figura na cartilha dos CEOs. A maioria deles acredita que, por definição, o CEO é a pessoa mais esperta da empresa. Faz sentido, portanto, que ele formule todos os raciocínios e tome todas as decisões.

Em empresas inovadoras, porém, não é assim que acontece. Os CEOs são espertos, está certo. Espertos o suficiente para saber que devem focar seus pensamentos em aspectos particulares da companhia, não nos assuntos miúdos do dia-a-dia. Como coloca Bill Taylor, "Os CEOs são responsáveis por pintar um retrato atraente do futuro. São eles que determinam, de modo geral, para onde a empresa está indo. Eles são responsáveis por criar um ambiente no qual possam dizer com honestidade: 'Os melhores talentos do mundo na nossa área trabalham aqui'. Mas, depois, cabe a todo mundo na empresa raciocinar. A responsabilidade do líder é criar condições para que o melhor pensamento criativo aconteça".

É mais fácil dizer do que fazer.

Capítulo 4

A Cultura Corporativa Criativa

Quem entre nós tiraria o corpo fora de uma decisão importante dizendo, como se estivesse olhando para o céu: "Está fora do meu controle"?

Bem, isso aconteceu.

Considere os fatos: milhões de dólares estão sendo gastos em novos comerciais. Centenas de milhões mais irão ser gastos. Você é o diretor de marketing. Ao contrário da maioria dos czares do marketing — homens e mulheres inclinados a marcar presença em cada reunião de criação, cada filmagem de spot de TV, cada sessão de edição e cada reunião de avaliação —, você diz: "Eu não preciso aprovar os comerciais. Vou assisti-los na TV como todo mundo".

Por quanto tempo você acha que continuaria empregado se dissesse isso?

E, para ir mais fundo, por que você diria isso?

Deixe que Jerry Taylor, ex-presidente e CEO da MCI, explique por que ele declinou de se envolver num processo de aprovação. Ele diz que tinha total confiança em sua equipe responsável pela publicidade, então por que ver os comerciais antecipadamente? "Eu não poderia contribuir com nada — a não ser aprovar."[1]

Há algumas empresas que parecem perpetuar uma cultura da criatividade em seus quadros — nelas, esse conceito não é apenas um nobre objetivo intelectual ou uma declaração de princípios. Ele está arraigado em sua vocação. Essas empresas reconhecem que o melhor caminho para a criatividade é estabelecer um ambiente no qual os cantores e dançarinos possam florescer. São aquelas empresas nas quais o CEO não precisa dar o salto pessoalmente. Ele adota o pensamento criativo e proporciona um ambiente que estimula as ICNs encorajando os funcionários a pensar de forma criativa sobre os negócios. Na minha opinião, a MCI é uma delas.

DERRUBE AS PAREDES, ELIMINE AS PORTAS

Trabalhei pela primeira vez com a MCI em 1990, quando a companhia era nossa cliente na Messner Vetere Berger Carey Schmetterer/RSCG. Tom Messner, que teve uma longe convivência com a MCI desde a fundação da empresa, conhecia Bill McGowan, Bert Roberts, Jerry Taylor e muitos dos outros altos executivos. Era empolgante participar da ascensão da MCI nos anos 90, quando ela revolucionou o marketing nas telecomunicações com uma campanha inovadora atrás da outra: Friends & Family, o primeiro plano de ligações de longa distância que virou marca; a campanha da Anna Paquin, primeira peça publicitária a falar da internet e de seu incrível futuro; a Gramercy Press Campaign, a primeira a ser veiculada simultaneamente na TV e na internet; 1-800-COLLECT, a primeira marca de ligações a cobrar.

Mais um pioneirismo: a MCI foi a primeira companhia de sua área a encarar o mercado de telefonia empresarial como um mercado de massas — e a conquistar os clientes corporativos da mesma forma que os demais clientes, através da grande mídia.

DE COMMODITY A MARCA

Com o plano Friends & Family, a MCI foi também a primeira a transformar as ligações de longa distância de commodity, orientada pelo preço, em marca. Se hoje há várias marcas desse produto na América, é graças à MCI. Criar uma marca para ligações de longa distância foi um enorme salto criativo. Foi como o salto da Intel, que fez de seu microprocessador uma marca, ou o salto da Perdue em estabelecer uma marca a partir de uma commodity que antes era vendida sem grife (o frango). Antes da experiência da MCI, havia nomes de empresas (AT&T, MCI, Sprint), mas não uma marca que significasse algo por si só. Depois que o plano foi lançado, esse panorama mudou. No início dos anos 90, se você perguntasse a qualquer pessoa sobre Friends & Family, poderia ouvir opiniões boas ou ruins sobre o plano, mas ela saberia do que se tratava. Uma pesquisa encomendada pela MCI na época mostrou que o número de americanos que conheciam o Friends & Family era maior do que aqueles que sabiam que o Havaí é um Estado da federação ou que o vice-presidente do país

A cultura corporativa criativa **63**

era Al Gore. Aqueles anos — 1990 até 1996 — foram os mais criativos, explosivos e inacreditáveis na história da publicidade da companhia.

Ao transferir a experiência de nossos companheiros em campanhas políticas para as campanhas de produtos, tornamo-nos independentes, inconformistas, jogamos fora todas as velhas concepções. Adorávamos a urgência, o imediatismo de girar os holofotes rapidamente, de mudar nossa publicidade de negativa para positiva, do ataque à defesa, criando comerciais biográficos da mesma forma que fazem os candidatos. Nós quebramos todas as regras.

Meus colegas Tom Messner e Barry Vetere lideravam a parte criativa, e outras brilhantes contribuições foram dadas por pessoas muito talentosas. Eu comandei o pensamento estratégico e a direção da conta. Mas não poderíamos ter feito nada sem o cliente. Mais uma vez, o cliente foi o verdadeiro herói.

ALIMENTE A CRIATIVIDADE DO TOPO PARA BAIXO

No início dos anos 90, a MCI era uma daquelas companhias com um CEO que compreendia e adotava o poder do pensamento criativo aplicado aos negócios. Na verdade, toda a alta administração estava ciente do poder da criatividade e do valor do pensamento criativo. Isso facilitava nosso trabalho; era um ambiente no qual podíamos florescer. Mas internamente a MCI também fomentava um clima no qual os cantores e dançarinos podiam se desenvolver. Não importava quem você era ou qual era a sua função — a melhor idéia vencia.

A criatividade estava entranhada na cultura da MCI. Isso tornava um prazer trabalhar com o cliente e foi um fator determinante para que a empresa fizesse tantas inovações nos negócios. Acho que um dos fatores que tornaram a MCI tão aberta à criatividade foi que o seu próprio motivo de existir surgiu de um raciocínio altamente criativo: monopólios, no final das contas, não são a melhor solução.

Lá estava aquela pequena companhia que achava que deveria estar no ramo das telecomunicações pelo mais surrado dos motivos: ela acreditava que podia oferecer um serviço melhor. (Parece familiar, Richard Branson?) Depois de levar seus argumentos a todas as cortes legais e, em

O mundo dos negócios está cheio de gente que pode desenvolver as idéias de outras pessoas; o que é raro são aqueles que agregam valor real a uma empresa pela imaginação criativa de mover-se por caminhos desconhecidos sem se prender a normas e limites já existentes. Essas pessoas não exibem necessariamente a palavra "criativo" em seus cargos; elas apenas têm a habilidade de pensar criativamente sobre negócios.
— Chris Pinnington, Euro RSCG Wnek Gosper, Londres

última instância, ao Departamento de Justiça, finalmente os esforços da MCI resultaram na derrota da AT&T. A MCI estava oficialmente no negócio das telecomunicações.

RECOMPENSE SEUS PENSADORES CRIATIVOS

Através de sua história, o que a MCI mais valorizou... foram as idéias. As pessoas que têm grandes idéias e que as põem em prática em geral são recompensadas com maior freqüência. A MCI mantém muitos programas de reconhecimento profissional. Um deles é o Spirit of MCI Award, concedido àqueles que exemplificam o espírito da empresa: funcionários pró-ativos, empreendedores, do tipo que "fazem acontecer". Pode-se ganhar o prêmio por apresentar uma grande idéia para um novo produto, assegurar um bom contrato, sobressair-se nos serviços aos clientes — e não importa o nível de seu cargo na companhia.

Consulte qualquer alto executivo da MCI e ele vai concordar: a delegação de poderes, mesmo entre os funcionários na base do organograma, foi talvez o fator mais importante para o sucesso da empresa. Para trabalhar na MCI, é preciso ser alguém cheio de iniciativa que prospera quando recebe responsabilidades individuais — este é um pré-requisito para a sobrevivência num ambiente não-hierárquico, empreendedor e sem estruturas rígidas.

De certo modo, a experiência da MCI é semelhante à nossa própria naqueles dias da MVBMS. Como observei antes, a ausência de paredes e portas estimula um ambiente que promove — exige, na verdade — contribuições individuais, contribuições corajosas baseadas em grandes descobertas e em pensamento criativo. A MCI foi uma das empresas pioneiras no uso do e-mail. Na verdade, ela inventou e vendeu o e-mail MCI como uma das primeiras plataformas. Nós adotamos o MCI-mail antes mesmo de termos ganho a conta da empresa e isso mudou a natureza de nosso trabalho na agência, trazendo a noção e os benefícios da conectividade enquanto crescíamos, permitindo a todos contribuírem. Como diz o guru dos negócios Warren G. Bennis, "Bons líderes fazem com que as pessoas se sintam no coração dos acontecimentos, não na periferia".[2]

ANTES DE SALTAR: Derrube as paredes e livre-se das portas. Reconheça que um cargo ou um nível no organograma de uma empresa nada tem a ver com a habilidade de alguém em pensar de forma criativa.

TORNE-SE UM ANGARIADOR

Existem muitas maneiras de ser um bom patrão, mas uma infalível é não se isolar na hierarquia. Somerset Maugham, o romancista inglês, "adotou como regra que seus empregados comessem as mesmas refeições que seus convidados. Eles permaneciam no emprego".[3]

Maugham tinha consideração com seus empregados não apenas porque era de sua natureza ser gentil, mas porque era um bom negócio agir assim. Ele costumava observar todo mundo que conhecia em busca de material para seus livros. Esse é o processo de criação do romancista. Walt Disney preferia ser mais direto — ele pedia idéias a seus funcionários abertamente. Quando a Disneylândia estava quase concluída, por exemplo, Disney pediu a todo mundo que trabalhava no parque, dos operários aos altos executivos, que testassem cada brinquedo e atração.

Os funcionários que tinham idéias novas e criativas também eram bem-vindos em seu escritório. Quando se tornou CEO da Disney, Michael Eisner manteve a tradição. Criou no departamento de animação um evento chamado "O Show do Gongo", no qual os funcionários podiam fazer sugestões a ele e a outros diretores graduados.[4]

ANTES DE SALTAR: Encorajar os funcionários a pensar de forma criativa não é suficiente. É preciso oferecer um mecanismo ou estrutura que permita que as idéias deles sejam ouvidas.

NÃO CRIE UM CLONE

Pode soar óbvio dizer que não se pode ter uma empresa cheia de idéias inteligentes se ela não está cheia de gente inteligente. Mas é simples assim — e isso inclui desde os altos executivos até os seguranças. Como observa Bill Taylor, o problema com um grande número de empresas é que elas não querem trazer para a equipe — e para os cargos de coman-

> *Qualquer pessoa pode ter um lampejo brilhante que conduz a uma grande ICN, seja ela capaz de repetir a proeza ou não. Uma quantidade suficiente de lampejos pode gerar muita luz.*
> — Rich Roth, Euro RSCG, MVBMS, Nova York

> *Pegue um problema simples: 1 + 1. Avalie a resposta que você receberia de diferentes pessoas. Os contadores vão lhe dizer que a resposta é 2, os estrategistas dirão que é 3. Exponha o problema a pessoas da área criativa e pode receber como resposta 11 ou mesmo L. Todas as respostas estão corretas mas de alguma forma elas eram previsíveis. Agora considere juntar as pessoas que pensam com o cérebro esquerdo e as que pensam com o direito, deixe-as trabalhar juntas com os problemas — todo o tempo. Crie um mundo onde não existem mais pessoas que pensam com o cérebro esquerdo e com o direito, mas com o cérebro inteiro. Avalie agora que soluções poderosas poderiam emergir, e com que freqüência se poderia atingir pensamentos daqueles que só surgem uma vez na vida.*
> *— Fergus McCallum, KLP Euro RSCG, Londres*

do — gente que cause desconforto aos líderes já estabelecidos. No entanto, esse é justamente o caminho para renovar e revigorar constantemente uma empresa; é uma atitude fundamental para desenvolver Idéias Criativas nos Negócios.

Nas minhas aulas de sociologia, os professores se referiam à tendência de se contratar gente com uma experiência de vida semelhante como "reprodução homossexual". Costuma-se dizer que os executivos, quando desejam recrutar alguém que tome decisões usando os mesmos critérios que eles, devem procurar alguém do mesmo extrato socioeconômico, com educação semelhante etc. O problema é que este é o modo mais rápido de se empobrecer uma relação. Não há outras vozes estimulando a busca de caminhos diferentes.

"Essa questão tem muito a ver com uma outra: você é uma pessoa segura?", diz Taylor. "Você tem autoconfiança suficiente para trazer para sua empresa, e colocar em cargos de poder, gente muito, muito diferente de você, que tem trajetória diferente, uma perspectiva diferente, que pensa diferente? Se não tem, o que você fará é criar um clone de si próprio, e no momento em que o mundo mudar de direção sua empresa será incapaz de evoluir".[5]

O escritor e comentarista político Walter Lippmann concorda: "Quando todos pensam da mesma maneira, ninguém pensa muito".[6]

QUER TER UMA EMPRESA REALMENTE CRIATIVA? RECRUTE FUNCIONÁRIOS DE FORMA INCOMUM E EM LOCAIS INCOMUNS.

Para esclarecer seu ponto de vista, Taylor conta a história de duas empresas de Wall Street. Elas estavam recrutando gente para atuar na bolsa de valores e optaram por contratar entusiastas do jogo de xadrez. Evidentemente, jogadores de xadrez não sabem nada sobre ações, mas eles têm enorme poder de concentração, e Wall Street precisa de profissionais com essa habilidade. Assim, os empresários não recorreram às grandes escolas de administração para recrutar os 5% melhores da classe; eles foram aos torneios de xadrez e anunciaram nas revistas especializadas no jogo.

Acolha Bem a Diversidade de Raciocínio

Quando a empresa contrata alguém com visões diferentes, alerta Taylor, é preciso deixar que a pessoa continue a ser o que é. Afinal, de que adianta retirar delas justamente as características que a tornaram atraente para a empresa?

Benetton: Construída na Diversidade

A United Colors of Benetton levou o conceito de "aqui todas as idéias são bem-vindas" à enésima potência. Nesse ponto, há a vantagem de a Benetton ser uma empresa familiar que construiu sua marca na singularidade de seus produtos. A companhia também valoriza o poder do verdadeiro talento criativo.

A Benetton é uma multinacional, mas ao mesmo tempo é nitidamente local. Outras empresas em seu ramo mantêm escritórios centrais de modelagem e fábricas em volta do mundo. A Benetton, em contraste, produz roupas apenas na Europa, numa fábrica única, de alta tecnologia, em Castrette (Treviso), na Itália. É um dos mais avançados complexos de produção de roupas do mundo, capaz de fabricar mais de 110 milhões de peças de vestuário por ano. Os produtos refletem o foco da marca na autenticidade. As roupas são feitas com 100% de lã ou 100% de algodão, são 100% coloridas e um bom negócio pelo que custam: simples e sem sofisticação.[7]

Desde meados dos anos 80, a marca Benetton tem sido associada à juventude e à diversidade cultural. Ela alardeia a identificação com seu público através de mensagens audaciosas sobre questões raciais e relacionadas aos direitos humanos. No meio da década de 80, a campanha da United Colors of Benetton era particularmente irreverente e desafiadora — basicamente ela dizia que a Benetton respeitava todos os povos, mas não tinha respeito pelas convenções sociais.

Essas mensagens eram divulgadas na maioria das vezes por Oliviero Toscani e sua imaginação poderosa, e veiculadas em campanhas publicitárias, na decoração das lojas e na revista da marca, *Colors*. As imagens mostravam colegas num corredor da morte, o uniforme ensangüentado de um soldado bósnio morto e um padre beijando uma freira — o impacto nos consumidores era enorme.

> *Acredito firmemente que as idéias mais sólidas surgem de uma conversa entre pensadores criativos empenhados em encontrar uma solução para alguma coisa; e quase sempre essas idéias não surgiriam apenas na cabeça de uma das pessoas envolvidas na conversa.*
>
> — Don Hogle, Euro RSCG MVBMS, Nova York

Um Centro de Pesquisa e Desenvolvimento... Dedicado à Comunicação

Em 1994, a Benetton criou a Fabrica, seu laboratório artístico. A empresa descreve a Fabrica como um centro de pesquisa e desenvolvimento, um conceito que considero fascinante ao transportá-lo para o mundo das corporações em geral. A Fabrica está instalada num grande complexo projetado pelo arquiteto japonês Tadao Ando. Localizada nos arredores de Treviso, ocupa 11 mil metros quadrados e conta com um cinema, uma biblioteca, um auditório e estúdios fotográficos. Jovens artistas dedicados a um amplo espectro de formas de mídia vêm dos quatro cantos do mundo para colaborar em projetos de comunicação.

A Benetton promove a Fabrica como "uma maneira de casar cultura e indústria, usando comunicações que não se apóiam mais nas formas habituais de publicidade, mas transmitem 'cultura industrial' e a 'inteligência' da empresa através de outros meios: design, música, cinema, fotografia, publicações e internet".[8] O que a Benetton evidentemente descobriu é que criar uma marca não é mais uma estratégia de comunicação. É uma estratégia de negócios. E se a Fabrica é inovadora, ela também está profundamente afinada com a tradição da empresa, particularmente em levantar assuntos social e politicamente importantes e em se recusar a frear talentos criativos. Numa entrevista, Toscani fala sobre a importância estratégica de dar liberdade aos criativos: "As agências lidam com grandes

Benetton Fabrica Features

A cultura corporativa criativa **69**

orçamentos, mas o dinheiro é desperdiçado porque as estratégias são decididas pelos empresários, economistas, grupos de discussão — não pelos artistas. No passado, os mecenas tinham a sensibilidade de dizer a Michelangelo o que eles queriam e o deixavam decidir como fazê-lo, mas a coisa não funciona mais assim". (veja nota 8)

Em 2000, a Benetton se viu atolada em controvérsias quando sua campanha publicitária mostrou dois condenados à morte nos Estados Unidos. A confusão incluiu um processo judicial movido pelo governo do Missouri e a quebra de um contrato com a loja de departamentos Sears, Roebuck & Co. A controvérsia pode ou não ter influenciado a saída de Toscani da Benetton, mas não abalou a disposição da empresa em manter a criatividade no centro da estratégia de negócios. Com a partida de Toscani, a Benetton colocou suas ações de comunicação nas mãos de sua herdeira criativa, a Fabrica.

Numa entrevista em junho de 2001, Luciano Benetton falou das relações de sua empresa com a criação publicitária: "Desde o começo, a companhia teve apenas duas parcerias na publicidade. Primeiro, com uma agência local, por 18 anos. Depois, com Oliviero Toscani, por outros 18 anos. Agora, investimos na Fabrica, e esperamos que essa solução dure mais do que 18 anos".[9] Luciano Benetton investiu em criar um ambiente no qual cantores e dançarinos podem florescer. O que faz dele, na minha opinião, um CEO muito inteligente.

Para mim, a Benetton reforça muitas das mesmas lições a serem aprendidas com a MCI. Criar uma cultura que convide à criatividade e a recompense. Garantir poder aos funcionários para tomar iniciativas e buscar novas idéias. Dar às pessoas autonomia e, como conseqüência, importância.

ANTES DE SALTAR:

- Para transmitir o DNA de uma marca, vá além dos veículos tradicionais de comunicação e use outras armas estratégicas — design, música, cinema, fotografia, publicações, a internet, seja o que for. O que a Benetton fez, e que fica particularmente claro em sua loja de Bolonha, foi criar uma brilhante e inovadora experiência do consumidor com a marca. No futuro, para todas as marcas, isso não será uma opção. Será uma imposição (escreverei mais sobre isso à frente).

• Outra iniciativa tremendamente inovadora, na minha opinião, é o centro de comunicações, pesquisa e desenvolvimento da Benetton, a Fabrica. Virtualmente toda empresa mantém um departamento encarregado da pesquisa, desenvolvimento e criação de novos produtos. Por que mais empresas não têm centros de P&D dedicados à comunicação? Talvez valha a pena aproveitar a idéia.

O PRÊMIO IDÉIAS CRIATIVAS NOS NEGÓCIOS

Minha experiência com a MCI me ensinou não apenas a utilidade de promover uma cultura corporativa na qual a criatividade pode florescer, mas também a importância de recompensar as pessoas por suas idéias. E a MCI recompensava de verdade! Fui testemunha do estado de espírito que se instala nas pessoas diante desse tipo de reconhecimento e recompensa; é algo que não tem preço.

Pouco depois do Encontro dos Cem Dias em que batizamos nossa nova maneira de pensar de Idéias Criativas nos Negócios, decidi que era chegada a hora de estabelecer um tipo similar de mecanismo de recompensa em nossa companhia.

Mesmo antes de adotarmos formalmente a expressão ICN, eu havia conversado extensivamente dentro e fora da agência sobre a necessidade de uma revolução na criatividade. Usei exemplos de numerosas empresas (algumas nossas clientes, outras não) para transmitir esse conceito. Essas conversas abrigavam lições — uma maneira curta e enfática de transmitir a meus colegas minha crença em que desenvolver uma marca não é mais uma tarefa para a estratégia de comunicação, mais para a estratégia de negócios, que no papel de uma agência jovem nós tínhamos a oportunidade de redefinir o que a criação significa em nossa época. De conversa em conversa, minha mensagem era que tínhamos que ajudar nossos clientes a construir seus negócios de maneira nova e criativa.

Em junho de 2000, apresentei o conceito de ICNs no Festival Internacional de Propaganda, em Cannes. Resolvi que era hora de integrar o conceito formalmente em nossas agências ao redor do mundo. Se a Euro RSCG Worldwide realmente acredita que a publicidade deve valorizar a criatividade baseada não em carretéis de comerciais mas no brilho de Idéias Criativas nos Negócios, então deveríamos dar o exemplo — recompensando aquele tipo de raciocínio altamente criativo e estratégico dentro de nossa própria empresa.

Num dia quente de verão em Nova York, um pequeno grupo de pessoas da agência deu início ao que deveria ser uma reunião curta. Basicamente, estávamos ali para discutir como seria o concurso para distribuir as recompensas. Quais seriam as regras? Os prêmios? Quais seriam os juízes? E por que critérios eles deveriam julgar?

Sete horas depois, tínhamos tomado algumas decisões críticas. Aperfeiçoamos a definição de Idéias Criativas nos Negócios e estabelecemos os critérios para julgá-las. Resolvemos que o júri seria composto pelas pessoas mais criativas de todas as nossas agências no mundo e mais uma ou duas pessoas de fora. Em vez de imprimir um formulário de inscrição tradicional, anunciaríamos o concurso on-line. Decidimos que os prêmios seriam em dinheiro — e que eles seriam polpudos. Dessa forma, não apenas tínhamos a garantia de que as agências iriam participar do concurso, mas também reforçávamos nosso empenho em recompensar idéias brilhantes que transformassem o mundo dos negócios.

O pontapé inicial foi em setembro de 2000, quando enviei uma mensagem para mais de 7000 pessoas na agência e convidei-as a visitar o site do concurso. Exortei cada pessoa de cada agência a participar dele. Encorajei-as a inscrever seu melhor trabalho, a nos deslumbrar com suas idéias, a apresentar exemplos de pensamento criativo que fossem muito além das formas tradicionais de comunicação.

O retorno foi extraordinário. Antes do lançamento do concurso, num dia típico, o site da intranet de nossa agência registrava 7 500 acessos. No dia em que foi feito o anúncio, esse número dobrou para mais de 15 000. Quando distribuímos via e-mail um cartão animado em HTML, outro recorde foi quebrado: mais de 20 000 acessos. Mais significativo, no entanto, foi o número de respostas que tivemos: mais de 90 inscrições vindas de todos os nossos escritórios no mundo.

Entre as inscrições, selecionamos 14 finalistas. No dia em que a seleção foi publicada em nosso site de intranet, ele teve 32 000 acessos.

Aos escritórios que conseguiram ficar entre os finalistas, pedimos que nos enviassem mais material. O júri foi composto por algumas das mentes mais criativas de nossas agências, de cinco cidades em quatro continentes, de todas as especialidades. Nosso jurado vindo de fora foi Romain Hatchuel, CEO do Festival Internacional de Propaganda de Cannes Lion. Em janeiro, nove jurados se reuniram por dois dias para escolher os vencedores. O processo de julgamento foi semelhante àqueles dos grandes festivais internacionais.

Num pequeno discurso de boas-vindas aos jurados, eu disse: "Há apenas um ano, eu poderia contar nos dedos de uma mão os exemplos de verdadeiras Idéias Criativas nos Negócios. E só uma delas pertencia a nossas agências. Agora, temos a esplêndida oportunidade de avaliar não apenas uma ou duas dessas idéias, mas 14. Quatorze exemplos de raciocínio e criatividades excepcionais — e todas elas são nossas. De nossa própria gente e de nossas agências em volta do mundo".

Ao final de dois dias, escolhemos os vencedores. Quanto ao primeiro lugar, não tínhamos dúvidas.

ORANGE ONE

Um de nossos clientes da área de telecomunicações do outro lado do mundo, na Austrália, enfrentou um desafio que teria desanimado pessoas menos criativas: o segmento que ele pretendia explorar estava saturado. Uma situação positiva, no final das contas, porque ela ajudou a empresa a criar um tipo de negócio totalmente novo.

A Hutchison Telecommunications (Australia) Limited queria instalar uma rede de telefones celulares, uma das categorias de serviços mais

Orange One TVC

competitivas do país. Só havia um problema: quatro operadoras já exploravam o mercado — as pesquisas mostravam que não existiria demanda entre os australianos por outras companhias oferecendo o mesmo serviço. Junto com uma das nossas agências locais, a Euro RSCG Partnership, em Sydney, a Hutchison imaginou estratégias para lançar seu novo produto, chamado Orange One (Laranja Um) nesse mercado altamente saturado.

O SALTO ACONTECEU QUANDO OS EXECUTIVOS DA EMPRESA SE DERAM CONTA DE QUE A ÚNICA ESPERANÇA ERA ENCARAR O TELEFONE CELULAR DE UMA MANEIRA COMPLETAMENTE DIFERENTE.

O germe da idéia surgiu quando eles examinaram com mais cuidado a tecnologia exclusiva usada na rede Orange One. Sua particularidade sutil era uma configuração triangular nas bases de retransmissão. Essa tecnologia possibilitaria à Hutchison oferecer diferentes tipos de tarifa, dependendo de onde a chamada fosse originada. O telefone identificaria onde o usuário estava no momento da discagem, permitindo à empresa cobrar uma tarifa mais barata se ele estivesse em casa, e praticando tarifas competitivas se ele estivesse em outro local.

Se a Hutchison conseguisse explorar essa diferença tecnológica — e transmiti-la de maneira compreensível aos consumidores — poderia ter em mãos uma mensagem irresistível: o Orange One seria o único telefone de que o usuário precisaria. Matt Cumming, diretor executivo de criação que trabalhou no projeto, descreve o raciocínio utilizado: "A idéia era chamá-lo não de um telefone celular, mas de um telefone doméstico que lhe cobrava tarifas domésticas. Seria como o seu telefone convencional, só que você poderia levá-lo com você quando saísse para a rua. Era uma mudança de padrão".

Essa era uma idéia com bastante apelo para os australianos. De acordo com a pesquisa, eles achavam estranho e bastante complicado ter dois telefones. O Orange One lhes daria a liberdade de levar seu telefone de casa para onde quisessem. E quem não gosta de facilidades sem as complicações da tecnologia?'

Comunicação Além da Mídia Tradicional

Em vez de usar as imagens convencionais associadas a operadoras de telefones — gente andando e falando em seus celulares —, a agência deu um passo à frente no conceito de liberdade. Inventou um ícone: um balão de ar de cor laranja que simbolizava a ausência de restrições. Quando o balão estava no chão, amarrado, representava ligações feitas de casa; quando estava voando, representava mobilidade. O balão enviava claramente a mensagem: nada de amarras. O futuro é luminoso. Simples? Muito. Compreensível? Extremamente. Eficaz? Totalmente — a iconografia do balão tornou-se um símbolo reconhecido em Sydney e Melbourne e o índice de lembrança da marca rapidamente alcançou os 82%.

Uma Nova Maneira de Vender

A estratégia de comercialização lançou mão de alguns procedimentos incomuns. A empresa escolheu as vendas de porta em porta, em lugar das lojas, como canal principal, algo inédito na Austrália no ramo de telefones celulares. Isso reforçava a característica de telefone doméstico do produto e também o aspecto da simplicidade. Os clientes também podiam comprar o Orange One pela internet ou pelo telefone.

Além disso, o Orange One mirou no mercado de usuários de internet com um recurso técnico simples e útil: você poderia falar ao telefone enquanto seus filhos estavam surfando na internet. Em lares com internet — que representam 1/3 dos domicílios do país — as malas diretas e anúncios eram direcionadas para os adultos. Após quatro meses de operações, o Orange One tinha 76 500 clientes.

Orange One foi uma idéia nascida do desenvolvimento estratégico, não apenas da tecnologia em mãos da empresa.

ELA SURGIU DA ESTRATÉGIA DO NEGÓCIO E DEPOIS A INFLUENCIOU, NÃO SURGIU APENAS DA ESTRATÉGIA DE COMUNICAÇÕES. COMBINOU CRIATIVIDADE E ESTRATÉGIA DE NOVAS FORMAS, O QUE RESULTOU EM SOLUÇÕES QUE ROMPERAM FRONTEIRAS E EM VANGUARDA DE MERCADO. CONDUZIU A UMA EXECUÇÃO INOVADORA ATRAVÉS DE MÍDIAS TRADICIONAIS E NOVAS E A UMA EXECUÇÃO BRILHANTE ALÉM DESSAS MÍDIAS.

As pesquisas mostraram que a Hutchison teria muita dificuldade para lançar um novo celular naquele mercado; em essência, era um mercado no qual ela não podia competir. A tecnologia permitiu à empresa fazer uma mudança de padrão — e ela fez do Orange One uma Idéia Criativa nos Negócios tremendamente bem-sucedida.

Mas a tecnologia não foi o único componente do rápido crescimento do Orange One. A empresa entendeu a utilidade do pensamento criativo. Foi capaz de ver que o que estava à venda não era tecnologia, nem telecomunicações, mas liberdade e agilidade. E quis correr o risco de vender o produto de um modo inteiramente novo.

ANTES DE SALTAR: Corte toda e qualquer corda que o esteja prendendo a convenções, a noções como "esta é a maneira pela qual as coisas sempre foram feitas". O Orange One foi bem-sucedido porque não enfrentou os gigantes do mercado no jogo deles. Ele inventou um novo jogo, para o qual estabeleceu todas as regras.

PEUGEOT — GENUINAMENTE FRANCESA E REALMENTE INTERNACIONAL

O Orange One é um exemplo de como entrar num mercado com raciocínio criativo realmente fantástico. As ICNs podem ser ferramentas igualmente poderosas quando aplicadas à difícil tarefa de revigorar uma marca tradicional. Foi o que aconteceu na Peugeot.

UMA ESPLÊNDIDA HISTÓRIA DE INOVAÇÃO

Desde o século XVI a família Peugeot cultiva o que se chama de valores tradicionais protestantes, incluindo hábitos frugais, elevados padrões morais — e espírito de iniciativa. Por isso, não surpreende que, em 1810, Jean-Pierre e Jean Frédéric Peugeot tenham decidido pisar no acelerador da indústria na região de Montbéliard. Pelo menos é isso que sabemos através de registros de família que datam de meio século antes da Revolução Francesa.

Primeiro a família fabricou ferramentas. Depois, moedores de café. Hoje, é uma das três maiores fabricantes de automóveis da Europa. Junto com os Agnelli, na Itália, e os Ford, nos Estados Unidos, é uma das

poucas famílias donas de montadoras que não deixaram o controle de seus negócios nem deixaram de lado a tradição.

O leão do logotipo da Peugeot, tão ligado à imagem da montadora hoje, foi usado pela primeira vez em meados do século XVIII quando os irmãos Jules e Emile Peugeot decidiram criar um símbolo para estampar nas suas ferramentas de serrar. Eles tinham idéias muito claras sobre o que queriam que o leão representasse: força, flexibilidade e velocidade são as principais características do animal.

Uma Parceria Histórica

A Euro RSCG começou a trabalhar com a Peugeot quando ainda se chamava Havas Conseil. O executivo que ganhou a conta da montadora foi ninguém menos que Alain de Pouzilhac, hoje chairman e CEO da Havas. Pelas duas décadas seguintes, cliente e agência cresceram juntas, uma contribuindo para o sucesso da outra. A agência continuou crescendo e mudando de nomes — até se tornar a atual Euro RSCG. A Peugeot deixou de ser uma montadora nacional francesa para ganhar o mercado europeu. Hoje ela compete internacionalmente, vendendo carros na América Latina, na Europa Oriental e na Ásia, entre outros mercados.

Isso não significa que o crescimento de ambas tenha se dado sem obstáculos.

Em 1982, poucos anos depois da fusão entre a Peugeot e a Citroën e da compra da Talbot pela Chrysler, o PSA (grupo que combina as marcas Peugeot e Citroën) viu suas perdas aumentarem e sua participação no mercado cair a um nível perigoso. Foi uma verdadeira reviravolta na prosperidade que quase destruiu o leão da Peugeot.

O Carro Milagroso

Tudo isso começou a mudar com o advento do 205, o carro milagroso, lançado em 1983. Nascido pelas mãos de Jean Boillot e com o estilo assinado por Gérard Welter e Paul Bracq, o 205 foi um extraordinário sucesso que vendeu mais de um milhão de unidades em dois anos.

O desenvolvimento do 205 foi fundamental também por outro motivo: ele marcou a ampliação da imagem dos produtos Peugeot. À robustez, que era a principal característica da marca, juntaram-se outras qualidades: beleza das linhas, dinamismo e alta performance.

Tendo segurado o touro pelos chifres, ou, como eles diziam na época, "un constructeur sort ses griffes" (N.T.: "uma montadora mostra suas garras"), a Peugeot abriu caminho para sair da crise. O leão renasceu e, no final dos anos 80, já havia recuperado sua saudável fatia de mercado de 6% a 7%.

Construído Para o Prazer/O Passeio da Sua Vida

A evolução da Peugeot nas duas últimas décadas do século XX refletiu a evolução do próprio automóvel enquanto produto. Durante décadas, o carro foi apenas um meio de transporte, uma ferramenta tecnológica muito prática que podia se tornar mais pessoal apenas através de alguns acessórios ou da escolha de determinada cor de carroceria.

Aí vieram os anos 80, nos quais o automóvel começou sua transição de meio de transporte a objeto com presença integral no dia-a-dia das pessoas. Gradualmente ele se tornou um espaço de vivência, uma extensão da casa do dono. Longe de expressar um status social, ele se tornou uma manifestação do estilo de vida de quem o dirige. Em poucos anos, o carro deixou de ser o carro para todo mundo para se tornar o carro para alguém. Acessórios de amplo apelo comercial deram lugar a elementos mais personalizados. Inovações técnicas se transformaram em inovações conceituais.

E como isso afetou a Peugeot?

Os valores essenciais da marca Peugeot sempre foram: Confiança, Potência e Estilo — todos presentes na *signature de marque* (N.T.: "*logotipo*") e no leão Peugeot. Confiança — através de qualidade, engenharia, robustez, segurança e bons serviços. Potência — através de dirigibilidade, dinamismo, motores que proporcionam emoções e prazer de dirigir. Estilo — através de linhas que não se tornam obsoletas e com um toque de esportividade.

Em 1997, quando Jean-Martin Folz assumiu o cargo de CEO da PSA Peugeot Citroën, ele transmitiu sua visão sobre a Peugeot: "Um dos principais fatores para um fabricante de carros e sua marca se manterem no topo é estarem sempre afinados com seu tempo, identificar e satisfazer as exigências dos consumidores e, ainda mais importante, olhar para o futuro e identificar o que eles irão querer ou precisar em suas vidas". Ele encorajava a Peugeot a inovar constantemente — em todos os aspectos do negócio e "a qualquer custo".

UMA VOLTA À INOVAÇÃO

A Peugeot e a nossa agência enxergavam a exortação de Folz como uma oportunidade para ampliar o significado e o alcance da marca, adicionando a inovação como mais um valor que enriqueceria sua essência.

"Por que inovação?", você pode perguntar. Todas as marcas não afirmam ser inovadoras? Bem, claro. Mas nem todas têm motivo para isso.

Ser inovador para a Peugeot não significa pôr em prática idéias criativas de marketing. O conceito se estende ao design e à engenharia, utilizando ou desenvolvendo novas tecnologias sempre que possível.

Ser inovador serve como uma constante demonstração de que não apenas os carros da Peugeot estão à frente daqueles das outras montadoras, mas que a marca está também olhando à frente para identificar as necessidades de seus clientes — fornecendo um motivo verdadeiro para que se prefira a marca Peugeot.

É claro que não é suficiente ter produtos inovadores; é também necessário levar ao conhecimento do público em geral o que significa inovação e mudar sua percepção da marca.

A tarefa da agência era introduzir uma nova percepção da Peugeot na mente dos consumidores de todo o mundo.

Agora, precisávamos descobrir como fazê-lo.

O CAMINHO À FRENTE

Com a chegada de Jean-Martin Folz, iniciou-se uma minuciosa reestruturação dos modelos da montadora. O lançamento do 206, em

1998, marcou o início de uma linha de produtos mais extensa e completamente nova. Ela oferecia a melhor experiência de dirigir na história dos automóveis Peugeot, com muitas inovações e melhorias no visual, no design interno e na performance. Repetindo o sucesso do 205, um milhão de modelos 206 foram vendidos nos 18 meses após o lançamento.

O 206 foi a primeira das muitas "flores que começaram a desabrochar sob a luz do novo sol", com sua plataforma sendo utilizada numa série de ótimos modelos como o 206 CC, o 206 SW e o 206 GTi.

Peugeot 307 SW — Faça-se a Luz

Em 2001 foi lançado o Peugeot 307, fornecendo a primeira oportunidade de comunicar ao mundo que existia uma nova Peugeot, com uma linha de produtos maior e mais inovadora.

O 307 foi o "carro-evolução" — evolução na arquitetura, na tecnologia, na segurança, nos acessórios, nas comunicações com o motorista, no controle da poluição e na personalização.

Seguiu-se, em abril de 2002, o lançamento mundial do 307 SW, começando pela França. Agora, tínhamos a oportunidade ideal para anunciar os aspectos estilísticos e tecnológicos dos novos valores essenciais da marca.

O Salto: Uma Nova Experiência ao Dirigir

Ao nos convidarem para conhecer e "sentir" o carro, não sabíamos o que iríamos encontrar. Quando nos sentamos no banco, notamos o interior espaçoso. Fazia sol e a sensação era a de dar um passeio refrescante no campo num dia de primavera. O teto solar, com sua aparência de tela de cinema, prolonga o pára-brisa até a altura dos assentos traseiros, permitindo que os passageiros fiquem em contato com o ambiente e oferecendo belos panoramas.

O 307 SW superou todas as expectativas. Era único em sua categoria. E isso era importante porque tínhamos que seduzir não só os clientes habituais da Peugeot, mas também aqueles que nunca haviam pensado em comprar um carro da marca.

> *A criatividade continua a ser uma responsabilidade básica de uma agência na era das ICNs. De fato, num mundo onde a criatividade é canalizada para novas estratégias comerciais, a criatividade se torna ainda mais valiosa. A criatividade é e sempre será uma característica do talento humano. Em todas as suas aparências: inspiração, estratégia, administração, motivação... É o talento que estará no coração das ICNs bem-sucedidas.*
> *— Phil Bourne, KLP Euro RSCG, Londres*

Uma questão adicional era que os consumidores nesse segmento de carros têm a pecha de "camaleões". Eles são multifacetados e procuram ao mesmo tempo praticidade e criatividade, tranqüilidade e emoção, funcionalidade e beleza.

Desenvolvemos uma idéia que era muito específica para o produto e ao mesmo tempo destacava "o design e a tecnologia inovadores". A equipe internacional da Euro RSCG desenvolveu o conceito de "Faça-se a Luz".

Graças ao teto solar, a fartura da luz era um componente-chave do produto e a melhor maneira de distingui-lo de outros em sua categoria. Não apenas nos anúncios, mas na própria experiência de dirigir. A luz tem um efeito psicológico e fisiológico no bem-estar das pessoas. Como seres humanos, preferimos espaços abertos e bem-iluminados a locais escuros e apertados. A luz influencia nossos sentimentos — e até nossa maneira de agir.

UMA EXECUÇÃO "GLOBOCALIZADA"

Como vende automóveis no mundo inteiro, a Peugeot precisava de uma tática de comunicação flexível, que permitisse aos escritórios da Euro RSCG fazer adaptações aos mercados locais. Os consumidores "camaleões", ao contrário de certas peças de roupa, não são do tipo tamanho único.

Um bom exemplo foi o nosso trabalho na Holanda...

PEUGEOT HOLANDA — APROVEITE O MUNDO À SUA VOLTA

Quando apresentamos a grande idéia para nossa agência na Holanda, eles avaliaram que o conceito mundial "Faça-se a Luz" não embutia uma proposta forte o suficiente para seduzir os clientes. Também seria difícil traduzi-lo a contento para o consumidor holandês e ele não combinava com o mercado local e com a percepção que os holandeses tinham da marca Peugeot.

Depois de várias reuniões e discussões entre as duas equipes da Euro RSCG, chegou-se a uma solução que não apenas conservava a essência da proposta da equipe internacional da agência, mas ainda a aperfeiçoava. Uma solução que, segundo percebíamos, seria considerada engenhosa tanto pelo time internacional da Peugeot quanto pela Peugeot da Holanda.

Na época, mal sabíamos nós o sucesso que essa solução iria desencadear e como ela iria fortalecer a percepção da marca Peugeot no país.

Adaptamos o conceito internacional de "Faça-se a Luz", na Holanda, para:

"O novo 307 SW. Aproveite o Mundo À Sua Volta"

Por quê?

Luz...... Por causa da transparência do teto, do pára-brisa e das janelas amplas, você pode Aproveitar o Mundo À Sua Volta.

Espaço..... Por causa da transparência e do espaço interno do carro, você se sente bem e tem razões para Aproveitar o Mundo À Sua Volta.

Versatilidade..... Por causa da possibilidade de mover o banco para a posição que quiser, você se sente confortável e pode Aproveitar o Mundo À Sua Volta.

Essa foi uma solução flexível e que também descrevia os detalhes do carro. Ao mesmo tempo, conservava os principais pontos de apoio da campanha internacional — adicionando-lhes os elementos que satisfaziam as exigências do time local da Peugeot: a integração de luz, espaço e versatilidade.

Um Novo Carro, uma Nova Marca

A Peugeot holandesa foi incumbida pela matriz de cumprir uma meta: 12% dos Peugeot 307s vendidos em 2002 deveriam ser do modelo 307 SW. A equipe alcançou a cifra de 39%. Em apenas um mês, o número de acessos aos anúncios de *test-drive* on-line, na internet, atingiram a meta do ano inteiro.

Um sucesso ainda maior, tanto do ponto de vista da Peugeot quanto da Euro RSCG, foram os resultados da pesquisa sobre a marca. Em 2001, o índice geral de lembrança da marca foi de 45,9%. No final de 2002, ele havia crescido para 55,8%. Uma façanha notável para os dias atuais.

No segmento específico de potenciais compradores do Peugeot 307 SW, o índice de lembrança da marca foi de 8,5% em 2001 para 15% em 2002.

Tivemos notícias ainda melhores: mais de 90% das pessoas no *target* primário da Peugeot se lembraram do modelo 307.

O Orange One criou um produto inteiramente novo para tornar-se competitivo. A Peugeot injetou nova luz numa marca com séculos de existência.

E você? O que você tem a fazer?

Capítulo 5

A Criatividade no Centro da Estratégia de Negócios

O Poder de Dois (ou Mais)

"Nenhum homem é uma ilha" pode ser metade de tudo o que precisamos saber para ir em frente na vida, mas esse ditado tem sido tão repetido nos últimos quatro séculos que muitos de nós se tornam insensíveis à sua sabedoria. Por falar em clichês, "Estamos todos conectados" é um slogan corporativo. Experimente perder seu emprego e seu dinheiro, diriam os cépticos, e veja se alguém continua conectado a você. Nascemos sozinhos, morremos sozinhos e, quando fazemos parte de um grupo social maior do que a nossa família, podemos nos considerar sortudos.

Nossa compreensão das artes, que exaltam as conquistas individuais, reforça a idéia de que este é um mundo de gente sozinha. Bach, Mozart, Beethoven — sempre os vemos sós em seus pianos, compondo em solitários devaneios. Mas essa não é uma imagem correta. Depois de Bach, todos os compositores aprenderam com seus antecessores e tiveram o apoio, ou receberam inspiração, de outros. Beethoven não escondia isso; ele mantinha um desenho com o rosto de Bach sobre sua escrivaninha. E apesar de toda a genialidade de Mozart, talvez não tivéssemos a abertura da ópera *Don Giovanni* se a esposa dele não o tivesse acompanhado à noite, dando-lhe comidinhas gostosas e contando-lhe histórias para mantê-lo acordado enquanto ele compunha.

Da mesma forma, considere o grande artista solo de nossos tempos, Bob Dylan. Ele compôs centenas de canções extraordinárias, e é capaz de interpretar todas elas sozinho. Mas se você lê as suas biografias, constata que Dylan — principalmente no início da carreira — foi por excelência um "carbono" criativo, absorvendo influências, temas musicais e letras de

Os publicitários realmente notáveis são aqueles que pensam não em anúncios inteligentes, mas em idéias inteligentes para negócios que mudam de maneira expressiva o que os consumidores acham de um produto, marca ou empresa. Se alguém encara um problema tentando encontrar uma verdadeira Idéia Criativa nos Negócios, permite a todos focar em grandes soluções empresariais em vez de focar em soluções isoladas de comunicação.
— Chris Pinnington, Euro RSCG Wnek Gosper, Londres

tudo e todos ao seu redor. Sem querer empanar o brilho de Dylan, sua carreira alcançou um patamar muito mais alto quando o grupo The Byrds começou a gravar suas canções (e transformá-las em grandes sucessos) e, mais tarde, quando ele começou a tocar com o conjunto The Band.

O teólogo Pierre Teilhard de Chardin acertou ao dizer: Quando duas mentes se friccionam, a temperatura mental sobe. Novas idéias surgem. E elas são mais vigorosas.[1]

Na verdade, aprendemos essa lição na escola. Lembram-se de Gregor Mendel e o cultivo de ervilhas híbridas? A e B maiúsculos e minúsculos se combinavam para formar um quadrado matemático de possibilidades. Moral da história: quando espécies com genes dominantes diferentes se combinam, nasce um tipo melhor e mais forte de ervilha. A isso se chama *energia híbrida*.

Da mesma forma, analise qualquer programa de graduação universitário ou os treinamentos corporativos. Neles, há sempre uma pessoa mais velha, com uma carreira sólida, e um novato, borbulhando de ambição e energia. Um orienta o outro. Mas ambos não se beneficiam da experiência?

Foi de acordo com esses procedimentos que cheguei na Scali McCabes Sloves, ansioso por aprender e fazer meu nome. Bafejado pela sorte, logo conheci uma figura extraordinária, um verdadeiro homem-show — ele construiu sua fortuna de seu próprio jeito, criou seu produto de acordo com suas próprias preferências. Uma ilha? Isso é muito pouco. Frank Perdue era um continente.

E como se faz para mover um continente?

LUTE PELO QUE VOCÊ ACREDITA

Em 1971, pela primeira vez eu apresentei uma estratégia e uma campanha publicitária para um cliente. Segundo a opinião de Ed McCabe, Sam Scali, Marvin Sloves, do parceiro Alain Pesky e na minha própria imodesta opinião, era uma campanha esplêndida. Para mim, aquele foi um momento muito excitante. Veja só — eu estava ainda mais no ramo do entusiasmo do que no ramo da publicidade. Eu tinha feito há pouco um salto pessoal astronômico e estava agora num negócio em que nunca imaginara estar. Também havia abandonado minha percepção orgulhosa de que tudo que os executivos de contas fazem é carregar uma pasta contendo as idéias dos outros. Ao chegar ao mundo real, não demorei a perceber que, na publicidade, o modo de fazer as coisas acontecerem é trabalhar direto com o cliente — exatamente o que os executivos de contas fazem. Então, lá estava eu, um "daqueles caras". Essa era minha primeira conta. Eu mal podia esperar para participar daquele sucesso.

Foi um completo fracasso — ao menos inicialmente. O cliente odiou a campanha.

O cliente era Frank Perdue.

Na Scali McCabe Sloves, uma agência em ascensão, pequena e criativa, ficamos eletrizados ao ganhar a conta da Perdue. Também achávamos ter o mote criativo certo. "É preciso um homem durão para fazer um frango macio" e "Como diferenciar meus frangos dos outros" pareciam idéias perfeitas para começar a transformar o que era apenas uma commodity numa marca de verdade. Os frangos de Perdue *realmente* eram diferentes dos outros. Eram amarelos ao invés de brancos. A cor vinha da alimentação, que incluía glúten de milho e pétalas de cravos. Eles *pareciam* ser frangos de qualidade superior, e eram mesmo.

Não foi o conceito que Perdue rejeitou, foi a execução. Mas sua recusa revelou uma qualidade pela qual eu viria a admirar aquele homem: sua receptividade ao pensamento criativo.

O QUE VEIO PRIMEIRO? O OVO!

O pai de Perdue começou o negócio em 1920, no ano em que ele nasceu. Frank juntou-se ao negócio em 1939, aos 19 anos, e passou a comandá-lo no início da década de 50. A família inicialmente vendia ovos, depois passou a criar frangos para vender aos beneficiadores de aves. Apenas em 1968, numa época de mercado em baixa, Perdue decidiu entrar no negócio de beneficiamento. Seu objetivo era evitar os beneficiadores, que estavam lhe espremendo o lucro. Mas a decisão também iria catapultá-lo a uma nova arena de negócios, permitindo-lhe diferenciar seus produtos daqueles da competição.[2]

Os frangos de Perdue eram melhores por várias outras razões — o que descobrimos em nossa primeira visita a Salisbury, Maryland. Por isso, como Perdue admitia, ele podia cobrar um pouco mais por eles. Mas como os consumidores poderiam distinguir seus frangos dos de outros criadores? Eles não poderiam... se Perdue não tivesse surgido com uma brilhante idéia criativa.

Ele colocaria uma etiqueta nos seus frangos, assim todo mundo poderia identificá-los. Criaria uma marca para seus frangos com seu próprio nome.

Será que Frank Perdue se encaixa naquela categoria dos empreendedores visionários, aqueles CEOs que, sozinhos, pensam de forma criativa sobre seus negócios e têm a habilidade de, por si próprios, dar saltos que os levam a novos patamares? Sinceramente, Perdue não se encaixa em nenhuma categoria. Ele é um sujeito fantástico e sem paralelo. Mas ele certamente sabe como dar um salto. De quem foi a idéia de transformar a commodity frango numa marca? Foi de Perdue. Seu objetivo, no entanto, não era colocar seu nome em letreiros — motivo pelo qual ele inicialmente rejeitou nossa campanha publicitária.Ególatra ele não é. Ele apenas acreditava que tinha um produto melhor e deveria ser mais bem pago por ele. Era isso que o movia. Frank Perdue é um excelente exemplo de CEO decidido que entende que o sucesso exige raciocínio fora dos limites tradicionais do negócio. E ações que alcancem muito além da publicidade tradicional.

Falando pelos Cotovelos

Logo depois de montar sua beneficiadora, Perdue começou a fazer alguma propaganda, principalmente em rádio, com uma verba pequena. Quando seu negócio cresceu, ele começou a olhar para a Madison Avenue, e não apenas porque ele quisesse divulgar sua marca e tornar seu nome conhecido do público para vender mais frangos. Uma lâmpada se acendeu em sua cabeça. Publicidade era uma forma de construir seu negócio, de ficar conhecido como o melhor produtor de frangos. Mas, acima disso, a publicidade iria criar uma demanda maior que a oferta, permitindo-lhe, portanto, cobrar mais pelo quilo do produto.

Acho que, por isso, a procura de Frank Perdue por uma agência de publicidade foi, como ele próprio, a menos convencional possível. Ele gastou uma enorme quantidade de tempo. Depois de pesquisar exaustivamente o ramo da publicidade (tornou-se um especialista amador no assunto), Perdue se instalou num quarto de hotel em Nova York e entrevistou uma caravana enorme de representantes de agências. Ele finalmente escolheu a Scali McCabe Sloves.

Em parte, fomos escolhidos porque éramos uma firma nova e pequena — apenas 15 pessoas trabalhando. Perdue é do tipo controlador e nosso tamanho lhe daria a oportunidade de se envolver diretamente na publicidade. Acho que o fator decisivo foi provavelmente Ed McCabe, um dos verdadeiros gênios criativos do ramo. Quando Perdue contratou a Scali, ele não recebeu de volta apenas anúncios. Ele recebeu pensamento criativo em larga escala sobre seu negócio, baseado num entendimento profundo do que ele representava — literalmente, criar demanda além da oferta para afetar os preços.

Nosso trabalho na conta foi muito maior do que apenas vender frangos. Por exemplo, ao procurar uma maneira de manter o preço elevado no frango em pedaços — o regulamento do FDA (N.T.: Órgão do governo americano que regula a venda de alimentos e remédios) determina que, se a ave tem um rasgão na pele, não pode ser considerada Categoria A e tem que ser cortada e vendida em partes — o grande desafio foi manter a marca nas peças. Nos frangos inteiros, é fácil amarrar um barbante com a etiqueta na asa. Mas como colocar as etiquetas nas partes separadas? Alguém na agência veio com a idéia de usar uma etiqueta-pinça, que poderia ser facilmente colocada em cada peça. Como resultado, Perdue poderia cobrar o mesmo preço elevado por seus frangos cortados.

Logo no começo nós também ajudamos Perdue a entrar no ramo do cachorro-quente — de frango, é claro. O fato é que Perdue recebeu mais do que publicidade, ele recebeu grande pensamento criativo sobre seu negócio. E, finalmente, construímos juntos uma marca cuja solidez e alcance refletiam a alma da empresa.

Perdue era um visionário que deu um salto notável por si próprio quando decidiu colocar marca em frangos usando seu nome. Mas ele também sabia que para dar os saltos adicionais e levar seu negócio até onde queria, não podia estar sozinho. Ele precisava de uma agência poderosa como parceira. E a McCabe foi parte decisiva nessa parceria.

Ressalte-se que o relacionamento foi testado quase desde o início. Depois que ganhamos a conta, os telefonemas começaram — sem parar. Alguns clientes o deixam trabalhar sossegado. Perdue era o oposto. Certo dia, McCabe lhe disse: "Sabe, Frank, eu nem estou certo se quero continuar com sua conta porque você é um tremendo pé no saco". A resposta foi tipicamente Perdue. Em vez de se sentir ofendido ou retirar-nos a conta — reação provável de qualquer outro cliente —, disse a McCabe que concordava com ele. E retomou a conversa do ponto onde havia parado.[3]

COLOCANDO UM ROSTO NA MARCA

A primeira campanha que criamos era baseada numa idéia que, embora comum hoje em dia, era bastante revolucionária na época — decidimos colocar Frank Perdue no ar. Para nós, fazia muito sentido. O homem era animado, transmitia credibilidade e demonstrava enorme entusiasmo pela qualidade de seus frangos. Ele seria o porta-voz ideal.

Mas quando Perdue viu a campanha, rejeitou-a no ato. Pensávamos que a paixão desse homem por seu produto valia muito — como ela poderia não ser contagiosa? Sua opinião foi de que a campanha era muito egocêntrica, que o público não iria se convencer — nem mesmo seus empregados. Ele não participaria do comercial de jeito nenhum. Lembre-se: isso foi muito antes de os CEOs aparecerem no ar às enxurradas. Ele nos disse para jogar fora a campanha e opinou que talvez tivesse escolhido a agência errada.

Se não fôssemos uma agência tão nova, suponho que teríamos matado a idéia na hora e voltado para a prancheta de desenho. Mas não podíamos. Estávamos arrebatados por nossa convicção de que ele era o porta-voz ideal porque era arrebatado pela qualidade de seus frangos. Procuramos o número dois na hierarquia da Perdue e lhe dissemos: "Você tem que nos ajudar".

> **ANTES DE SALTAR:** Aprenda uma lição com Perdue. Não subestime a utilidade de manter uma boa relação de trabalho com o homem que mais manda na empresa abaixo do seu cliente.

Não me lembro quanto tempo demorou, mas finalmente Perdue cedeu. O comercial ganhou o prêmio de melhor do ano na categoria abaixo de 60 segundos do Copy Club de Nova York. A revista *Advertising Age* o considerou "a melhor campanha do ano na área de comércio" (veja nota 3). A demanda foi às alturas. As vendas dispararam. E Perdue estava a caminho de transformar sua commodity — numa marca.

ANTES DE SALTAR: Saiba que se você acredita numa idéia — se realmente tem paixão por ela — deve estar disposto a dedicar-se de maneira implacável e a brigar por ela. Mesmo se ela for inicialmente rejeitada, você não pode desistir. Às vezes, mesmo grandes CEOs, verdadeiramente abertos ao pensamento criativo, não abraçam uma idéia imediatamente. Mas isso não significa que eles fecharam a porta para sempre. Alguns têm a franqueza de admitir que mudaram de idéia. E quando uma idéia se prova bem-sucedida, eles podem até ficar agradecidos.

SOLUÇÕES INOVADORAS, PRODUTOS LÍDERES DE MERCADO

A idéia de Perdue é uma clássica Idéia Criativa nos Negócios. Ela revolucionou o negócio de frangos. E provavelmente muitos outros. Anos depois, quando conheci Dennis Carter — o homem que introduziu na Intel o slogan "Intel Inside®" — ele me disse que suas referências iniciais foram as informações que tinha sobre um sujeito e uma empresa chamados Perdue.

Como todas as grandes Idéias Criativas nos Negócios, a de Perdue mostrou o caminho para numerosas rupturas e inovações no mundo empresarial. E esse pioneirismo vai bastante além de ter sido o primeiro a estampar uma marca em frangos, com sucesso, e de ter sido um dos primeiros CEOs a aparecer em comerciais de sua companhia. Segundo o site da empresa, a Perdue foi a primeira, em 1974, a desenvolver um novo produto: *Perdue Oven Stuffer Roasters*, aves de tamanho maior, pesando de 2,5 a 3,5 quilos. Foi a primeira beneficiadora de frangos a estampar informações nutricionais nas embalagens. A primeira a oferecer ao consumidor a garantia de devolução do valor da compra em caso de insatisfação com o produto e a disponibilizar o atendimento ao consumidor com ligações

Desde o tempo em que o primeiro anúncio foi rabiscado na parede de uma caverna, o verdadeiro pensamento criativo permanece um domínio dos clientes. Nos produtos e serviços que eles criam, nas maneiras criativas com que eles os vendem. Historicamente, as agências têm simplesmente espalhado a notícia de que esses produtos e serviços existem, têm promovido as mercadorias dos clientes. Por meio das ICNs, as agências têm agora a oportunidade de ganhar seu sustento criativo... trabalhando com clientes para alargar suas visões e embarcar em missões mais lucrativas.
— Jim Durfee, Euro RSCG MVBMS, Nova York

> *Se a essência das ICNs é a "inovação lucrativa", desde o começo temos que analisar detidamente os valores do negócio e a relação do "prosumidor" com a marca e perguntar a nós mesmos: "Como podemos agregar valor a essa relação?" A criatividade e o lucro virão a seguir.*
> — *José Luis Betancourt, Betancourt Beker Euro RSCG, Cidade do México*

gratuitas. A primeira a usar acondicionamento especial para garantir o frescor da ave. A primeira a comercializar frangos já prontos em embalagens próprias para o microondas. A primeira á colocar termômetros no frango para que ele possa ser assado no ponto certo. E assim por diante.

A INOVAÇÃO TEM SIDO E CONTINUA A SER UMA PEDRA ANGULAR DO SUCESSO DE UMA EMPRESA.

Hoje, Perdue está entre os maiores produtores de frango dos Estados Unidos, com faturamento de 2,7 bilhões de dólares. Ainda uma empresa de capital privado, ela figura no *ranking* da revista *Forbes* como uma das cem maiores companhias privadas do país.[4]

INTEL: O PODER DA CONVICÇÃO

Um mês depois de assumir o cargo de chairman e CEO da Euro RSCG Worldwide, tive meu primeiro encontro com nossos clientes da Intel. Nosso grupo atuou nos negócios da Intel na Ásia por alguns anos, ganhara recentemente a conta da companhia na Europa, e também comprara a agência americana que cuidava dela nos Estados Unidos. Dessa forma, a Intel se tornou um cliente global. Em junho de 1997, encontrei Andy Grove pela primeira vez. Grove é outro executivo cuja receptividade a idéias criativas é lendária. Nossas relações começaram com seu entusiasmo em criar uma marca para o computador dentro do computador — e fazer um enorme investimento para construir essa marca. Isso exigia uma enorme convicção no poder do marketing e da comunicação — e um alto nível de confiança em sua agência parceira. Ele tinha que acreditar na mágica de conectar pessoas com algo que elas não podem ver.

X VERMELHO

A primeira investida da Intel em dirigir-se diretamente ao consumidor — hoje conhecida como a campanha Red X (X Vermelho) — começou em 1989, coincidindo com o aquecimento do mercado de PCs domésticos. O objetivo era fazer com que os consumidores mudassem do chip 286 para o novo e fabuloso microprocessador 386 SX, que precisava de um empurrão nas vendas. A campanha era simples, mas arrojada — mostrava o número 286 riscado com um enorme X vermelho pintado em spray, ao estilo graffiti. Mais arrojado ainda era o fato da Intel canibalizar um produto de sua própria linha.

Dennis Carter, na época diretor de marketing, recebeu uma verba de cinco milhões de dólares — uma virada no desenvolvimento da marca. "Estávamos mudando os hábitos de compra das pessoas", disse Carter. "Provamos a nós mesmos que podíamos transmitir informações técnicas de uma forma simples, e concluí que deveríamos fazer isso com mais freqüência. Sem querer, criamos uma marca para processadores".[5]

O COMPUTADOR POR DENTRO

A Intel sempre foi uma líder em tecnologia, muitas vezes a primeira a comercializar novas gerações de produtos. Com o 286 e os processadores que vieram antes, a Intel também licenciou sua tecnologia para outras companhias, que fabricavam os chips com seus próprios nomes mas usando os padrões da Intel. Com o advento do 386 isso mudou: a empresa não licenciou a tecnologia do novo produto.

Isso, no entanto, não impediu que os concorrentes vendessem seus microprocessadores chamando-os de 386 e, mais tarde, 486. A Intel sabia que seus microprocessadores não eram iguais aos das outras empresas. Mas o consumidor não sabia disso. De repente, a Intel estava enfrentando o mesmo desafio de Frank Perdue vinte anos antes: como demonstrar a superioridade de sua marca. Pelo fato de a maioria dos consumidores nunca enxergar o microprocessador, a Intel precisava torná-lo "visível". Precisava convencer as pessoas de que não é apenas o nome estampado na caixa do computador que importa — Dell, Compaq, IBM ou o que seja —, o que está dentro do computador é igualmente importante. Depois, precisava deixar claro que a tecnologia Intel é a melhor que se pode comprar.

A idéia de transformar um microprocessador numa marca foi um salto admirável. Desde o início, a Intel compreendeu o papel crucial da comunicação em construir aquela marca. E ela exigiu de seus parceiros da agência o mesmo que de seus funcionários — nada menos que pensamento criativo em larga escala. Não apenas sobre a publicidade, mas sobre os negócios em si.

Em 1990, quando trabalhava com uma nova agência, Dahlin Smith White (hoje RSCG Tatham Partners), em Salt Lake City, a Intel introduziu um novo comercial na campanha Red X. Nosso sócio Jon White havia trabalhado diretamente com Dennis Carter para criar algo sensacional. O anúncio mantinha o estilo graffiti, com os números 386, 386SX e 486 pintados em spray num muro de tijolos. Mas desta vez não havia X vermelho. Em vez disso, lia-se: "Os números do lado de fora". Isso na primeira página. Ao virar a página, os leitores encontravam a palavra Intel pintada com spray no mesmo muro e, abaixo, a frase "o computador por dentro".

O texto do anúncio dizia: "Já que comprar um computador hoje é um jogo de roleta, aqui vai uma regra prática. Procure por i386SX, i386DX ou i486 do lado de fora para ter certeza de que você tem tecnologia Intel do lado de dentro..." (veja nota 4)

Seria essa uma idéia publicitária? Sua execução, sim, era publicidade. Mas ela era parte de uma idéia muito maior, e resultou de pensamento criativo muito mais amplo. Planejava-se mudar a percepção dos consumidores — seu modo de pensar sobre computadores — e convencê-los de que o nome de um componente do computador era muito mais importante que o nome do fabricante do aparelho. A ICN não era a publicidade, mas o salto criativo e estratégico nos negócios representado pela ação de dar uma marca a um microprocessador. A publicidade era pensamento criativo aplicado àquela proposta de negócios. Ela dizia aos consumidores, de uma maneira simples, que o importante é o cérebro do computador.

INTEL INSIDE®

A campanha "O Computador por Dentro" foi tão bem-sucedida que Carter decidiu veiculá-la globalmente. Tudo foi bem até chegar ao Japão, onde a agência local considerou o slogan muito complicado e de difícil tradução. Ela adaptou a frase para "Intel Dentro Dele". A agência matriz, nos Estados Unidos, gostou do tratamento gráfico que os japoneses deram à frase, e considerou a possibilidade de adaptar o slogan para usá-lo na estra-

tégia de consolidação da marca. Foi enquanto dava tratos à bola para adaptar o slogan para um universo maior de consumidores que o grupo chegou ao slogan usado até hoje, Intel Inside® ("Intel Dentro").

"INTEL INSIDE®" COMUNICAVA, DE MANEIRA CLARA, QUE O QUE HAVIA DENTRO DO COMPUTADOR ERA UM MICROPROCESSADOR INTEL. UM CÍRCULO ABERTO COM A INSCRIÇÃO "INTEL INSIDE®" FOI ADOTADO COMO NOVO LOGOTIPO — E DE REPENTE A INTEL ESTAVA FRENTE A FRENTE COM O CONSUMIDOR GLOBAL.

CRIANDO MARCAS DE PONTA

É possível transformar uma commodity numa marca? Hoje, nem questionamos isso. Mas, na época, nossos críticos fizeram a festa — especialmente com o projeto da companhia de criar um fundo de publicidade em forma de cooperativa.

Dennis Carter dizia que era uma idéia para ganhar ou ganhar. Todo fabricante de computadores que usasse o logotipo "Intel Inside®" em seus anúncios estaria qualificado para participar de um fundo de desenvolvimento de mercado. Embora alguns fabricantes relutassem em participar, com medo de tirar o foco de suas próprias marcas, outros aplaudiram a idéia — ela reduzia seus custos com publicidade. Para a Intel, a exposição seria fantástica. As agências de publicidade pensavam o contrário. Como observou Carter, elas "odiaram o projeto porque seriam obrigadas a colocar o logotipo da Intel no canto direito inferior dos belos anúncios que criavam".[6]

A intuição inicial de Carter provou-se certa. O programa teve início em julho de 1991. No final de 1999, os gastos da Intel com publicidade cooperativada alcançaram 800 milhões de dólares. Uma brilhante jogada de marketing.

O programa deu uma exposição tremenda à Intel. Simultaneamente, a empresa tratou de tornar seu nome mais íntimo dos consumidores. No outono de 1991, ela usou a televisão para isso, ao lançar o hoje lendário comercial Power Source ("Fonte de Poder").

No comercial, a agência usou uma câmera inovadora que levava os espectadores a uma viagem visual por dentro de um computador. Ela mostrava, de uma maneira trepidante, que o microprocessador é o cérebro do computador, o que faz todos aqueles programas de *software* funcionarem. E que o melhor microprocessador era o Intel. O comercial foi pioneiro. Ninguém havia anunciado microprocessadores na televisão antes. Foi o começo de um período de inovações publicitárias que durou uma década.

EXIJA UM RELACIONAMENTO CRIATIVO

Na minha opinião, o que permitiu à Intel protagonizar tantos comerciais de ponta foi o fato de agência e cliente trabalharem em íntima colaboração. A Euro RSCG Worldwide tem sido a agência global da Intel desde 1996, e nossa parceria tem o ingrediente mais importante de todos quando se tem em vista o pensamento criativo e nada menos que isso: um alto grau de confiança em todos os níveis. Como diz o nosso diretor global de marcas que atua com a Intel, George Gallate, "a Intel tem uma cultura de delegar poderes. Eficiência. Ela é altamente organizada. Altamente agressiva. É também altamente entusiasmada. O discurso é bem-vindo e até encorajado. Mas quando você discorda, mesmo assim se compromete a seguir o que foi decidido".

E aí existem as lideranças da Intel. Sem a disposição daqueles executivos para abraçar idéias criativas, nenhuma inovação teria ocorrido.

OS HOMENS-COELHO

Ano: 1996. Imagine o lançamento de uma campanha publicitária destinada a mostrar que a Intel coloca diversão nos computadores. Você escuta a exposição de motivos: com o processador Intel Pentium®, os consumidores terão uma melhor experiência multimídia em casa — eles terão até diversão. Aí você vê o roteiro do comercial: um punhado de homens-coelho, vestidos em fantasias coloridas e brilhantes, dançando em volta de uma fábrica enquanto montam microprocessadores Intel. Sim, os homens-coelho, presumivelmente, são os valorosos funcionários da sua empresa.

Seja honesto. Quantos CEOs você conhece que diriam: "Ei, essa é uma grande idéia, realmente criativa. Eu quero muito ter meu produto associado com... homens-coelho!" Felizmente, Andy Grove entendeu a força embutida na idéia. Os homens-coelho estavam claramente se divertin-

Intel: personagens BunnyPeople

do. Divertindo-se tanto, na verdade, que você gostaria de ter alguma coisa produzida por essa gente alegre e, dessa forma, se divertir também. Afinal de contas, quem usa computador em casa o faz por diversão. Mas esse dado de alguma forma se perde em muitos dos comerciais que envolvem tecnologia de informática.

O comercial foi lançado durante o Super Bowl (N.T.: Campeonato de futebol americano) em janeiro de 1997. O símbolo da marca ficou tão popular que virou mascote. Foram produzidos brinquedos homens-coelho para as crianças — e até chaveiros homens-coelho. Mais de um milhão de bonecos com o tema foram vendidas.

Mais uma vez: toda Idéia Criativa nos Negócios que já conheci envolvia um alto executivo que aprecia as novas idéias.

Não se pode ter uma ICN sem que os altos escalões da empresa aprovem o pensamento criativo. E Andy Grove é tremendamente aberto ao pensamento criativo.

Outra Inovação no Mercado

A Intel foi uma das pioneiras no uso da internet. A companhia usa a rede para serviços aos clientes, marketing, publicidade e para se relacionar com os consumidores finais. Ela usa a rede como um facilitador de todas as suas transações com seus clientes imediatos, os fabricantes de PCs. Portanto, não foi surpresa quando a Intel criou um outro produto inédito no mundo: o primeiro comercial de TV interativo.

O comercial foi ao ar apenas um ano depois da estréia dos homens-coelho. Na mesma época: janeiro. No mesmo local: o Super Bowl. Na primeira parte do comercial, exibido no começo do jogo, alguém com a aparência de um dos homens-coelho rouba um processador Intel. Quem era o sujeito? E qual o motivo do roubo? Cabia ao telespectador dar as respostas. Eles foram convidados a acessar o site da Intel e votar em uma de uma série de explicações para o mistério. Nada menos que dois milhões de telespectadores acessaram o site. Cerca de 400 000 votos foram computados. Era o primeiro comercial interativo do mundo.

ANTES DE SALTAR: Entenda que os consumidores procuram uma maneira de conectar-se com sua marca e ter uma experiência com ela. Dê a eles a chance.

ALÉM DA MÍDIA TRADICIONAL E DA NOVA

A Intel compreende muito bem que é uma companhia global, e age como tal. Ela usa a internet para personalizar informações para seus clientes, canais de distribuição e usuários finais em cinqüenta países e em 15 idiomas. A China é um mercado estratégico para a marca, e a Intel tem investido expressivamente no país. Na verdade, Andy Grove foi o primeiro CEO a montar um noticiário via internet na China e o primeiro a usar esse recurso para atingir internautas do mundo inteiro partindo da China. Ao pesquisar as formas de penetrar no mercado chinês, a Intel criou uma outra fantástica Idéia Criativa nos Negócios — uma idéia sem nenhuma ligação com a internet ou com a comunicação de massa.

Quando a Intel chegou à China, em 1994, encontrou um mercado ainda em desenvolvimento — muito longe, em termos de maturidade, do americano ou do europeu. Nos mercados ocidentais, a Intel estava investindo na crescente percepção do consumidor sobre os microprocessadores e sua importância. Na China, a maioria dos consumidores não tinha idéia do que era um microprocessador. Muitos nem sequer sabiam o que era um PC.

Como ocorrera no mercado japonês, a tentativa de se traduzir a campanha O Computador Por Dentro para o chinês revelou-se difícil. Os anúncios sobre a Fonte do Poder foram muito bem-sucedidos no país porque eram inovadores e revolucionários para os padrões locais. Eles ajudaram a criar uma percepção da marca muito forte. Mas o fato é que a maioria dos chineses não sabia o que era um computador, muito menos um microprocessador. Nossa agência na China, então, decidiu criar uma campanha complementar para informar aos consumidores o que é uma CPU (N.T.: "Unidade central de processamento") e como ela é importante para o computador. Como diz Mason Lin, diretor da conta da Intel há oito anos e hoje CEO da Euro RSCG China Group, "Na campanha americana, era desnecessário explicar os rudimentos da informática. Não era preciso esclarecer aos consumidores o que é um computador. Aqui, se usássemos a mesma mensagem, seria como ensinar um aluno do jardim-de-infância usando um livro da faculdade. Se eles não sabem soletrar, como esperar que leiam um romance?"

Ao desenvolver sua campanha complementar, a agência também enfrentou outro desafio. O fato de a China ser tão grande torna muito caro o uso dos meios de comunicação de massa. Como a Intel não precisava atingir a população inteira do país (muitos habitantes, especialmente nas cidades menores e nas áreas rurais, não poderiam pagar por um PC mesmo se soubessem o que era), seria contraproducente uma campanha nacional. A agência decidiu então usar um meio muito pouco convencional de construir a percepção de uma marca: a bicicleta.

A BICICLETA COMO MÍDIA

A bicicleta ainda é o meio de transporte mais usado na China. A Intel decidiu criar refletores noturnos para as bicicletas, para serem distribuídos gratuitamente. Os refletores eram adesivos para serem colocados no pára-lama traseiro. À noite, eles refletiam a luz — um item de segurança para o ciclista. Na frente do adesivo estava o logotipo da Intel e o slogan "Intel Inside®". No verso havia instruções sobre como usar o refletor e informações sobre a importância da CPU. O objetivo da campanha era expandir a percepção da marca e educar os consumidores sobre a importância da CPU, mas ela também proporcionava outro grande benefício: publicidade grátis para a Intel. A campanha durou até 1998 e foi amplamente bem-sucedida, demonstrando mais uma vez o poder do pensamento criativo que transcende as mídias tradicionais e novas.

> **ANTES DE SALTAR:** Nunca esqueça que os consumidores são os mais poderosos embaixadores de uma marca! (E se acontecer da mensagem brilhar no escuro, tanto melhor...)

AS CINCO NOTAS

A disposição da Intel em investir enormes recursos para construir sua marca foi recompensada. O logotipo "Intel Inside®" tornou-se conhecido em todo o mundo. Assim como as cinco notas musicais executadas sempre que o logo aparece na TV. Em seu livro *Only the Paranoid Survive*, Andy Grove escreve: "Se a concorrência está nos seus calcanhares (e ela sempre está — eis por que 'só os paranóicos sobrevivem'), você só escapa do vale da morte se correr mais que as pessoas que o perseguem. E você só consegue correr mais que elas empenhando-se numa determinada direção e movendo-se o mais rápido que puder".[7] Andy Grove demonstrou liderança e coragem incríveis. Ele também demonstrou uma outra qualidade necessária a quem aprende a conviver com o medo: otimismo.

Intel: Refletores de bicicleta

SEJA UM OTIMISTA!

Na entrada do quartel-general da Intel pode-se ler uma grande citação de um dos fundadores da empresa, Robert Noyce. Ela diz que "o otimismo é um ingrediente essencial da inovação".[8] A frase é inerente à noção de que tudo é possível, um raciocínio que poucas pessoas desenvolvem à medida que crescem. Ainda assim, acho que o otimismo tem sido um fator importante para a Intel ser tão inovadora e tão bem-sucedida no que faz. Ironicamente, esse sucesso ocorre numa atividade dominada pela padronização: fabricar milhões de chips exatamente iguais e exigir aumento constante dos níveis de produtividade.

Você pode pensar que num ambiente estruturado dessa forma não haveria muito espaço para criatividade e inovação. A Intel provou o contrário.

A CONEXÃO FRANGO

Alguns meses depois de me tornar CEO da Euro RSCG Worldwide, certo dia fui jantar com Dennis Carter no clube "21", em Nova York. Na época, Carter era vice-presidente de marketing corporativo da Intel. A empresa era nosso cliente global. Durante o jantar, perguntei a ele: "Como nossa agência e o seu pessoal chegaram à idéia do 'Intel Inside®'"?

Carter me contou que, embora sua formação fosse de engenheiro, ele mudou de rumo e se matriculou num programa de MBA em Harvard. Lá, viu por acaso o estudo de um *case* sobre uma empresa de frangos — e aprendeu uma valiosa lição sobre como transformar uma commodity numa marca. Uma lição que, mais tarde, seria aplicada aos microprocessadores da Intel.

Eu simplesmente fiquei mudo. Não consegui dizer: "Dennis, você não vai acreditar, mas a Perdue Chicken (o *case* que influenciou tão profundamente a você e a Intel) foi minha primeira conta em publicidade. Meu campo de treinamento para entender o poder das marcas". Foi uma daquelas coincidências boas demais para serem verdade. Tive medo de soar falso e sem sentido se contasse a ele. Continuei calado. Só muito depois contei a Carter e ambos demos risada.

Dar marca a um frango: engenhoso. Dar marca a algo escondido, como um chip de computador: igualmente engenhoso... mas muito mais difícil. Depois, a Nasdaq veio a nós com um desafio ainda mais espinhoso. Como você transforma em marca algo tão impalpável como um mercado de ações virtual?

Até 1990, ninguém havia sequer imaginado fazer publicidade de uma bolsa de valores. Não havia necessidade. A maioria dos americanos via a New York Stock Exchange como *a* bolsa de valores — um monumento de instituição financeira, se é que isso existe.

E aí veio a Nasdaq.

É muito importante que as pessoas estejam abertas a novas idéias. As ICNs podem morrer no caminho se a situação estabelecida prevalece. O motivo pode ser, em parte, a preguiça; é sempre mais fácil fazer o que já foi feito do que surgir com algo novo.
— Joanne Tilove, Euro RSCG MVBMS, Nova York

Em 1961, uma lei do Congresso autorizou a Securities and Exchange Commission (SEC) a conduzir um estudo para efetuar divisões no mercado de ações ao portador. A SEC propôs a automação como solução possível e encarregou a National Association of Securities Dealers (NASD) de implementá-la. A Nasdaq foi fundada em 1971 como o primeiro mercado de ações eletrônico.

As metas da Nasdaq eram ambiciosas, para dizer o mínimo: "construir o primeiro mercado de ações realmente global... um mercado dos mercados de alcance mundial erguido numa rede das redes internacionais. Ao prosseguir moldando o novo mundo dos investimentos, a Nasdaq está desafiando a própria definição do que é o mercado de ações... e o que pode vir a ser. Hoje, a Nasdaq arrola as ações de quase 4 100 das maiores empresas do mundo". Sua estrutura aberta permite que um número ilimitado de participantes negocie ações de uma companhia. A Nasdaq transmite cotações e registros de transações em tempo real para mais de 1,3 milhão de usuários em 83 países.[9]

Mas ser virtual tem seus desafios. A Nasdaq era tão virtual que não existia fisicamente em lugar nenhum. Nada de prédios monolíticos na Wall Street. Nada de imagens na TV de corretores fazendo negócios no pregão. Nada de fotografias para a imprensa.

Veja você: não havia dúvidas quanto à performance das ações da Nasdaq. Na verdade, em 1994 a Nasdaq ultrapassou a bolsa de valores de Nova York em volume anual de ações. Mas o sucesso trouxe uma série de desafios. À medida que as ações de tecnologia listadas na Nasdaq, antes de valor pequeno, começaram a disparar, a entidade se viu às voltas com um problema: como evitar que essas ações de alta performance migrassem para a bolsa de valores de Nova York. Esta tinha uma imagem forte e atraente; a Nasdaq não tinha imagem nenhuma.

Trazendo o Pensamento Criativo para os Negócios

Quando nos procuraram, os executivos da Nasdaq estavam totalmente abertos ao pensamento criativo. Na verdade, foi *por isso* que eles nos procuraram.

A força do relacionamento que estabelecemos com a Nasdaq possibilitou à companhia entender qual era a essência de seu negócio. A maioria das pessoas não via a Nasdaq como um mercado de ações. Para um grande número de investidores, ela era uma listagem de ações ao portador — uma página cheia de números numa folha de jornal. Eles não pensavam na entidade como um mercado de ações semelhante à bolsa de Nova York ou o American Stock Exchange.

As primeiras idéias que surgiram da relação entre a agência e a Nasdaq vieram de Brian Holland, que na época trabalhava na empresa, e do meu colega Ron Berger. Muitos dos créditos pertencem a eles.

Holland, Berger e eu trabalhamos juntos durante um tempo na Scali McCabe Sloves, e Holland tinha uma grande admiração pelo pensamento criativo de Berger e pelo meu pensamento estratégico. Juntos, traçamos uma rota para levar a Nasdaq ao futuro. O salto criativo? Em primeiro lugar, criar uma marca para um mercado de ações... começando por posicionar a Nasdaq como o mercado de ações para o século XXI, "O Mercado de Ações para os Próximos Cem Anos". Foi uma brilhante Idéia Criativa nos Negócios.

Lembre-se: Eu Lhe Avisei

Para aprovar a campanha, tínhamos que apresentá-la ao conselho de administração da Nasdaq. Holland fez uma introdução destacando alguns aspectos importantes das pesquisas. Ron Berger e eu apresentamos o pensamento estratégico, o plano para a publicidade e a concepção central: "O Mercado de Ações para os Próximos Cem Anos". O conselho gostou. Um de seus integrantes se levantou e disse: "Estou certo de que essa é uma boa idéia e vai funcionar. Sei o que ela vale porque, há muitos anos, com alguns volantes de madeira, Bob me mostrou como fazer as idéias acontecerem". Era Graham Whitehead, agora à frente da Jaguar Cars e membro do conselho diretor da Nasdaq.

Quando você estabelece uma rota, e é a rota certa, ela pode levá-lo a lugares que você nunca imaginou.

Daquele pensamento criativo emergiu posteriormente uma outra grande idéia: criar, de alguma forma, uma experiência do usuário com a

CEOs, tomem nota: aquelas reuniões de analistas seriam mais bem equipadas com as reações dos consumidores à sua nova ICN. As ICNs devolvem o ar puro e a vida ao papel da agência de publicidade. Não a agência do século XX. Esta está morrendo. Mas ao papel da agência do século XXI. A agência do futuro. A agência em que quero trabalhar. Por muito tempo as empresas diminuíram a importância de suas agências como parceiras no aconselhamento dos negócios. Com as ICNs, estamos de volta. É tempo de recuperar espaços. O desenvolvimento de ICNs proporciona novos e excitantes briefs para o pessoal criativo trabalhar. Ótimo para os negócios de nossos clientes e ótimo para nós.

— Matt Donovan, Euro RSCG Partnorship, Sydney

Prédio da Nasdaq na Times Square

marca Nasdaq. Uma experiência palpável, que tirasse a Nasdaq do mundo virtual e a trouxesse à realidade. Finalmente, demos um outro grande salto criativo. Decidimos criar uma localização física para a Nasdaq, um local que servisse de referência real — para ancorá-la num ponto geográfico.

O objetivo se tornou prover a Nasdaq com uma presença visível e espetacular em Nova York, a capital financeira do mundo. Mas não em Wall Street — isso seria muito século XX. Escolhemos um prédio de sete andares no coração da rejuvenescida Times Square.

O edifício Nasdaq — chamado MarketSite — foi projetado para dominar a paisagem repleta de néons, com as últimas cotações do mercado exibidas na maior tela de vídeo do mundo. A tela, de alta tecnologia, literalmente embrulha o prédio cilíndrico, proporcionando notícias financeiras, novidades do mercado e publicidade. Os três andares de baixo abrigam o estúdio de transmissão, com múltiplas conexões de satélite e informações ao vivo para os canais de TV. E há também, é claro, um local para a imprensa mandar suas notícias.

ANTES DE SALTAR: Entenda que em qualquer ramo de negócios — mas principalmente naqueles que envolvem finanças — os consumidores precisam da segurança que uma referência no mundo real, e não apenas no virtual, proporciona. Da Gateway à E*Trade, mais e mais companhias estão reconhecendo essa realidade.

Assim como a Intel, a Nasdaq foi bem-sucedida em transformar uma tecnologia invisível numa marca poderosa. Tudo começou com o salto criativo de imprimir uma marca a um mercado de ações. O exemplo serve como mais uma definição de ICN. Surgiu de uma estratégia de negócios e a influenciou. Foi executada de forma brilhante *além* das mídias tradicionais e novas. Tornou-se uma maneira nova e poderosa de maximizar as relações entre o consumidor e a marca. Esse tipo de pensamento nunca teria surgido sem uma interação forte entre agência e cliente, e sem que as cúpulas das duas empresas tivessem liderado o processo criativo.

Capítulo 6

Você Sabe em que Tipo de Negócio Está?

Freqüentemente, quando faço palestras ou falo para o pessoal de nossas agências sobre Idéias Criativas nos Negócios, cito o famoso artigo de Theodore Levitt, "Miopia em Marketing", publicado no *Harvard Business Review*.[1] Levitt, de maneira muito convincente, usa o exemplo das ferrovias para enfatizar a importância de uma pessoa descobrir em que negócio ela realmente está. Até que você analise sincera e profundamente a definição do seu negócio, provavelmente não poderá começar a tirar vantagem das oportunidades que aparecem.

De 1850 a 2000 — na era industrial e na era da informação —, os controladores das ferrovias acreditavam que estavam no ramo de ferrovias. Aqueles que cresceram com as estradas de ferro aprenderam a dominar o negócio. Em sua aparente clarividência sobre o ramo em que estavam, no entanto, eles perderam uma enorme oportunidade. Imagine o que teria acontecido se eles tivessem percebido que estavam não no ramo de ferrovias, mas no ramo de transportes. Eles poderiam ter usado como alavanca toda a sua habilidade em logística e sistemas de controle para dominar o transporte no século XX. Eles teriam visto enormes oportunidades nos despachos por caminhões, nos embarques de contêineres, entregas em um dia e mesmo nas linhas aéreas. Eles teriam visto como as inovações e a tecnologia do século XX estavam redirecionando o que eles poderiam ser — e deveriam se tornar. Seu destino seria profundamente alterado, para não falar de seu sucesso. Se eles tivessem chegado à ruptura que leva a uma Idéia Criativa nos Negócios, poderiam se tornar maiores que a Microsoft, a Intel e a General Motors juntas.

Alguém se lembra da Wang Laboratories? Era a Dell do começo dos anos 80. Deixou de produzir calculadoras de mesa para se tornar pioneira em sistemas de processamento de palavras. Aí aconteceu a revolução do PC. A Wang deveria estar liderando essa revolução; em vez disso, estava fornecendo material para o capítulo 11 deste livro. O que deu errado? A Wang deixou de perceber que não estava apenas no ramo de processamento de palavras, estava no ramo da computação.[2]

Descubra seu DNA

A lição é simples, mas fundamental para o pensamento criativo nos negócios. Comece cada projeto perguntando em que negócio você realmente está. Tendo a resposta, você começará a compreender a essência de sua marca e o DNA de sua empresa.

Por que essa pergunta é tão vital?

Se você não souber quem você é, não há hipótese de chegar a uma Idéia Criativa nos Negócios. É impossível ter uma idéia desse tipo sem primeiro entender a essência fundamental da marca e o negócio no qual você atua.

Não importa que você resolva essa questão sozinho ou conte com a parceria de uma agência que pense criativamente sobre o seu negócio. O que importa é que você a resolva. Porque uma vez que você saiba o negócio em que realmente está, adquire o potencial de transformar sua marca, seus profissionais, sua empresa e até mesmo seu ramo de negócios.

RATP: Fornecendo Serviços para Pessoas em Trânsito

Uma das vencedoras de nosso concurso de Idéias Criativas nos Negócios é um excelente exemplo de compreensão do tipo de negócio em que você está (ou que seu cliente está). É um brilhante caso de pensamento criativo que está revolucionando a maneira das pessoas de uma cidade olharem para o transporte coletivo. Por acaso, a cidade é aquela de que todo mundo gosta mesmo sem a ter visitado — Paris.

O Problema

Se você andasse pelo metrô de Paris (Regie Autonome des Transports Parisiens, ou RATP) em meados dos anos 90, não teria uma experiência muito agradável. E não seria o único a ter essa impressão. Muitos usuários reclamavam que o metrô era malcheiroso, barulhento, sujo e escuro. Os roubos eram freqüentes. E uma série de atentados a bomba só piorava a situação. As pessoas usavam o metrô não porque queriam, mas porque precisavam.

Precisamos de uma Campanha Publicitária

Diante desse sério problema de reputação do metrô, a RATP procurou a nossa brilhante agência de Paris, BETC Euro RSCG. Pediu a ela para criar uma campanha publicitária que melhorasse a imagem do metrô. A curto prazo, a RATP precisava recuperar os usuários que tinham desertado. A longo prazo, ela esperava aumentar o movimento de passageiros fazendo do metrô uma alternativa atraente e satisfatória ao seu principal concorrente: os carros.

A equipe da agência começou sua pesquisa embaixo do solo, andando de metrô. Não demorou para que ela percebesse que a sujeira, a superlotação e uma sensação permanente de desconforto contribuíam para que as viagens fossem muito desagradáveis. Ela também logo percebeu que esse quadro desolador não poderia ser revertido apenas com publicidade. Era preciso uma idéia maior. Tão maior que ela decidiu recorrer aos conhecimentos de duas de nossas outras unidades de negócios: a empresa de design e comunicação interativa Absolut Reality, para ajudá-la a elaborar a idéia, e a Euro RSCG Corporate, especializada em comunicação corporativa integrada e consultoria.

O Salto

Quantas agências, diante de um cliente que lhe encomenda uma campanha de publicidade, seriam capazes de responder: "Desculpe, mas você não precisa de uma campanha de publicidade"? Essa resposta vai contra tudo o que aprendemos, e é o oposto do que manda a cartilha de nosso ramo de negócios há cinqüenta anos. Mas foi exatamente isso que a BETC fez: disse não.

Durante a fase de pesquisas, a BETC fez entrevistas com usuários. Eles até equiparam passageiros com câmeras fotográficas e pediram que

> *Estando tão familiarizados com os negócios de nossos clientes, mas não sendo parte interessada neles, podemos ter idéias mais radicais e provocativas do que aquelas idéias — geralmente confortáveis — que os clientes têm. Às vezes surge uma idéia sensacional para os negócios, mas sua implementação é barrada pela inércia, pela percepção de que ela vai violar alguma "vaca sagrada" da empresa. Nós estamos de fora, defendendo ações arrojadas, apreciamos nossa posição desinteressada e não nos deixamos aprisionar por políticas e interesses internos das empresas.*
> — **Marcus Kemp, Euro RSCG MVBMS, Nova York**

registrassem suas experiências no metrô. As fotos recebidas mostravam detalhes como iluminação fraca e assentos sujos; elas ajudaram a agência a relacionar os principais pontos de insatisfação dos passageiros. Todo esse material proporcionou ao pessoal encarregado da conta um salto criativo que acabaria influenciando a estratégia de negócios da RATP durante os anos seguintes. A equipe fez a si própria a pergunta-chave: em que negócio a RATP realmente está? Eles concluíram que a RATP não deveria estar no ramo de transportes — ou pelo menos não *apenas* nesse ramo. Ela deveria estar num negócio maior, o de fornecer serviços para consumidores que, pelas circunstâncias, estão sempre em trânsito.

Depois de ganhar a conta, a primeira coisa que a RATP e a BETC fizeram foi formar um "time da marca". Do lado do cliente ele era formado por especialistas em design, comunicações e marketing — tudo que tem impacto na rotina do consumidor. Do lado da agência havia planejadores estratégicos, especialistas em mídia, criativos e o diretor da conta. Juntos, esses profissionais se prepararam para fornecer serviços para gente que está sempre em trânsito.

Cliente e agência concordaram que essa nova visão deveria não apenas transformar a experiência do usuário, tornando os espaços mais limpos, seguros e bonitos. Ela deveria alterar o comportamento das pessoas enquanto elas estão no local. Por que a vida tem que parar quando você está no metrô? No mundo rápido de hoje, você quer estar ativo e conectado mesmo quando está num meio de transporte.

O time concebeu a RATP como uma companhia que iria satisfazer as necessidades dos usuários. Iria fornecer bens e serviços para as pessoas consumirem enquanto viajam de um ponto a outro. E iria oferecer informação instantânea e customizada que agregaria valor à vida dos passageiros. A visão, em resumo, era "serviços em trânsito, a qualquer hora, em qualquer lugar".

DE USUÁRIOS A CLIENTES

O primeiro passo foi definir o público-alvo. As pesquisas mostraram que cinco milhões de pessoas gastavam, em média, uma hora por dia no metrô. Revelaram também que elas passavam mais tempo se locomovendo do que a média dos usuários urbanos, e que se locomoviam por mais motivos e em mais horários diferentes do dia e da noite. Em vez de usar o metrô apenas para ir e voltar do trabalho, elas freqüentemente o usavam para fazer compras, para atividades de lazer e de socialização. Estes cinco milhões de parisienses foram definidos como os principais acionistas do metrô, contribuindo com cerca de 80% do faturamento da RATP.

Seriam esses cinco milhões de pessoas apenas corpos que precisavam ser transportados de um ponto a outro? Ou eram consumidores valiosos que pelas circunstâncias estavam sempre em trânsito? Como primeiro passo, o time da marca recomendou que esses parisienses não mais fossem chamados de *usuários*. Daquele ponto em diante, seriam chamados de clientes, na esperança de, um dia, terem orgulho de andar de metrô.

Uma empresa mudar de ponto de vista é uma coisa. Muito mais difícil é mudar a atitude das pessoas que põem a mão na massa. Por isso, a agência realizou um trabalho intensivo de comunicação interna para motivar os funcionários da RATP a se orgulharem de oferecer um serviço de qualidade ao consumidor. Para simbolizar sua mudança de papéis, eles seriam chamados agora de *facilitadores*.

Começa a Transformação...

Transformar o metrô de Paris de empresa de transportes em prestadora de serviços móvel exigiu uma reviravolta completa na estratégia empresarial, um novo posicionamento competitivo, um novo modelo de negócios e um compromisso de longo prazo com a tarefa. A colaboração entre agência e cliente começou em 1995 e ainda está ativa — cerca de oito anos depois. Nesse período, a RATP conseguiu os seguintes avanços:

- Uma renovação completa do metrô, agora considerado por designers e especialistas o mais avançado do mundo. É o único metrô, por exemplo, no qual se aspergem aromas pelos ambientes. A iluminação foi radicalmente aperfeiçoada; as estações são limpas e contam com câmeras de segurança. Mantendo a tradição das maravilhosas entradas de acesso em estilo art deco, várias entradas foram reconstruídas para parecerem obras de arte.

- Uma mudança de percepção sobre a eficiência do metrô. Antes de as reformas começarem, em 1995, os usuários achavam que andar de metrô levava mais tempo do que andar de carro. Na verdade, era mais rápido. Por que eles achavam o contrário? Porque passavam muito tempo nas plataformas, esperando os trens. A RATP replicou instalando, sobre as plataformas, monitores que anunciam quanto tempo falta para chegar o próximo trem.

Um Novo Modelo de Negócios

Cinco milhões de clientes. Cinco milhões de clientes que passam uma hora por dia no metrô. Isso significa cinco milhões de horas de audiência cativa. Eis aí uma enorme oportunidade de negócios.

O time da marca ajudou a RATP a desenvolver um novo modelo de negócios com "parcerias", na forma de novos serviços que poderiam ser financiados por parceiros, com o pagamento de royalties para a RATP. Resultado: hoje, o metrô abriga terminais de internet e caixas eletrônicos de bancos, cerca de 300 lojas, 1 500 máquinas de vendas e cem bancas de jornais. Obras de artes decoram as paredes de várias estações. Em espaços teatrais recentemente criados, artistas fazem shows. Um site customizado, lançado em 2001, fornece informações de tráfego, itinerários personalizados e um guia de eventos em Paris.

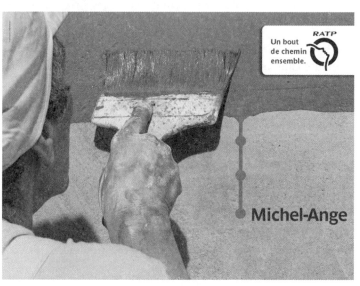

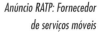

Anúncio RATP: Fornecedor de serviços móveis

Cinco milhões de pessoas num local de circulação podem facilmente se transformar em cinco milhões de leitores. Reconhecendo que Paris não tinha um jornal como o *Village Voice* de Nova York ou o *Metro*, de Estocolmo (hoje presentes em muitas cidades), (N.T.: Os jornais citados têm como característica um amplo serviço sobre a cidade), a agência recomendou à RATP que fundasse um. *A Nous Paris*, um jornal semanal gratuito, hoje conta com 250 000 leitores e é totalmente financiado pelos anúncios.

Outro salto criativo!

Numa sessão de criação, o time da marca deu outro salto criativo. Nos fins de semana, uma boa parcela da freqüência do metrô era formada por pessoas que vinham dos subúrbios para passar o dia nas áreas centrais. Eles precisavam de transporte para áreas não servidas pelo metrô. Também nos fins de semana, andar de bicicleta era uma atividade muito comum — aos domingos, algumas ruas chegavam a ser fechadas para os ciclistas. Por que não juntar as duas coisas? A RATP gostou da idéia e decidiu começar a alugar bicicletas. Elas são pintadas com o nome RATP em verde. A empresa é hoje a maior locadora de bicicletas de Paris.

A RATP é um grande exemplo de Idéia Criativa nos Negócios porque as rupturas que a agência e o cliente fizeram influenciaram de maneira decisiva a natureza do negócio. Neste estudo de *case*, vemos inovação lucrativa, mercados transformados no conteúdo e no espaço e novas maneiras de maximizar as relações entre consumidores e marcas. E não apenas em um nível mediano de sucesso — o crescimento da RATP foi enorme. Entre 1996 e 2001, o número de passageiros do metrô subiu 16%. A satisfação do cliente também aumentou espetacularmente. Em 1995, a meta era vender 100 000 passes anuais a cada ano, alcançando 1 milhão de passes por ano em 2005. Em 2001, a RATP já estava vendendo 750 000 passes por ano.

Tudo isso aconteceu porque a RATP deu o salto: redefiniu o seu negócio, de companhia transportadora para prestadora de serviços a pessoas em trânsito. Essa nova consciência mudou tudo, da maneira como a empresa encarava oportunidades e desafios aos produtos e serviços que ela oferecia aos clientes às mensagens que ela transmitia aos consumidores. Agora, a RATP estava realmente pronta para o futuro.

ANTES DE SALTAR: Colabore. Colabore. Colabore. Como observou Jérôme Guilbert, diretor de planejamento estratégico da BETC Euro RSCG, "Foi o trabalho realizado pelo time da marca que transformou completamente a RATP. Nós trabalhamos juntos, e é esse relacionamento permanente que conduz ao pensamento criativo".

POR QUE A STARBUCKS NÃO SE CHAMA MAXWELL HOUSE?

A Starbucks é hoje uma das cem maiores marcas do mundo, com cerca de 6 000 pontos de venda na América do Norte e 22 outros mercados, que vão de Omã à Alemanha, da China ao México. É uma história de sucesso centrada na determinação de um homem em criar e consagrar uma experiência do consumidor com a marca muito satisfatória — e tudo a partir de uma boa xícara de café.

Há cerca de uma década, os cafés-gourmets e a própria cultura do café eram virtualmente desconhecidos nos Estados Unidos. As marcas de café líderes em vendas, Maxwell House e Folgers, lutavam pela supremacia nos supermercados do país. Suas armas: promoções e descontos nos preços. Seu método: usar grãos de baixa qualidade para cortar custos.[3]

Enquanto isso, Howard Schultz planejava reinventar o ramo de negócios do café.

Na época, o café era uma commodity (como era o frango antes de Frank Perdue aparecer). Schultz queria estimular os americanos a tomar mais café, e de melhor qualidade. Seu plano era simples e direto: ele ofereceria um produto de primeira linha. Schultz estava claramente em vias de dar à luz uma Idéia Criativa nos Negócios: ele descobriu que não estava apenas no ramo de negócios do café, mas no ramo de negócios de criar uma nova cultura do café.

Como uma pequena loja especializada em vender café se tornou um empreendimento internacional? Como a marca Starbucks mudou radicalmente o comportamento do consumidor e se tornou parte do vocabulário americano? O que tinha a Starbucks que a Maxwell House não tinha?

Para começar, faltava à Maxwell House um CEO visionário e empreendedor como Howard Schultz.

O Salto

Howard Schultz não ligou para os céticos que diziam que ninguém pagaria 1,5 dólar por uma xícara de café, muito menos o dobro disso por um café com leite. Ele nunca se orientou pelas regras convencionais dos negócios. Em vez disso, era movido por uma paixão intensa, quase obsessiva pelo seu produto e, por extensão, pelo negócio e seus funcionários. O salto criativo da Starbucks foi pegar a commodity café, criar um produto de qualidade superior e transformá-lo numa experiência do consumidor com a marca que gerou um fenômeno social. A Starbuck Coffee Company não inventou os cafés-gourmet internacionais ou o conceito de lanchonetes especializadas em café. Mas ele usou a história ou, para usar a palavra de Schultz, o "romantismo" do café e da comunidade de seus apreciadores para dar um salto criativo que ninguém havia dado antes.

A marca que Schultz estava decidido a criar nasceu em 1971 com o nome de Starbucks Coffee, Tea, and Spice no mercado Pike Place, em Seattle. Era uma lojinha pequena e charmosa dedicada a vender grãos de café importados e de alta qualidade. Dez anos depois, ela chamou a atenção de Schultz, que na época trabalhava em Nova York como vendedor de uma indústria sueca de utilidades domésticas. A Starbucks estava vendendo uma quantidade fora do comum, para uma loja de seu tamanho, de um dos produtos que ele representava, uma cafeteira de design arrojado, e ele foi a Seattle para investigar o fenômeno.

Schultz não nasceu com um paladar especialmente sensível ao café — ele o adquiriu na Starbucks. Em seu livro sobre a ascensão da empresa, *Pour Your Heart Into It*, ele descreve sua primeira visita à Starbucks como uma experiência didática e esclarecedora. Em sua viagem de volta para Nova York, ele não conseguiu tomar o café servido no avião — já se tornara um convertido. Dali em diante, ele poderia encarnar o herói de uma marca que iria reproduzir sua descoberta para milhões de outros americanos — e criar um apetite nacional por café de boa qualidade.

Após um ano de negociações, Schultz juntou-se à companhia e mudou-se para Seattle. Então, em 1983, ele teve outra experiência didática e esclarecedora.

A Inspiração

Numa viagem de negócios a Milão, Schultz ficou fascinado pela cultura do *espresso bar*: as várias maneiras de preparar o café, os atendentes habilidosos e a experiência comunitária de se tomar café. Ele notou que a Starbucks estava deixando de lado o que ele agora via como o aspecto social do café. E ficou convencido de que a empresa poderia levá-lo para os Estados Unidos. A diretoria não concordou. Ela via a Starbucks como uma loja, não um restaurante. Os proprietários não queriam se arriscar a diluir ou prejudicar a marca que haviam construído com tanto esforço.

O Poder do Entusiasmo

Schultz continuou a tentar convencer seus sócios majoritários que o *espresso bar* era uma boa idéia. Finalmente conseguiu seu objetivo. Em 1984, quando a Starbucks abriu sua sexta loja no centro de Seattle, ela tinha um *espresso bar*. No primeiro dia, a loja teve quatrocentos clientes; nas outras lojas da rede a média era de 250. Mas a diretoria ainda não estava totalmente convencida. Com o apoio da Starbucks, Schultz deixou a companhia para montar, sozinho, sua rede de bares de café. Ele queria recriar a cultura italiana do *espresso bar* e atender o que ele via como uma demanda por "expresso para viagem" nas áreas urbanas, com produtos de alta qualidade e serviço rápido.

A idéia foi um sucesso. Ele logo comprou as seis lojas da Starbucks em Seattle, sua fábrica de torrefação, e o nome. Seu objetivo era abrir 125 lojas em cinco anos.

O verdadeiro salto criativo — e o que afinal caracteriza a Starbuck — foi a ambição de Schultz de criar uma cultura em torno do café Starbucks, de reinventar a commodity ao traduzir suas "descobertas" numa experiência do consumidor com a marca a nível nacional e, depois, internacional. Assim como Richard Branson e seu império Virgin, Schultz construiu a marca Starbucks com muito pouca publicidade tradicional. De 1987 a 1997, a companhia gastou menos de dez milhões de dólares em propaganda. Como Schultz conseguiu?

Fazendo da Empresa uma Marca

A comunicação de uma experiência do consumidor com a marca começa na própria empresa. No final dos anos 80, o conceito de *valorização do acionista* dominava as decisões nos negócios. Schultz queria que a Starbucks se tornasse uma empresa-modelo e começou a perseguir esse objetivo partindo de seus próprios funcionários, a quem se referia como *sócios*. Em 1988, a Starbucks já oferecia plano de saúde para todos os empregados — inclusive os que trabalhavam em meio período, o que na época era uma novidade no mundo do comércio. O resultado? Uma enorme redução da taxa de rotatividade de funcionários. Satisfeitos, leais e entusiasmados, eles acabaram sendo os melhores embaixadores para os fregueses da Starbucks.

A segunda grande iniciativa de Schultz na área de benefícios para os funcionários foi a Bean Stock. Em 1991, ele ofereceu *stock options* a cada um dos empregados — algo muito raro na iniciativa privada. Eles recebiam 12% de seu pagamento em ações da companhia, que na época valiam seis dólares cada uma. Em 1996, um funcionário que tivesse ganhado vinte mil dólares em 1991 poderia trocar suas ações correspondentes àquele ano por cinqüenta mil dólares. "Uma das grandes responsabilidades do empreendedor", escreve Schultz em seu livro, "é fixar seus valores na companhia".[4] Essa filosofia também se traduziu num variado conjunto de programas para a comunidade.

A cultura da Starbucks — dedicação aos produtos de alta qualidade e respeito pelos funcionários — contribuiu para o sucesso de uma campanha boca a boca. Em pouco tempo, com pouca publicidade tradicional e os funcionários e as próprias lojas servindo de veículos de comunicação, a Starbucks estava instalada nas principais cidades

Loja da Starbucks

de todo o país. Ao chegar a um novo mercado, a empresa tinha a cautela de colocar lojas em locais bem visíveis e de bastante movimento. Lojas com a bandeira americana tremulando na porta, como em Astor Place, em Nova York e o Dupont Circle, em Washington, eram escolhidas por uma questão de charme. Em cada novo mercado que chegava, a Starbucks promovia um grande evento comunitário, destinando os lucros a instituições de caridade locais. Tornou-se muito difícil não ter simpatia pela Starbucks.

A EXPERIÊNCIA COM A MARCA

Schultz enxergava suas lojas como abrigos seguros do "luxo acessível". Mesmo assim, as lojas eram quase tão padronizadas quanto as do McDonald's. Cada uma era cuidadosamente projetada para criar o mesmo estímulo sensorial — do aroma de café fresco ao assovio do leite espumando na máquina, da decoração à escolha das cores. Em 1994, o número de novas lojas começou a crescer exponencialmente. A empresa contratou o arquiteto e pintor Wright Massey e o encarregou de reunir um time criativo de arquitetos e designers para conceitualizar a "loja do futuro". Eles cortaram custos comprando materiais e trabalhando em conjunto. Também se utilizaram da mitologia, da arte e da literatura para criar e projetar quatro modelos de lojas. Elas atenderiam tanto aos investimentos pretendidos pela companhia quanto à necessidade de se flexibilizar o apelo aos clientes de acordo com a sua localização geográfica. Com o time de Massey, a Starbucks estava investindo em pensamento criativo no coração de sua estratégia de negócios.

Hoje, a Starbucks está presente em localidades tão diversas como Áustria, Israel, Omã, Dubai, Hong Kong e Shangai. Para reforçar a idéia de que se trata de uma marca de qualidade, lançou novos produtos, incluindo Frappuccino® engarrafado e DoubleShot, ambos em parceria com a PepsiCo, e o sorvete Starbucks (com a Dreyer's Grand Ice Cream), que se tornou a marca número um de sorvete de café de primeira qualidade nos Estados Unidos antes mesmo de se completarem as ações promocionais de lançamento. A empresa também continua a ampliar suas atividades filantrópicas.

A Starbucks venceu por uma grande razão: escolheu ser não um fornecedor de café, mas um fornecedor de uma experiência centrada no café e na cultura do café. E essa concepção permeia cada ação da empresa, cada loja projetada, cada produto que ela vende.

ANTES DE SALTAR: Entenda que não importa o que as outras pessoas estão fazendo. Uma grande idéia, bem focada e perseguida com entusiasmo, é virtualmente indestrutível. Outra lição a ser aprendida com o case da Starbuck: mantras e diretrizes não fazem uma cultura corporativa; as ações e atitudes, sim. A Starbucks conquistou a lealdade de seus funcionários fazendo deles — e tratando-os como — parceiros valiosos.

ENCONTRANDO O ESPAÇO NO QUAL NASCEM AS IDÉIAS CRIATIVAS NOS NEGÓCIOS

Ao desenvolver ações de marketing, estrategistas, planejadores e publicitários tradicionalmente têm dedicado bastante tempo a entender o consumidor. Todo o modelo de negócios da criação de grandes marcas tem se baseado nisso. É assim que se cria fidelidade à marca. Para raciocinar em termos de Idéias Criativas nos Negócios, porém, todos nós no ramo da publicidade — CEOs, diretores de planejamento ou de criação — temos que ir além disso. Temos que analisar detidamente a natureza dos negócios de nossos clientes, suas empresas e o DNA de suas marcas, e entender esse universo tão profundamente quanto entendemos o consumidor. Aí podemos começar a ver como essas duas áreas, que nessa altura estaremos conhecendo plenamente, podem trabalhar juntas.

Penso nessa abordagem das idéias como duas células: uma representa o entendimento extensivo do consumidor e a outra representa o entendimento profundo do negócio do cliente e do DNA de sua marca. As Idéias Criativas nos Negócios repousam em algum lugar da conexão entre as duas células, naquele lugar onde entendemos as possibilidades do negócio e fazemos a ligação com o consumidor.

Como você chega a esse lugar? Planejadores — e todos os integrantes do time — precisam perceber que é necessário gastar tanto tempo entendendo os negócios de nossos clientes quanto entendendo os consumi-

A tecnologia é apenas uma outra mídia. Uma das marcas de maior sucesso recente está entre as que menos utiliza alta tecnologia — a Starbucks, aquele pequeno luxo que você se permite uma ou várias vezes ao dia, aquele pequeno momento de prazer que interrompe sua rotina.
— Sander Flaum, Robert A. Becker Euro RSCG, Nova York

> *Quando falamos sobre criatividade, não estamos falando apenas em publicidade. A ICN é uma idéia que o faz olhar para um produto ou uma empresa de uma forma totalmente diferente. A Danone mudou completamente depois que a aconselhamos a dizer que ela está no ramo de negócios da saúde.*
> — Mercedes Erra, BETC Euro RSCG, Paris

dores de seus produtos. Isso significa que precisamos redefinir a relação entre agência e cliente? Totalmente. Para que o pensamento criativo se instale bem no começo do processo, e não apenas no meio dele, precisamos estar lá desde o início, quando a estratégia de negócios está sendo desenvolvida ou reavaliada. Freqüentemente, isso significa que uma agência, numa atitude pró-ativa, deve solicitar de seu cliente um relacionamento criativo — o que iremos analisar mais adiante com maior profundidade. As Idéias Criativas nos Negócios dependem de usarmos nosso melhor pessoal de criação, nossos melhores pensadores criativos, de nos determos sobre os negócios de nossos clientes assim como em seus consumidores. Mas nossos esforços serão bem recompensados:

QUANDO VOCÊ ENTENDE A HISTÓRIA E O DNA DA MARCA, PODE AMPLIÁ-LA, PODE TRANSFORMAR O TIPO DE PRODUTO OU MESMO CRIAR UM NOVO TIPO DE PRODUTO.

YAHOO!® — NO NEGÓCIO DE CRIAR TIPOS DE PRODUTOS

O Yahoo!® foi fundado a partir de uma idéia tão óbvia que outros já haviam chegado a ela. Apenas isto: organize as listas de sites em categorias coerentes e, num estalar de dedos, você será capaz de navegar pela complexa internet. Bastante simples.

Então, o que levou a companhia a saltar na frente das outras ferramentas de busca e reinar nesse ramo de negócios? O salto criativo do Yahoo!® surgiu de uma importante percepção: sua missão não era apenas fornecer tecnologia. Era ajudar as pessoas a encontrar soluções — algo com apelo universal. Em última análise, a Idéia Criativa nos Negócios do Yahoo!® foi tornar-se uma presença amiga na internet — não apenas uma ferramenta básica de busca, mas um guia personalizado, um portal e muito mais.

YAHOO!® — O NOME QUE COMEÇOU TUDO

No distante ano de 1994, os dois fundadores do Yahoo!® — David Filo e Jerry Yang — cursavam Ph.D. em engenharia elétrica na Stanford University. Em seus alojamentos no campus, cada um deles começou a montar um guia da internet com os sites nos quais tinham interesse pessoal.

Em pouco tempo, eles estavam gastando mais tempo em suas listas caseiras de links do que em suas dissertações de doutorado. Afinal, suas listas ficaram tão longas e difíceis de consultar que eles as organizaram em categorias. Quando as categorias também ficaram muito longas, eles desenvolveram subcategorias... e o conceito fundamental do Yahoo!® nasceu.[5]

Aquilo que havia começado como "Jerry's Guide to the World Wide Web" ("O Guia de Jerry para a Internet") e depois "Jerry and David's Guide to the World Wide Web" ("O Guia de Jerry e David para a Internet") finalmente ganhou um novo apelido. Yahoo!® É um acrônimo para "Yet Another Hierarchical Officious Oracle" ("Mais Uma Lista de Consultas Hierárquica e Solícita"), mas Filo e Yang insistem que escolheram o nome por gostarem da definição genérica de um *yahoo*: "rude, tosco e esquisito". (N.T.: Os yahoos são os seres imaginários, bestiais e de forma humana do livro *As Viagens de Gulliver*, de Jonathan Swift.) O sucesso da marca foi criado a partir dessa travessura. Deixe os outros batizarem seus portais com nomes solenes como Alta Vista, Galaxy e Lycos — Jerry e David foram na direção oposta.

Mas um grande nome era apenas o começo...

O Yahoo!® Define o "Momento Mágico"

Em março de 1995, Filo e Yang formalizaram seu negócio e se encontraram com dezenas de investidores do Vale do Silício. No ano seguinte a companhia abriu seu capital, com 49 funcionários e uma verba para publicidade de apenas quinhentos mil dólares. O Yahoo!® saiu atrás de uma agência e descobriu que a maioria delas simplesmente não estava interessada numa verba tão reduzida. Mas uma delas estava. Era uma pequena agência de São Francisco, Black Rocket, criada há tão pouco tempo que os computadores ainda não haviam sido entregues no escritório e os projetos eram apresentados na base do lápis. Somente o instinto de autopreservação evitou que os sócios da Black Rocket confessassem ao Yahoo!® que sabiam muito pouco a respeito do que uma pessoa fazia na internet.

Essa ignorância era uma bênção disfarçada. Isso porque, quando o pessoal da Black Rocket (hoje Black Rocket Euro RSCG) começou a usar a internet, descobriu o que milhões de consumidores ainda estavam por descobrir: "o momento mágico", aquela decisiva navegação online em que você encontra a solução para um problema em algum site e fica vibrando com isso. Com essa revelação, era natural que a agência concluísse que o negócio do Yahoo!® não era técnica de busca. Seu verdadeiro negócio era proporcionar o momento do heureca — "Eu posso encontrar tudo!" — aos consumidores.

O Yahoo!® foi uma das primeiras empresas de internet a anunciar na TV. Foi certamente a única a apresentar um pescador de 70 anos que está meio sem sorte com sua isca até acessar o Yahoo!® De repente, bingo! Ele começa a pescar os grandões. Naquela época, provavelmente não havia muitos septuagenários on-line, mas o Yahoo!® nunca avaliou a internet pelo que ela era na época; o anúncio mostrava o que a internet viria a ser. Combinando comerciais movimentados com um slogan sedutor — "Do you... Yahoo!®?" — e uma contagiante voz em falsete, a companhia logo estava a caminho para se tornar o amigo de todo mundo na internet.

Yahooooooo! A Alegria da Descoberta

À medida que o Yahoo!® crescia, também aumentava o seu conteúdo, seus serviços e a maneira criativa de se promover a marca. Ele passou a fornecer o seguinte:

- Um noticiário abrangente
- Um amplo serviço de informações financeiras com dados sobre qualquer empresa, incluindo preços de ações
- Acesso a mais de dez mil lojas de varejo online
- Um serviço de leilões
- E-mail e mensagens instantâneas
- Tudo sobre esportes, jogos, anúncios pessoais, fotos, horóscopos...

Os métodos promocionais da companhia foram inovadores desde o início. O nome Yahoo!® parece estar em todas as superfícies disponíveis: em máquinas de gelo Zamboni, rinques de hockey, agasalhos nos trens e na pintura dos táxis (uma mídia inventada pelo Yahoo!®). Recentemente, a empresa até colocou etiquetas em produtos em algumas cidades (entre elas Sale City, na Geórgia) com um convite para a maior liquidação via internet do mundo.

Em menos de uma década, o Yahoo!® construiu uma marca que hoje figura entre as cinqüenta mais valiosas do mundo. Conseguiu esse feito ao descobrir logo no início em que ramo de negócios está e em qual não está. Ele não está no ramo de tecnologia. Está no ramo de pessoas. O Yahoo!® é um amigo na internet, um portal que guia os visitantes com segurança a seus lugares de interesse. É um porto seguro e acolhedor num mundo de alta tecnologia, um mundo que às vezes pode ser amedrontador e incerto.

> **ANTES DE SALTAR:** Quem trabalha numa empresa de alta tecnologia deve sempre lembrar que o que conta não é a tecnologia, são as pessoas que a utilizam. E nunca, nunca mesmo, subestime o valor de uma grande marca.

MTV: Reinventando a Experiência com a Música

Quando se fala de empresas que são sinônimo de divertimento e inovação, é indispensável olhar para os anos 80 e analisar os primeiros tempos da MTV. A idéia de criar um canal de TV para anunciar grupos musicais de graça foi um enorme salto criativo por si só. O canal mudou

Táxi com a marca Yahoo!®

"Novo" não significa pegar as últimas novidades tecnológicas e enfiar nelas a mensagem do seu produto. Algumas das idéias mais inovadoras surgem ao se juntar duas coisas comuns que você jamais imaginaria que combinassem. É simples como uma xícara de manteiga de amendoim Reese. Você põe seu chocolate na minha manteiga de amendoim. Você põe sua manteiga de amendoim no meu chocolate. Sucesso. Não se teve ter medo diante de nenhuma oportunidade de criação.
— Israel Garber, Euro RSCG MVBMS, Nova York

para sempre a indústria da música e a maneira como a música é comercializada. Mudou para sempre a maneira de se pensar sobre a música, de experimentá-la e de consumi-la. Ele representou um papel social fundamental. Transformou uma marca num fenômeno global.

Marshall McLuhan disse certa vez: "Não se pode enxergar o que está depois da esquina, mas pode-se ouvir".[6] Isso coloca a música numa posição cultural crítica, um pouco à frente da percepção das massas. O que a MTV fez foi tornar essa posição tão visual quanto era auditiva; pela primeira vez você podia ver a música que imaginava na cabeça.

No final da década de 80, o jornal *Washington Post* descreveu a MTV como "talvez o produto cultural isolado mais influente da década".[7] Dez anos antes, porém, o canal a cabo de música foi considerado improvável, desprezível mesmo. O motivo: ele apresentava rock. E desde o tempo de Elvis Presley o rock é a trilha sonora da contracultura, do protesto social e do mau gosto.[8]

Como levar para a TV um tipo de música que provoca censura? De uma maneira que mude completamente a televisão.

ENXERGUE AS ANTIGAS IDÉIAS COM UM NOVO OLHAR

A idéia de levar música à televisão, mesmo em forma de vídeos musicais, não era nova. Nem tinha um histórico bem-sucedido nos Estados Unidos. As redes de TV não quiseram mostrar Elvis abaixo da cintura, não quiseram deixar os Rolling Stones interpretar *Let's Spend the Night Together* ("Vamos Passar a Noite Juntos") e nem Jim Morrison cantar uma letra sobre ficar doidão. Em consequência, a combinação entre rock e televisão era um assunto condenado. A própria essência dessa música e o perfil dos músicos entravam em conflito com a concepção dos executivos das emissoras sobre o que o público médio da América queria assistir na TV. Como resultado, a música popular nas redes de TV era em geral destinada aos programas familiares. Estamos falando de Donny e Marie Osmond e Sonny and Cher... essas coisas.

Os vídeos musicais, em sua forma primitiva, já existiam há décadas. Eles apenas não eram mostrados na TV — pelo menos não nos Estados Unidos. Nos anos 40, as Mills Panoram Soundies eram máquinas nas quais podia-se colocar uma moeda de dez cents para assistir a um clipe curto de alguém como Nat King Cole ou Louis Armstrong dublando uma canção com os lábios e projetados numa pequena tela de plástico por uma lente e um espelho que refletia o filme. Nos anos 60, a versão européia da máquina de assistir vídeos, a French Scopitone, era popular. Na década de 70, na esteira da Beatlemania, as gravadoras de discos começaram a produzir clipes promocionais — interpretações visuais das músicas — para empurrar as vendas de LPs. Grupos como The Rolling Stones, The Beatles e The Who podiam ser vistos em programas da TV européia como o inglês *Top of the Pops*. Michael Nesmith — um ex-integrante da banda feita para a TV The Monkees — dedicou-se a produzir videoclipes musicais para a televisão européia. Ele também tinha uma idéia para um programa de vídeos na América. John Lack, um dos primeiros batalhadores da MTV, ouviu falar da idéia de Nesmith. Nessa altura, o palco estava preparado para a MTV...

Um dos resultados do pensamento sem obstáculos é que ele pode conduzir não apenas às respostas escondidas nas estrelas, mas também às soluções que estão bem aqui diante de seus pés.
— Mark Wnek, Euro RSCG Wnek Gosper, Londres

As Origens da Idéia

Em 1979, a American Express comprou 50% da Warner Cable Company. Formou-se a Warner Amex Satellite Entertainment Company, dedicada a entretenimento especializado. Por sorte, eu soube em primeira mão o que iria acontecer, já que a Warner Amex se tornou cliente da

Scali McCabe Sloves. Na época, a companhia estava começando a explorar o conceito de usar TV a cabo para programações segmentadas: a Nickelodeon era dirigida às crianças e The Movie Channel para adultos. Ambas se tornaram clientes. John Lack era o vice-presidente executivo de marketing e programação. Lack, que tinha 33 anos e havia trabalhado como executivo na CBS Radio, gostava de música. Nesmith o procurou e falou da sua idéia de um programa de vídeos musicais nos Estados Unidos. Parecia um encaixe ideal. Lack contratou Nesmith para produzir um piloto de trinta minutos para a Nickelodeon chamado "Popclips". O programa tornou-se tão popular que inspirou Lack a criar um canal a cabo dedicado inteiramente a vídeos musicais.

IGNORE OS PESSIMISTAS

A visão de Jack Lack foi atilada do ponto de vista comercial. As companhias de disco estavam passando por uma recessão sem precedentes; elas precisavam de uma injeção na veia. E havia outras tendências de mercado que encorajavam sua visão. A maioria das emissoras de rádio americanas ignorou o controvertido movimento punk surgido na Europa e o estilo que ele apadrinhou, o new wave. Não havia muita música nova tocando no rádio e, por conseguinte, as pessoas não compravam novos discos. Lack estava convencido de que a MTV poderia se tornar um canal para as gravadoras apresentarem novos artistas aos consumidores. Com alguma dificuldade, ele convenceu os altos executivos da American Express e da Warner de que era uma boa idéia.

PENSAMENTO NÃO-LINEAR... E OUTRO SALTO CRIATIVO

Quando Bob Pittman foi convocado para criar o formato da MTV, ele imaginou um canal de televisão sem programas: sem começo, meio e fim. Pittman, que aos vinte e poucos anos teve uma carreira curta mas de grande sucesso como programador de rádio, estava se utilizando do que ele chama de pensamento não-linear da próxima geração. Esse foi um verdadeiro salto criativo. Apelidando seu público-alvo de "TV babies", Pittman criou um produto para uma geração que cresceu com a TV ligada.

Essa audiência pedia estímulos intensos, tinha menos capacidade de concentração e iria receber bem um formato relaxado e amorfo.

Pittman sabia que teria de promover o canal em si — não programas em separado, como as redes faziam. Ele e o ex-promotor de rádio Fred Seilbert trabalharam para desenhar um logotipo que expressasse o espírito do rock. Quando eles surgiram com o "M" em textura de tijolos e o "TV" pintado em spray, tiveram que enfrentar ruidosos protestos das equipes de vendas e marketing da companhia, assim como da agência de publicidade com quem trabalhavam. Todo mundo argumentou que aquele desenho não seguia os padrões tradicionais de logotipos bem-sucedidos. Era exatamente esse o objetivo da dupla.

Eu Quero Minha MTV: Fazendo dos Consumidores os Embaixadores da Marca

Talvez a mais poderosa e bem-sucedida ação de comunicação tenha sido a campanha "Eu Quero Minha MTV". Em 1982, um ano depois de seu lançamento, a MTV estava ameaçada de extinção. Ela tinha dificuldades em convencer as operadoras locais de TV a cabo pelo país afora a transmitir seu sinal. Os anunciantes relutavam cada vez mais em investir na TV a cabo e as gravadoras colocavam barreiras para fornecer vídeos gratuitamente. Mas os fundadores sabiam que a emissora tinha um grande potencial.

Depois de algumas semanas de transmissão, Pittman mandou um time de pesquisadores realizarem uma pesquisa de campo para o que mais tarde receberia o nome de "o vírus de Tulsa". A intenção era checar se a MTV estava afetando as vendas de discos nas regiões do país onde seu sinal estava disponível. O que eles descobriram em Tulsa, no estado de Oklahoma, e em outras cidades como Wichita, Kansas, Des Moines, Iowa e Syracuse, Nova York foi assombroso. Nas lojas de discos, as vendagens dos artistas que apareciam na MTV disparavam. As estações de rádio locais eram inundadas com pedidos para executar novos grupos musicais que estavam na emissora, incluindo Squeeze, Tubes e Talking Heads. Ainda mais interessantes foram as histórias recolhidas pelos pesquisadores a respeito da mudança no comportamento dos jovens. Gente que não tinha TV a cabo em casa ia visitar amigos que tinham apenas para assistir vídeos. Os adolescentes começaram a mudar sua maneira de vestir. Um barbeiro de Wichita disse aos enviados da MTV que muitos garotos chegavam no salão pedindo "o corte do Rod Stewart". A ironia é que a MTV não estava ainda disponível em cidades grandes e culturalmente sofisticadas como Los Angeles e Nova York. A música de ponta, através da MTV, estava chegando aos jovens de cidades calmas e conservadoras da América, permitindo-lhes certa identificação com um mundo maior e mais radical.

O slogan "Eu Quero Minha MTV" ganhou vida por si próprio. A campanha detonou uma onda de protestos — uma atividade para a qual os jovens são intrinsecamente atraídos. As operadoras de TV a cabo de todo o país começaram a receber telefonemas e cartas de telespectadores potenciais. Em Nova York, as negociações com a Manhattan Cable Company, que se arrastavam há cerca de um ano, foram finalizadas graças ao empurrãozinho extra de telefonemas ininterruptos de jovens exigindo sua MTV. A chegada da MTV a Manhattan teve uma grande repercussão na mídia a nível nacional, o que legitimou e consolidou a crescente reputação de força cultural da emissora.

PRODUTO DO ANO

Em 1981, a revista *Fortune* elegeu a MTV um dos produtos do ano. Em dezembro, o lançamento do vídeo *Thriller*, de Michael Jackson, serviu de gancho para a revista *Time* fazer uma reportagem de capa que declarava uma revolução na música e que descrevia "a grande guerra-relâmpago do vídeo... que sacudiu Hollywood, salvou o mercado de discos e determinou um jeito completamente novo de ouvir música".

A MTV transformou não apenas a indústria de discos, mas a própria televisão. Ela mudou a maneira de vender e de experimentar a música e teve um impacto duradouro nos estilos cinematográficos. Criou um caminho comercial para um mercado enorme e até então escondido e serve de tribuna para as novas gerações. Em 1992, houve quem atribuísse ao programa da *MTV Rock the Vote* um papel fundamental na vitória de Bill Clinton na campanha presidencial.

Eis aí uma poderosa Idéia Criativa nos Negócios. Ela se tornou possível porque a MTV soube identificar em que ramo de negócios está. Ela não está no ramo da televisão. Não está no ramo da música. Nem mesmo no de vídeos musicais. A MTV está no ramo de servir como uma voz — e um desabafo — para uma geração de gente jovem ao redor do mundo.

> **Antes de Saltar:** Ao tentar aplicar o pensamento criativo à estratégia de negócios, pode-se aprender uma infinidade de lições com a MTV. Aqui vão duas:
> - Um salto criativo não pressupõe necessariamente uma idéia nascida de inovação pura. Ele pode surgir ao se observar idéias tradicionais com um novo olhar ou se descobrir uma maneira radicalmente nova de enxergar algo antigo.
> - Ao se falar de embaixadores de uma marca, os clientes entusiasmados e que não recebem cachês são geralmente muito mais valiosos do que as celebridades remuneradas a peso de ouro. Nunca esqueça de como eles são importantes.

Hallmark Flowers: O Melhor do Melhor

A criação da Hallmark Flowers foi uma das idéias que me incentivaram posteriormente a articular e desenvolver o conceito de Idéias Criativas nos Negócios na Euro RSCG. O detalhe inspirador foi que o pedido para pensar de forma criativa sobre o negócio da Hallmark veio do próprio cliente. É incrivelmente estimulante quando um CEO dirige-se a um grupo de diretores de arte, redatores, produtores, planejadores estratégicos e pessoas de mídia, todos realmente talentosos, e pede a eles que pensem sobre o negócio. É ainda mais estimulante quando a mesma pessoa nos diz: "Não façam publicidade alguma". Essas são grandes oportunidades.

O que emergiu dessas sessões criativas permitiu à Hallmark entrar num negócio inteiramente novo que poderia se tornar uma valiosa fonte de lucro. Tudo começou ali, abrindo-se a porta para repensar o negócio. Enquanto se decodificava o DNA da marca, descobria-se o que a Hallmark realmente significa para seus clientes.[9]

Um Líder em seu Ramo

A Hallmark Cards, Inc., uma empresa familiar, de capital privado, foi fundada em 1910 por Joyce C. Hall. Trabalhando num quarto alugado na YMCA com uma caixa de sapatos cheia de cartões postais, ele criou a indústria de cartões comemorativos. Nos Estados Unidos, hoje, troca-se cartões comemorativos para marcar qualquer evento, de aniversários a feriados religiosos, de formaturas do colegial a votos de recuperação para doentes. Há até linhas de cartões para serem trocados entre cães e entre gatos. Durante décadas, a Hallmark foi líder absoluta de mercado. No final dos anos 90, porém, a empresa sentiu que era necessário identificar e criar novos tipos de produtos para chegar ao nível desejado de crescimento.

Desde 1917, quando lançou papéis de embrulho decorados, a companhia vem ampliando seu negócio de cartões comemorativos em outras direções — e tem sido bastante bem-sucedida. Em meados da década de 90, o presidente e CEO Irvine O. Hockaday Jr. constatou que a internet e o clima de negócios globais tornaria o mercado onde a Hallmark atua muito mais complexo e fragmentado. Ele precisava levar essa empresa tão tradicional para o próximo século.

Um Novo Tipo de Brief Criativo

Para chegar lá, Hockaday fez algo totalmente anticonvencional. Ele escreveu uma carta descrevendo sua avaliação da marca Hallmark — o que ela era, o que simbolizava, sua confiança no que ela poderia vir a representar e como a marca poderia ser ampliada no futuro — e mandou a carta em forma de proposta para um punhado de agências de publicidade. Sua conclusão era que, embora o mercado de cartões comemorativos estivesse estagnado, e que ele não vislumbrasse um crescimento significativo num futuro próximo, a marca Hallmark era muito valorizada nas mentes e corações dos consumidores. Achava que eles veriam com bons olhos a expansão da marca para outras áreas — ele só não tinha certeza de que áreas seriam essas. E essa era sua encomenda às agências: ele queria Idéias Criativas nos Negócios.

Hockaday admitia em sua carta que poderia parecer estranho contatar agências de publicidade para um tipo de serviço feito em geral por consultores. Entretanto, ele havia escolhido contratar uma agência por achar que as agências conheciam melhor os consumidores e as marcas.

HOCKADAY ENTENDEU UM DOS PRINCÍPIOS BÁSICOS QUE ORIENTAM A BUSCA POR IDÉIAS CRIATIVAS NOS NEGÓCIOS — DEVE-SE RECORRER AOS PENSADORES CRIATIVOS CONCENTRADOS NA COMUNIDADE PUBLICITÁRIA COMO UM RECURSO PARA DESENVOLVER ESTRATÉGIAS VERDADEIRAMENTE INOVADORAS NOS NEGÓCIOS.

O SALTO

Em sua proposta de trabalho, Barry Vetere, sócio da MVBMS/Euro RSCG, e seu time debruçaram-se sobre as considerações e as análises de Hockaday, examinaram a marca Hallmark e a seguir puseram-se a pensar arduamente sobre quais novos tipos de produto poderiam levar o nome Hallmark. Eles sabiam que a idéia deveria surgir de algum fato intrínseco ao próprio negócio — esse é o ponto de partida para todas as grandes ICNs.

A IDÉIA CRIATIVA NOS NEGÓCIOS DEVE ESTAR ENRAIZADA NA MARCA, CRESCER A PARTIR DELA E SER UMA EXTENSÃO ORGÂNICA DELA. EM ALGUNS CASOS, O PRODUTO É ATÉ MESMO CRIADO OU MODIFICADO EM CONSEQÜÊNCIA DA IDÉIA CRIATIVA.

No final das contas, a agência concluiu que a Hallmark não estava realmente no ramo de negócios de cartões comemorativos ou de papel de embrulho para presentes. Também não estava no ramo de proporcionar às pessoas uma maneira muito pessoal de se expressarem — afinal, de acordo com o slogan da companhia, compra-se Hallmark "Quando Você Gosta o Bastante para Mandar Só o Melhor". A marca Hallmark era maior, mais abrangente, mais profunda. Seu verdadeiro DNA estava ligado a valores tradicionais, família, moralidade, decência.

O que possibilitou à agência dar o salto, ir de A para B para M, foi sua compreensão profunda do consumidor... associada ao nível intenso de conhecimento do negócio do cliente e do DNA da marca. Como eu disse,

AS IDÉIAS CRIATIVAS NOS NEGÓCIOS REPOUSAM EM ALGUM LUGAR DA SINAPSE ENTRE O ENTENDIMENTO DO CONSUMIDOR E DA EMPRESA. SÓ SABENDO AS POSSIBILIDADES DO NEGÓCIO PODEMOS FAZER A LIGAÇÃO COM O CONSUMIDOR.

> *A não ser que você deixe as coisas claras e faça uma análise cuidadosa dos negócios de uma marca, é difícil chegar aos pontos críticos, às barreiras que a impedem de crescer continuamente. Se você espera ter idéias que atraiam novos públicos-alvo, todas as vacas sagradas devem ser mortas, o negócio tem que ser visto por uma lente objetiva e depois dissecado.*
> — Marty Susz, Euro RSCG MVBMS, Nova York

Esse é o local onde nascem as Idéias Criativas nos Negócios, e foi esse local que a agência descobriu.

Durante anos, a Hallmark entregou-se a uma prática bastante comum nas corporações americanas: satisfez-se em vender para seus clientes tradicionais — mulheres idosas. Mas quando a empresa descobriu o DNA de sua marca, novos mundos se abriram. Novos mercados, novos alvos. Falou-se em valores tradicionais? Por que não mirar nos Gen Xers, a geração que, ao contrário dos *baby-boomers*, empreendeu uma gigantesca volta aos valores do passado? Em vez de vender apenas para velhas mamães, por que não mirar nas novas mamães, que compartilham dos mesmos valores que a Hallmark simboliza?

Numa reunião inicial, que durou cinco horas, a agência identificou muitas áreas em que os consumidores veriam com bons olhos a entrada da Hallmark. Recomendou-se a criação de um novo tipo de produto, os "cartões de histórias", cartões comemorativos para crianças que se pareciam com livros. Eles elevariam o preço dos cartões porque teriam mais valor agregado — o cliente iria querer guardar esses cartões.

A idéia dos cartões se encaixava com uma outra: tornar-se uma fonte de recursos educacionais para os pais. Isso incluía desenvolver um programa de leitura para pais e filhos e oferecer produtos e programas sobre puericultura. A agência propôs uma linha de livros Hallmark para crianças e recomendou que a empresa se expandisse em direção ao entretenimento familiar e à programação de TV. Sugeriu que a Hallmark tivesse seu próprio canal de TV e um programa para crianças, sobre o qual voltarei a escrever num capítulo à frente.

E aí havia o ramo de negócio das flores...

Dos Cartões Comemorativos às Flores

A Hallmark já havia tentado antes entrar no negócio de flores. Mas Barry Vetere chamou a atenção da empresa para a diferença entre "vender flores" e "estar no negócio de flores". No passado, a companhia havia se aventurado nesse segmento licenciando seu nome. A MVBMS argumentou que contratos de licenciamento eram perigosos porque a marca era muito importante e valia muito dinheiro para se correr o risco de uma associação com produtos que não correspondiam aos padrões de qualidade da Hallmark.

A venda de flores nos Estados Unidos é um negócio de 14 bilhões de dólares anuais. Mesmo com esse tamanho, tem potencial para crescer — compra-se menos flores nos EUA do que na Europa, por exemplo, onde as pessoas têm por hábito comprar flores todo dia. Mas existe um problema no negócio de flores: a deterioração rápida do produto, a perda do frescor. Ironicamente, muita gente fica desapontada com as flores que recebe.

As pesquisas da agência mostraram que os três ou quatro dias seguintes à colheita das flores, quando elas ainda estão bem frescas, eram perdidos no transporte. E se for possível eliminar esses três ou quatro dias? A Hallmark ficou curiosa. A idéia das flores tinha o potencial de gerar lucro num prazo curto, embora exigisse um investimento inicial expressivo. A Hallmark pediu à agência que levasse adiante suas pesquisas sobre o assunto.

Entre outras coisas, o time da agência foi checar como o serviço de *courrier* FedEx fazia para transportar produtos frescos como carnes e frutos do mar. Baseada nessa referência, a MVBMS chegou a um modelo de negócios: fossem tulipas da Holanda ou rosas da América do Sul, as flores seriam embarcadas diretamente do produtor para um armazém da Hallmark em Memphis, onde os buquês seriam armados. No dia seguinte eles seriam embarcados através da filial do FedEx naquela cidade. A Hallmark poderia prometer as flores mais frescas, com apenas uma parada entre as mãos do produtor e as mãos de quem as receberia. Como resultado, a qualidade das flores seria muito maior que a de qualquer outro serviço semelhante. O negócio seria feito on-line.

A CORAGEM DE MUDAR

Para a Hallmark, oferecer flores significava entrar num negócio inteiramente novo. Como é fácil causar danos a uma marca criando expectativas exageradas, a Hallmark decidiu fazer um teste de mercado com a idéia, dar uma chance ao lado operacional do projeto de ser entendido e analisado. Cinco mercados no país foram escolhidos para a fase de testes. A equipe tinha seis meses para pôr o plano em ação. Seis meses para, em essência, criar um pequeno negócio a partir, virtualmente, de um esboço.

O conceito fundamental da marca é sagrado para qualquer empresa. Mas entender o que é esse conceito, espremê-lo até a essência para poder reinventar as idéias que o cercam — esse é o papel das ICNs. É muito fácil cair numa armadilha ao definir o que você acha que é o seu negócio. Por exemplo, a Hallmark é uma grande empresa de cartões comemorativos, certo? Na verdade, cartões não são sagrados e não representam a essência da marca. Em vez disso, são uma demonstração de carinho e compartilhamento, qualidades sagradas para a idéia de negócios chamada Hallmark. Só entendendo isso pode-se chegar a Idéias Criativas nos Negócios como a Hallmark Flowers. Ninguém que pense estar no ramo de cartões comemorativos conseguiria expandir seus negócios de forma tão bem-sucedida como a Hallmark fez com suas flores.
— Beth Waxman, Euro RSCG MVBMS Partners, Nova York

> *Uma das características de uma grande ICN é sua habilidade em refratar a alma de uma marca em novas direções e perspectivas, de modo a revigorar no consumidor os valores que ele enxerga na marca e fazer com que ele descubra novos valores... mais ou menos da forma como se pode enxergar de várias formas a refração da luz do sol.*
>
> *— Denis Glennon, Euro RSCG Tatham Partners, Chicago*

A equipe de gerenciamento criada para tocar o teste era composta de gente da Hallmark e da MVBMS. Como recorda Jim Huffstetler, na época diretor sênior de contas, aquela foi uma das etapas mais emocionantes do projeto — era uma colaboração verdadeira. Os criativos da MVBMS estavam muito envolvidos nos formatos dos buquês e participaram de um curso de três dias com especialistas em arranjos florais. Eles também desenharam a embalagem para as flores, com a ajuda da Hallmark e do FedEx — dessa forma ela seria totalmente funcional. Importante: nossa agência fazia parte do comitê executivo, encarregado de todas as aprovações.

Para levantar o negócio do chão em apenas seis meses, a equipe de gerenciamento teve que trabalhar a jato. Olhando para trás, Huffstetler diz estar convencido de que tudo deu certo porque o projeto era essencialmente autônomo — era tratado como um negócio à parte. Se tivesse que passar pelo processo de aprovação interna da Hallmark, ele duvida que tivesse sido feito tão rapidamente.

ASSIM COMO O "TIME DA MARCA" DA RATP, A EQUIPE DE GERENCIAMENTO DE PROJETOS É UMA DEMONSTRAÇÃO PODEROSA DO QUE PODE ACONTECER QUANDO AGÊNCIA E CLIENTE TRABALHAM JUNTOS, COMO PARCEIROS, EM COLABORAÇÃO VERDADEIRA.

Os resultados dos testes de mercado em cinco cidades, em 2000, foi extremamente positivo — a percepção da marca Hallmark suplantou a da líder de entrega de flores, 1-800-Flowers. Ainda mais expressivo é que mais de 80% dos consumidores se declararam satisfeitos com o serviço. Em conseqüência, os executivos da Hallmark, em votação, decidiram lançar a marca nacionalmente, o que exigia outro investimento financeiro de peso. As instalações provisórias em Memphis foram substituídas por outras, permanentes, inauguradas no outono de 2001. A Hallmark Flowers é agora um empreendimento nacional.

A Hallmark sempre teve uma noção clara do que a marca significava para os consumidores, mas uma noção focada na indústria de cartões, na qual a tinta encontra o papel. Como diz Huffstetler, "Reconhecíamos na época que a empresa tinha um bom nível de autoconhecimento em termos de cartões comemorativos. Mas o CEO tinha a convicção de que a marca poderia ser muito mais do que era, que tinha uma grande elasticidade. Nós levamos definições claras à intuição do CEO. Fomos capazes de energizá-lo para que compreendesse o que poderia ser. E ouvimos de volta que o tínhamos ajudado a enxergar o que a empresa poderia ser".

A Hallmark é um exemplo perfeito de como é crucial entender em que tipo de negócio você realmente está. A agência nunca teria chegado à Idéia Criativa nos Negócios envolvendo flores sem primeiro compreender o que a Hallmark significava para as pessoas.

A AGÊNCIA FOI CAPAZ DE FORNECER À HALLMARK UMA SOLUÇÃO EMPRESARIAL QUE INFLUENCIOU A NATUREZA ESSENCIAL DE SEUS NEGÓCIOS, LEVOU À INOVAÇÃO LUCRATIVA E DEU À COMPANHIA UMA MANEIRA NOVA E PODEROSA DE MAXIMIZAR AS RELAÇÕES ENTRE SEUS CONSUMIDORES E A MARCA.

A Hallmark chegou ao local onde as Idéias Criativas nos Negócios nascem porque entendeu as possibilidades do negócio e fez a ligação com o consumidor.

ANTES DE SALTAR:
- Saiba que por trás de cada Idéia Criativa nos Negócios existe um foco fixo e preciso na essência da marca. Hesite ao manter esse foco e você dilui o valor da marca. Em contrapartida, não se desviando dele, você pode lucrar ao levar sua marca por novos caminhos e por novas linhas e tipos de produtos.
- Não estabeleça limites para sua marca. A maneira mais rápida de esmagar o pensamento criativo é insistir em só falar sobre o que é prático, sobre o que é muito provável. Às vezes são as idéias "impossíveis" que revelam o caminho para um futuro melhor.

Flores Hallmark

Há tempos as agências aplicam ocasionalmente suas habilidades criativas na estratégia de negócios. Mas isso costumava ser a exceção, não a regra. Muitas agências já encaixaram uma consultoria estratégica em seu pacote de negociações com o cliente, mas quase invariavelmente como um adendo ao que era decidido com a agência-matriz e com a intenção maldisfarçada de aumentar seus honorários. Esses negócios funcionavam como entidades separadas, autônomas — com gente recrutada em consultorias empresariais e não entre pessoas de criação das agências. O que é fundamentalmente diferente na cultura das ICNs é que ela exige um ambiente no qual estratégia de negócios e criatividade coexistem. É o equivalente nos negócios a estudar numa escola mista — coisas interessantes acontecem!
— Glen Flaherty, Euro RSCG Wnek Gosper, Londres.

CRIE UM NOVO TIPO DE PRODUTO: MCI

Entendendo em que tipo de negócio está, você pode não apenas expandi-lo por outros tipos de produtos como pode criar produtos que não existiam. A MCI fez isso de forma notável com algo que iria transformar a maneira como os americanos telefonam a cobrar: 1-800-COLLECT.

Em 1993, quando a MCI e a MVBMS lançaram o 1-800-COLLECT, as chamadas a cobrar não eram um produto. Você tirava o fone do gancho, discava zero, falava com a telefonista e dizia que gostaria de fazer uma ligação a cobrar. Era um mercado de 3 bilhões de dólares anuais, dominado pela AT&T.[10] A inovação da MCI é que o cliente poderia discar 1-800-COLLECT de qualquer telefone, em qualquer lugar, qualquer que fosse a operadora de longa distância local. Nem você, nem a pessoa para quem você discava precisavam ser clientes da MCI para usar o serviço. Pela primeira vez, os consumidores tinham escolha na hora de fazer uma ligação a cobrar.

O SALTO

O serviço foi apresentado como "A maneira mais barata de telefonar a cobrar na América" e seus anúncios ofereciam descontos de "até 44% sobre as tarifas da AT&T". Há um chamariz psicológico aqui: as pessoas que telefonam a cobrar não têm grande incentivo para economizar — não são elas que pagam pela ligação. Então, como motivar os consumidores a trocar de operadora e discar 1-800-COLLECT em vez de discar zero e acionar a AT&T?

Consciente de que, em geral, quem telefona a cobrar são jovens e estudantes universitários longe de casa, o presidente da MCI, Jerry Taylor, junto com sua equipe de marketing e com a nossa agência, tomou uma decisão importante: a MCI iria posicionar o 1-800-COLLECT como a maneira "legal" de telefonar. "Decidimos criar uma marca que fosse baseada em emoções", lembra-se John Donoghue, ex-vice-presidente sênior de marketing ao consumidor. "A imagem é jovem, é atual, é um pouco atrevida". Timothy Price, ex-CEO da MCI, acrescenta: "É uma coisa incrível: Taylor pegou um produto de cem anos de idade, a chamada a cobrar, e, baseado num conceito de personalidade, transformou-o num grande negócio" (veja nota 9).

A MCI era conhecida por anunciar seus produtos através de tele-marketing e de representantes junto aos clientes. Para esse produto, no entanto, ela iria lançar mão quase exclusivamente da publicidade. Dirigíveis decorados com o logotipo do 1-800-COLLECT cruzaram os céus. Um dos comerciais mais populares mostrava Larry ("Bud") Melman, ex-auxiliar de cena de David Letterman, apresentador de um programa de entrevistas na TV, vestido com uma fantasia de abelha. O anúncio era moderno, jovem, ligeiramente irreverente. E era a única peça de marketing. Se não fosse por esse comercial, não se saberia da existência do produto.

A MCI levou apenas dois anos e meio para capturar 30% do mercado de 3 bilhões de dólares. E os custos operacionais são mínimos. Discar 1-800-COLLECT simplesmente lhe dá acesso à rede da MCI. Não há vendedores. Três funcionários dão conta do trabalho de marketing.

O PODER DO PENSAMENTO CRIATIVO

Quando olho para os últimos trinta anos, fica claro que o 1-800-COLLECT é o maior sucesso isolado em novos negócios de que já fui testemunha. A MCI criou algo de onde não existia nada e, em muito pouco tempo, ganhou uma gorda fatia de um mercado que ninguém havia identificado. A empresa o fez com pensamento criativo.

1-800-COLLECT®

FOI PRECISO PENSAMENTO CRIATIVO PARA DESENVOLVER A IDÉIA DO 1-800-COLLECT, PENSAMENTO CRIATIVO PARA EXECUTAR A IDÉIA A PARTIR DE UM SISTEMA, E DEPOIS MAIS PENSAMENTO CRIATIVO PARA INVENTAR PARA O PRODUTO UMA PUBLICIDADE DIVERTIDA E SEDUTORA, QUE LHE CONFERIU UMA PERSONALIDADE VIBRANTE E ATRAENTE.

Foi sem dúvida uma brilhante Idéia Criativa nos Negócios. E ela não teria surgido se a MCI não reconhecesse em que tipo de negócio estava: a MCI nunca esteve apenas no negócio de fornecer serviços de telefonia interurbana. Estava no negócio de fornecer uma alternativa jovem e moderna num ramo aberto à competição. Sua condição de concorrente jovem e ousado deu cores à sua comunicação e ajudou a preparar suas decisões estratégicas.

Guinness: Witness

Imagine-se como diretor de marca ou de publicidade de uma grande empresa. Já que está imaginando, por que não se transformar em diretor de marketing ou CEO? Você tem uma marca que é uma verdadeira instituição — existe desde que sua avó usava meias soquete. Mas essa imagem institucional agora está lhe prejudicando. Sua marca tem pouco apelo para a geração mais jovem. Pior — essa geração a rejeita energicamente, assim como rejeita tudo o que está associado à geração mais velha.

Eu poderia estar falando de Oldsmobile. Poderia estar falando de Cadillac. Mas a marca a que estou me referindo é a cerveja Guinness. Agora, considere duas questões:

1. Você está tentando rejuvenescer uma marca antiqüíssima como a Guinness.
2. Sua agência de publicidade recomenda que você lance um novo produto dirigido especificamente à nova geração — mas que esconda o fato de que se trata de um produto Guinness.

O que você faz?

O Desafio

A KLP Euro RSCG deparou-se com duas realidades contraditórias. Primeiro: a Guiness tinha a maior fatia de mercado entre as cervejas na Irlanda — a marca é tão consagrada que é difícil passar por um quarteirão de uma cidade irlandesa sem ver uma menção a ela. Segundo: nas últimas duas décadas, a Guinness vem gradualmente perdendo fregueses entre os consumidores de 18 a 24 anos. Por que isso é tão grave? Porque a Irlanda tem a população mais jovem da Europa. Setenta por cento dos irlandeses têm menos de 40 anos; quase a metade da população está abaixo dos 25. E 60% do público-alvo da Guinness — os jovens — rejeitam a marca categoricamente.[11]

Lá estava a Guinness, uma poderosa marca global, enfrentando uma falência potencial em sua própria casa.

Um Conflito de Gerações em Expansão

É bem verdade que o conflito de gerações na Irlanda, hoje, tem características especiais. Ele se ampliou em proporções inéditas por causa das grandes mudanças sociais e do fabuloso crescimento econômico do país, conhecido como o "Tigre Celta". A economia irlandesa cresceu a uma taxa média de 8% na segunda metade da década de 90. A agricultura, antes o setor econômico mais importante, deu lugar aos investimentos estrangeiros.

Uma das conseqüências mais marcantes das mudanças econômicas é a explosão dos negócios ligados à alta tecnologia e à internet, principalmente em Dublin. Os incentivos fiscais do governo e uma força de trabalho jovem, altamente qualificada e que fala inglês atraiu grandes empresas multinacionais de computação. Como resultado, a Irlanda se tornou o maior exportador de *software* do mundo.

A agência logo se deu conta de que os jovens irlandeses de hoje vivem num país muito diferente daquele em que seus pais foram criados. Como observa Frank McCourt, autor de *Angela's Ashes*, "A Irlanda hoje é uma economia em rápida expansão. Ela tem drogas e fornicação e divórcio — tem tudo. E U2 e Van Morrison e Sinead. E engarrafamentos de trânsito".[12] Ocorre que os homens e mulheres jovens e ambiciosos que costumavam deixar a Irlanda para conseguir trabalho estão ficando — e o país assiste à chegada de trabalhadores de muitas nacionalidades. Além do mais, as mulheres irlandesas cada vez mais participam da força de trabalho. Tudo isso conduz a uma cultura jovem rica e variada que — particularmente em Dublin — acentua o crescente conflito de gerações.

O Salto

Ao se preparar para resolver o problema do cliente, o time da Euro RSCG logo viu que qualquer coisa com o nome Guinness seria rejeitada por essa nova geração. O time começou então a trabalhar estreitamente com a Diageo, empresa parente da Guinness, para chegar às raízes do DNA da marca. Nesse caso, o ponto forte da companhia — uma marca cuja afinidade com a cultura irlandesa fez dela uma instituição global — estava se tornando seu ponto fraco. O objetivo, então, era reconectar a

Guinness com os jovens irlandeses e com as rápidas mudanças que ocorriam em suas vidas.

A agência percebeu que, no final das contas, a Guinness precisava criar uma nova cara para sua cerveja, uma nova cara que reforçasse a marca e garantisse seu futuro. O objetivo: fazer com que os jovens que rejeitavam a marca dissessem "Eu nunca havia pensado na Guinness dessa maneira".

A SUGESTÃO DA EQUIPE DA AGÊNCIA TINHA DUAS PARTES — AMBAS RADICAIS. PRIMEIRO, APRESENTAR UMA NOVA ENTIDADE, WITNNESS, E NÃO IDENTIFICÁ-LA CLARAMENTE COMO UMA MARCA DA GUINNESS. SEGUNDO, PROMOVÊ-LA ATRAVÉS DE UMA SÉRIE DE FESTIVAIS DE ROCK. WITNNESS SERIA O FILHO REBELDE DO PAI GUINNESS.

SEJA CORAJOSO

Phil Bourne, CEO da KLP Euro RSCG, enfatiza que concordar em lançar um novo produto e abrir mão de uma marca com tanta força e valor foi uma decisão corajosa por parte da empresa-mãe. Aparentemente, a agência estava lhes pedindo que abandonassem a herança da marca e seus métodos de marketing comprovadamente eficientes. A estratégia da campanha exigia que o cliente investisse em marketing de maneiras muito diferentes daquelas a que estava acostumado. Isso porque a Euro RSCG não queria apenas anunciar essa nova marca — queria que o público-alvo tivesse uma experiência com a Witnness e se identificasse com ela. Se a Witnness fosse lançada corretamente, representaria a nova Irlanda, jovem, rebelde e internacional.

Em reuniões com a alta direção da Guinness, a agência convenceu o cliente de que a empresa não estava abandonando a herança de sua marca. Foi um passo crucial — e que não poderia ser dado se a direção não fosse aberta ao pensamento criativo.

ALÉM DA MÍDIA TRADICIONAL E DA NOVA

Os conceitos criativos para a campanha da Witnness surgiram através de um processo coletivo na agência, uma série de reuniões de criação que incluiu gente da divisão de entretenimento, pioneiros experientes em criar marcas através de festivais, o time de promoções da agência, especialistas no mercado de bebidas e em planejamento estratégico. Outra notícia:

O MELHOR PENSAMENTO CRIATIVO SURGE ATRAVÉS DA COLABORAÇÃO.

A peça central da campanha era o festival de rock Witnness, a ser realizado durante um fim de semana.

A promoção era interativa em todos os aspectos. Técnicas de marketing de guerrilha criaram uma mística em torno da Witnness e encorajavam a descoberta do produto; sua autenticidade como produto jovem foi construída através do boca-a-boca e de ações alternativas, não-corporativas. A agência criou peças irreverentes — de pinturas de grafite a cartazes imitando os da polícia, todos com referências enigmáticas ao site Witnness.com — e os colocou à beira das estradas. Naquela época, eram comuns as promoções feitas nos bares por jovens modelos. A Witnness parodiou essas ações com o que chamou de "visitas das vovós" — mulheres acima de 65 anos entravam nos bares mais moderninhos de Dublin para distribuir aos fregueses o endereço de internet da Witnness. Além disso, listas com as atrações dos próximos shows eram deixadas "por acaso" nos bares. Menções à cerveja apareciam em locais surpreendentes e de forma inusitada — pequenas fitas de plástico com a inscrição "www.witnness.com" eram colocadas nos bolsos das roupas vendidas nas lojas da moda.

Para alcançar essa população bem-educada e experiente na *web*, a equipe da agência usou a internet como principal veículo de comunicação da marca. Com seu lançamento totalmente interativo e extensa cobertura on-line do festival, o Witnness foi o primeiro evento musical ligado a uma marca a explorar de maneira completa o potencial da internet. Foram veiculados também anúncios de TV, mas eles eram não-convencionais, pequenas entradas de dez segundos usadas para causar expectativa no público

O Festival de Rock Witnness

O festival Witnness foi um sucesso que ultrapassou o simples patrocínio. O evento de dois dias, ao ar livre, apresentou cinco palcos temáticos. Além disso, houve um show de uma noite na casa de espetáculos Ambassador, em Dublin. Uma reportagem do site Witnness descreve como foi o show, em julho de 2001:

Durante semanas Dublin esteve alvoroçada com os rumores sobre este show. Desde os empertigados do tipo "sou-mais-descolado-que-você", que nos *chats* on-line diziam já ter descoberto qual seria a atração principal da noite, até os fãs agitados que tinham uma vaga idéia do que iria acontecer, todos deixavam claro de que este era o ingresso mais quente da cidade em um longo tempo. Por volta das 19:30 h, uma hora antes das portas se abrirem, as filas já eram enormes e se estendiam do Ambassador para a rua e até depois da Rotunda. Desde o início ficou evidente que seria uma noite original.[13]

Havia um sentimento generalizado entre os jovens de que o festival e as atividades paralelas em torno dele já deviam ter acontecido há tempos. A rádio BBC 1 acompanhou as apresentações de perto: "O líder do grupo Wilt, Cormac, declarou que já era tempo de a Irlanda ter seu grande evento musical, e como bom irlandês, ele está particularmente satisfeito que o patrocínio seja da Guinness. 'Vai ser bom. Espero que nos bastidores haja Guinness de graça para todo mundo! Isso é importante.'"[14] A Witnness foi bem-sucedida em fundir as tradições da velha Irlanda com a nova Irlanda.

A meta, a longo prazo, era que uma recém-adquirida simpatia pela Witnness se traduzisse numa imagem melhor para a marca Guinness, fechando assim um círculo. E funcionou. No primeiro ano, interrompeu-se

Festival de rock da Witnness

a tendência de queda de participação no mercado pela primeira vez em vinte anos. Foi uma transformação do espaço do mercado...

Os fabricantes da Guinness foram espertos o suficiente para entender que cerveja é apenas uma parte de seu negócio. Guinness é também uma expressão da Irlanda, uma marca ligada de maneira intrínseca à história do país, de seu povo e de sua cultura popular. No papel de uma das faces da Irlanda, a marca precisa evoluir e crescer à medida que o país também o faz. A Witnness permitiu à empresa desempenhar esse compromisso da marca para uma nova geração.

Antes de Saltar: Descubra quais aspectos do DNA da marca se comunicam com cada segmento do público. Desde que você se mantenha fiel à essência fundamental da marca, pode expandi-la em novas direções — e a uma nova era.

Select Comfort: Colocando um Colchão na Moda

Assim como a cerveja Witnness injetou vida nova numa marca envelhecida, esta ICN injetou vida nova numa categoria de produtos desgastada — e é isso que a torna tão interessante.

A categoria era a indústria do sono. O produto era uma cama. O cliente da Euro RSCG MVBMS era a Select Comfort. Até surgir a Idéia Criativa nos Negócios que iria mudar seus caminhos, a Select Comfort se posicionava no mercado como "A Empresa da Cama de Ar". Suas camas contêm um controle remoto digital, patenteado, que ajusta a maciez do colchão de acordo com uma escala numérica de zero a cem — quanto mais ar, mais firme o colchão.

O Desafio

O ramo de colchões não está exatamente florescendo nos Estados Unidos. A cada ano, apenas 8% da população vai a uma loja para comprar colchões, que têm um ciclo de vida médio de dez anos. As vendas da Select Comfort haviam caído nos dois anos anteriores, não apenas pelos motivos apontados pelas estatísticas, mas porque seu nicho de mercado — composto por pessoas mais velhas e com dores nas costas — estava saturado. A empresa também padecia de baixa percepção da marca por parte do público e de problemas de imagem — tradicionalmente, marcas como "A Empresa da Cama de Ar" são promovidas quase só em programas de TV de telemarketing, tarde da noite. Não são exatamente anúncios que dêem status.

Outro obstáculo: ao contrário de fabricantes de camas e colchões que oferecem preços competitivos e disponibilizam seus produtos pelos canais de distribuição em massa, a Select Comfort produz colchões caros, na faixa de mil dólares para cima, e que são vendidos por apenas dois canais: diretamente da fábrica ou em lojas de grandes shopping centers.

O QUE LEVOU A TODOS A ESSA IDÉIA CRIATIVA NOS NEGÓCIOS, EU ACHO, FOI QUE ESSA NOVA IDÉIA PARA UMA ANTIGA CATEGORIA DA INDÚSTRIA NASCEU DO PRÓPRIO PRODUTO.

A agência decidiu usar a característica principal da cama — a escala de firmeza de zero a cem — para criar um ponto de referência, único e personalizado, batizado de Número do Sono. A idéia funcionava assim: quer você saiba, quer não, tem o seu próprio número do sono, e quando você o descobre, tem a chave para uma perfeita noite de sono.

Mas o Número do Sono não se referia apenas à firmeza da cama. Ele era uma linguagem e uma medida que jamais haviam existido — uma nova maneira dos consumidores calcularem a medida de seu conforto pessoal.

VOCÊ SABE QUAL É O SEU NÚMERO DO SONO?

Você sabe qual é o seu número do sono? Os consumidores eram convidados a descobri-lo visitando as lojas Select Comfort — que foram reba-

Lojas do Número do Sono

tizadas com a nova marca "Lojas do Número do Sono". O Número do Sono está agora ligado a cada segmento da companhia, incluindo a marca, a imagem da marca, o logotipo, o processo de vendas e o produto em si. A idéia transformou o negócio — ela teve impacto direto não apenas na estratégia de comunicação, mas na estratégia de negócios. Mais que isso, ela introduziu uma poderosa idéia de vendas num ramo que não é orientado por idéias.

A Select Comfort não está no negócio de vender colchões. Está no negócio de vender uma perfeita noite de sono. Quando a empresa percebeu isso, tudo se ajustou.

ANTES DE SALTAR: Encontre a grande proposta criativa que irá falar ao público-alvo. E assegure-se de que ela será transmitida através de todas as ações da empresa.

MILHO ENLATADO GREEN GIANT®

Pode-se avaliar que colchões são o tipo de produto nada promissor para uma Idéia Criativa nos Negócios. O mesmo se aplica ao próximo caso: o milho enlatado Green Giant®, vendido na França.

ONDE ESTÁ A DIFERENÇA?

O milho enlatado marca Niblets, da General Mills, comercializado há décadas sob a poderosa marca Green Giant®, é considerado o produto de melhor qualidade em seu segmento. A Green Giant® tentou aumentar sua participação no mercado através de programas promocionais intensivos, mas recusa-se a cortar os preços ou a dar brindes. Portanto, precisava de maneiras novas e apropriadas de informar os consumidores de sua boa relação custo/benefício. A General Mills procurou campanhas de marketing que reforçassem a reputação de qualidade da marca e ao mesmo tempo aumentasse as vendas durante o verão, já que os franceses quase sempre comem milho frio, em saladas.

O SALTO

Nossa agência, a Euro RSCG Manille, dirigiu seu foco a dois públicos-alvo. O principal eram as mães e o secundário, os distribuidores. A

Uma ICN é, por definição, independente da mídia; na verdade, a capacidade de funcionar em qualquer ambiente é o teste da ICN. Por exemplo, a idéia do "Número do Sono" para a Select Comfort funciona em qualquer ambiente, convencional ou não, que você possa imaginar. Pode-se colocar — e nos colocamos — "Sou um número 40", "Sou um número 60" etc. em botões de lapela, cartões de visita, camas e portas de escritórios, assim como na TV, no rádio e na internet, mas as frases poderiam ter sido colocadas em caixas de fósforos ("Sou um número 80. E você?"), em bares de solteiros, tatuagens ou concursos (adivinhe meu Número do Sono). As possibilidades são infinitas porque o "Número do Sono" é uma verdadeira ICN. Ela passou no tosto.
— Rich Roth, Euro RSCG MVBMS, Nova York

Green Giant® La Maïsette

Green Giant® evita promoções baseadas no preço, como parte de sua política de marketing, então a Euro RSCG Manille teve que encontrar uma maneira de chamar a atenção para a marca sem mexer em preços ou aumentar significativamente o custo do milho. A campanha teria que ser forte o suficiente para fazer com que os distribuidores comprassem Green Giant® e o expusessem em locais de destaque. Para isso,

A AGÊNCIA FOI ALÉM DO MARKETING E CHEGOU À ESTRATÉGIA DE NEGÓCIOS. ELA REVITALIZOU A FUNCIONALIDADE DO PRODUTO COM UMA IDÉIA SIMPLES MAS TRANSFORMADORA.

A Euro RSCG Manille criou uma tampa de plástico que era colocada sobre a tampa de metal da lata de Green Giant® Niblets. O plástico era perfurado, para funcionar como uma peneira. A peneira se mostrou muito conveniente, permitindo aos consumidores separar facilmente o milho da água. A agência batizou a tampa de "La Maïssette" (a partir da palavra francesa *maïs*, que significa milho). A tampa de plástico acompanhava cada embalagem de três latas de Green Giant® Niblets. Seu custo de produção era barato o suficiente para que a empresa a incluísse nos produtos Green Giant® durante um mês, resultando em 1,5 milhão de unidades sendo usadas pelos consumidores de toda a França. Os objetivos da ação foram atingidos e a Green Giant® vendeu todas as latas de milho equipadas com tampas La Maïssette. A idéia estabeleceu um novo padrão no mercado francês e está sendo explorada pela Green Giant® em outros mercados. Além disso, a Green Giant® já produziu um La Maïssette em tamanho menor.

A Green Giant® entendeu um fato essencial sobre a empresa: ela não está no negócio de vender legumes enlatados e outros produtos alimentícios. Ela está no negócio de satisfazer as necessidades diárias das famílias com produtos que aliem nutrição sadia, conveniência e praticidade.

ANTES DE SALTAR: É importante saber que as ICNs não precisam ser necessariamente grandiosas e complexas como aquelas desenvolvidas para a RATP ou para a Hallmark. Uma ICN poderosa não se traduz em transformar uma empresa inteira ou criar um novo negócio. Mesmo uma ICN em pequena escala pode criar um grande impacto... desde que ela agregue valor à companhia, à marca e ao consumidor.

CAMPANHA ANTITABAGISTA

Na América, um escritor famoso é fotografado com o queixo apoiado no punho. Mas, na França, será que Albert Camus já foi fotografado sem uma capa de chuva e um cigarro nas mãos? Nos filmes americanos das décadas de 30 e 40, o herói dava baforadas; na França, os anos 30 e 40 nunca acabaram. Oferecer um cigarro a uma mulher? Na América, é como se você estivesse lhe oferecendo drogas; na França, compartilhar um cigarro é ainda uma maneira polida de engrenar uma conversa depois do "Olá".

REVERTENDO UMA TENDÊNCIA CULTURAL

Apesar de todas as evidências médicas de que o cigarro causa tanta dependência quanto a heroína, e é uma ameaça à saúde, a França é uma nação de fumantes.

Como podem os antitabagistas mudar um hábito tão arraigado numa cultura? Com uma campanha feita em cima de algo que os franceses apreciam quase tanto quanto o tabaco — drama.

O Salto

Foi assim... Numa noite de junho último, logo antes de começar o noticiário das oito, os telespectadores franceses depararam com o que parecia ser um comunicado de utilidade pública. Sobre uma tela preta ao fundo, aparecia uma advertência — constatou-se que um "produto amplamente consumido" contém partículas de acetona, amônia, mercúrio e cianeto. E fornecia-se um número de telefone para quem quisesse mais informações.

Em questão de minutos, cerca de 500 000 pessoas telefonaram. À meia-noite, o número chegou a um milhão — dez vezes mais do que a France Telecom previra.

Todos ouviram uma única frase: "O produto é o cigarro". A seguir, as pessoas eram convidadas a visitar o site antitabaco do governo.

Seria isso publicidade? Ou era uma Idéia Criativa nos Negócios que usava informações científicas de maneira admirável? No começo, um pânico que lembrava aquele deflagrado por Orson Welles em sua "Guerra dos Mundos". Ao final, um país inteiro assimilando sua mensagem. Foi como um vírus: o público ficou estupefato e, depois, pensando em mudar. A imprensa tinha farto material para explorar. O governo ficou encantado. Missão cumprida.

Prolongando o Momento

Elogio a BETC Euro RSCG por dar um salto tão arrojado no interesse de seu cliente, o equivalente francês ao National Institute for Health Awareness and Prevention. E por saber como dar seqüência a esse salto. Ciente de que os fumantes ficariam na defensiva — e tentariam contra-atacar —, a equipe de marketing preparou um segundo comercial antes mesmo que o primeiro fosse ao ar. Nele, entregava-se aos fumantes um pedaço de papel com um alerta sobre a presença de produtos químicos perigosos num produto de consumo popular. Os fumantes viravam a página... e ficavam sabendo qual era o produto. Suas reações espantadas diziam mais do que qualquer coisa que eles conseguissem esbravejar.

Quem disse que os comunicados de utilidade pública têm que ser aborrecidos?

Idéia Criativa nos Negócios... ou "Bilhetes de Ouro"?

Você se lembra do "Bilhete de Ouro" em Willy Wonka e a Fábrica de Chocolate? (N.T.: Filme infantil americano de 1971). É um típico prêmio do tipo "junte duzentos dólares e vá para a frente da classe". Portanto, é uma Idéia Criativa nos Negócios — mas não para sempre.

Considere a MTV. A força da concepção original estava numa interminável seqüência de vídeos, sem programas específicos. Isso funcionou por um longo tempo. Como em todos os produtos dirigidos aos jovens, no entanto, o formato envelheceu. A MTV cambaleou. Qual foi a fórmula para sua recente recuperação? Uma peculiar série doméstica com Ozzy Osbourne e sua família. O próprio Osbourne não é uma grande atração; o auge de sua carreira musical já ficou para trás. Mas sua família é tão excêntrica que *The Osbournes* conquistou uma audiência maior do que muitos programas das grande redes de TV. É o programa de maior sucesso da história da MTV. Quer uma prova da importância dos Osbournes? Quando chegou a hora de renovar o contrato para o segundo ano de programa, a MTV teve que pagar à família uma soma não revelada mas que se calcula em vinte milhões de dólares.[15]

Considere a Virgin. Por uma década, imprimir o nome Virgin em qualquer tipo de produto conferia-lhe imenso prestígio. Mas os números não mentem. Cifras recentes mostram que a Virgin Cola nunca prejudicou as vendas das grandes marcas de refrigerantes. Com relação a outros lançamentos, os números também desapontam.[16] Será que Richard Branson foi com muita sede ao pote? É possível ainda se rotular como um rebelde depois dos 50 anos? É possível estar na crista da onda sem uma presença marcante na internet? Essas são algumas das questões que a Virgin enfrenta hoje. Eu, porém, não descartaria Branson; se há alguém capaz de gerar uma Idéia Criativa nos Negócios bem-sucedida, é ele.

Terminemos com uma nota mais alegre: se você já foi a Viena, sabe que ela é famosa por seus cafés. Há um para cada 530 habitantes. Os austríacos consomem cerca de mil xícaras de café fora de casa ou do trabalho por ano. Recentemente, a Starbucks decidiu invadir Viena — com quatro cafés. Ainda mais surpreendente é que eles seguem o padrão americano de proibição ao fumo — ainda que 40% dos europeus adultos fumem. Qual foi o nível de sucesso desses bares? Grande o suficiente para encantar os vienenses e contemplar a Starbucks com milhões de dólares em publicidade grátis numa reportagem de primeira página no *New York Times*.[17] A idéia de Howard Schultz era trazer a cultura européia para a América; agora ele está trazendo a Europa de volta à Europa. Evidentemente, ele usou algo para fazer de sua importação uma exportação viável — uma Idéia Criativa nos Negócios.

Capítulo 7

O Fim da Publicidade... o Começo de Algo Novo

E ficamos imaginando...

Por que não estamos dando à luz uma nova revolução criativa, uma nova interpretação da criatividade?

Por que a publicidade do século XXI não conhece uma nova fase de grande prosperidade?

Uma geração atrás, a televisão criou uma nova estrutura para a publicidade e para as agências. Criou também muitas oportunidades. Uma agência podia construir sua reputação criativa com um comercial brilhante, virar uma grande agência com dois e tornar-se imortal com três. Nós que fizemos parte daquele tempo às vezes sentimos saudades de sua transparência e simplicidade de propósitos. Talvez seja por isso — apesar do advento da interatividade e da convergência de mídias — que ainda damos preferência a premiar e recompensar apenas a criatividade como ela é vista na TV.

A ironia é que todos nós sabemos que a TV aberta é um meio em declínio. Lemos diariamente sobre a ascensão da TV a cabo, a fragmentação da audiência da TV aberta, as mudanças econômicas, o envelhecimento do público. Nossos clientes assistem à morte lenta da televisão comercial de massas com um grande medo no coração. Porque foi com elas que as marcas mais populares foram criadas. Esta era a fórmula para o sucesso. Mas acabou. E mesmo assim aqui estamos, ainda obcecados em criar comerciais para a televisão, mesmo sabendo que a última geração de televisores inteligentes, com gravadores digitais (por exemplo, TiVo e Replay TV) dá aos consumidores o poder de evitar os comerciais apenas apertando um botão.

Temos que enxergar a nós e aos nossos empregos de uma forma diferente da qual o temos feito historicamente. O mundo dos negócios nos colocou num compartimento ao nos definir como contatos ou como gente criativa que faz comerciais impressos e de TV, ou como diretores de marketing ou como gente de promoção, ou de relações públicas, ou interativos. Temos que parar de pensar em nós mesmos com essa visão estreita... e começar a pensar em nós mesmos como profissionais de marketing cujo trabalho é desenvolver a mais poderosa idéia criativa para melhorar os negócios do cliente, independentemente das ações de mídia. Do ponto de vista do desenvolvimento profissional, é uma maneira empolgante e energizante de redefinir nossos empregos.
— Marty Susz, Euro RSCG MVBMS, Nova York

> *Embora a ICN seja um conceito moderno, em vários sentidos o fato de se dar mais importância à idéia do que à mídia é um retorno às noções básicas da comunicação. Na verdade, se olharmos para trás, para os primeiros tempos da publicidade, acho que encontraremos mais ICNs verdadeiras do que nos períodos em que as mensagens eram cuidadosamente elaboradas para funcionar em mídias mais sofisticadas.*
> — **Rich Roth, Euro RSCG MVBMS, Nova York**

Há quem espere que tudo isso passe e vá embora. Na minha opinião, a revolução tem que começar com aqueles entre nós capazes de perceber que o velho modelo de publicidade está obsoleto, que os antigos conceitos já não são adequados, que precisamos quebrar as regras e criar outras em seu lugar.

Como eu enxergo essa revolução na publicidade?

Para começar, acho que ela deve premiar e valorizar a criatividade tomando como base não um carretel de filme com comerciais, mas o brilho das Idéias Criativas nos Negócios — idéias que transcendam a publicidade e conduzam a uma influência notável no negócio em si.

Eu a enxergo, em resumo, como a versão para o século XXI do carretel de filme com comerciais.

Tive a oportunidade de falar algumas vezes no Festival Internacional de Publicidade em Cannes. Usei esses conceitos para falar à comunidade criativa internacional sobre as mudanças, as realidades e as novas grandes chances de criatividade — e sobre a necessidade de parar de premiar a criação a partir de carretéis de filme. Era difícil saber como minha mensagem seria recebida. Lá estava eu, num evento que recompensa a criatividade na televisão, numa sala cheia de gente esperando ser homenageada com um prêmio de prestígio pela publicidade na televisão. Seria aquele o foro certo para usar meu argumento? Na verdade, minha mensagem foi bem recebida — o que me ajudou a ter certeza de que minhas idéias estavam mirando o alvo certo.

Foi em Cannes que conheci Romain Hatchuel, que comandava o festival na época e que mais tarde atuou como jurado na primeira versão de nosso prêmio Idéias Criativas nos Negócios. Quando Romain assumiu a premiação de Cannes, em 1997, eles eram conferidos geralmente pela excelência em peças para televisão ou mídia impressa. Romain, no entanto, reconheceu que o resto do mundo estava mudando radicalmente enquanto a publicidade parecia não sair do lugar — e ele começou a mudar a premiação. No ano seguinte, ele adicionou a categoria planejamento de mídia, uma área que oferecia tremendas oportunidades para a criatividade, especialmente na Europa, onde na década anterior havia ocorrido uma proliferação de revistas, jornais, TVs a cabo e outros canais de comunicação. No ano seguinte vieram as premiações para criatividade em serviços de marketing, como promoções e mala direta. E pouco antes de deixar o posto, cinco anos mais tarde, Romain começou a falar de outra categoria de premiação: aquela que reconheceria a integração entre publicidade e as soluções que de fato influenciam a estratégia de negócios de um cliente.

Recompensar idéias criativas nos negócios... talvez haja mais lições a se aprender com os europeus.

ALÉM DA MÍDIA DE MASSAS

Em 1997, um artigo no *Harvard Business Review* sobre administração de marcas reforçou minha impressão de que a Europa estava à frente da América nessa área. Em "Construindo Marcas Sem a Mídia de Massas", Erich Joachimsthaler e David A. Aaker argumentavam que "Empresas baseadas nos Estados Unidos fariam bem em estudar suas equivalentes na Europa. Isso porque, por necessidade, as companhias européias há muito operam num contexto que parece refletir algumas das duras realidades da era pós-mídia de massas". Na Europa, os consumidores vêem menos comerciais. Cada país tem sua própria mídia. E os custos da publicidade em veículos de massa são desproporcionalmente altos.[1]

Isso nos leva a uma antiga verdade universal: quando você tem recursos limitados ou encontra obstáculos aparentemente enormes, seu cérebro e sua imaginação — ou seja, sua criatividade — se tornam seus bens mais valiosos. Certa vez perguntaram ao dramaturgo Samuel Beckett por que tantos grandes escritores da língua inglesa eram irlandeses. Sua resposta: "Quando você está no fundo do poço, tudo o que pode fazer é cantar".[2]

Joachimsthaler e Aaker analisam diversas empresas européias que usaram maneiras altamente inovadoras e criativas para construir marcas sem a mídia de massas.

- Um exemplo clássico é a indústria de cosméticos The Body Shop, que Anita Roddick transformou numa marca global — sem publicidade. Sua estratégia de negócios era o engajamento. The Body Shop recebeu ampla exposição e apoio por seu trabalho em causas sociais e ambientais. Sua mensagem era poderosa e consistente. Seus consumidores se

Tem havido uma proliferação de meios de se atingir o público-alvo. Quinhentos canais na TV digital. A internet. Novas mídias impressas. Marketing direto com alvo detalhado, graças à tecnologia de banco de dados. Agora, talvez seja a hora de nos lembrarmos que o meio não é a mensagem. As ICNs ainda precisam ser direcionadas a impulsionar os produtos de nossos clientes. E só podemos criar ICNs de sucesso se elas atingirem aquelas motivações dos consumidores que transcendem a mídia.
— **Sander Flaum, Robert A Becker Euro RSCG, Nova York**

sentiam diretamente envolvidos com a marca. O sucesso dela era o sucesso deles.

- Os esforços de construção da marca Swatch não apenas criaram uma identidade poderosa como redefiniram uma categoria de produtos e revigoraram toda a indústria suíça de relógios. A estratégia era simples: atribuir personalidade aos relógios, transformá-los num item de moda. A equipe de marketing da Swatch pendurou em arranha-céus réplicas de relógios com 150 metros de altura. Fizeram ações de patrocínio que tornou a marca parte da cultura pop global. Sua mídia se tornou a mensagem. Em 1992, como relatam Joachimsthaler e Aaker, o Swatch era o relógio mais vendido da história.

- A indústria de chocolates Cadbury investiu seis milhões de libras num parque temático — Cadbury World — que leva os visitantes a uma viagem através da história do chocolate e da história da própria empresa. O parque recebeu cerca de meio milhão de visitantes por ano entre 1993 e 1996. Seis anos depois de sua inauguração, a Cadbury foi eleita a empresa mais admirada do Reino Unido.

O que todas essas empresas têm em comum é um grande pensamento criativo que conduz à realização inovadora além das mídias tradicionais e das novas mídias — e muito além da mídia de massas. Nesse caso, a lição está não no resultado final, mas no começo do processo. Nenhuma dessas empresas começou com a proposta: "Ei, podemos usar mídia de massas se quisermos, temos os recursos, mas vamos ser criativos e ver se fazemos de outra maneira". Eles trouxeram o pensamento criativo para seus negócios porque não tinham outra opção: eles *tinham* que ser criativos. Como exercício, talvez devêssemos impor essas limitações a nós mesmos.

ANTES DE SALTAR: Pergunte a você mesmo: se eu fosse proibido de usar o poder da mídia de massas, o que eu faria para construir minha marca?

Um Museu como Marca?

Sua empresa é bem conhecida. Mas os tempos mudaram. Agora você tem dificuldades. Precisa de energia nova — e novos consumidores.

Thomas Krens enfrentou esse desafio no final dos anos 80. Como diretor do Guggenheim Museum de Nova York, ele precisava revitalizar a instituição, que já fora moderna, para refletir os novos tempos. Mas como? Krens tomou uma decisão radical: ele olharia seu "produto" como uma marca.

O Guggenheim foi um caso tremendamente interessante de instituição que, por causa de mudanças econômicas e da competição, precisava ser repensado sob um ponto de vista criativo. Mas o que realmente me interessou foi que a solução de Krens era encarar o museu mais como uma marca global do que como uma instituição do século XVIII.

O Salto...

Quando Krens assumiu o leme do Guggenheim Museum, em 1988, ele viu que havia dois desafios no ramo dos museus. Primeiro, a alta taxa de crescimento das instituições culturais havia diminuído drasticamente. A curva do faturamento, antes sempre em alta, estava se achatando. As despesas estavam aumentando, em parte pela pressão competitiva entre os museus para atraírem mais público. Em um ponto no futuro, as despesas iriam sobrepujar as receitas.[3]

O segundo desafio era mais filosófico. Como Krens gostava de dizer, "O museu de arte é uma idéia do século XVIII — a mesma idéia de uma enciclopédia, oferecendo um pouco de tudo — numa caixa do século XIX, que pode ser um grande palácio ou uma série de salas... e que mais ou menos estruturou o seu destino orgânico em algum ponto do meio do século XX". E agora, eu acrescentaria, o museu tem ainda que competir com o entretenimento do século XXI.

O salto criativo de Krens foi desafiar cada um dos padrões sobre os quais o mundo dos museus funciona e perguntar *por quê*. Por que um museu de arte tem que continuar a ser uma idéia do século XVIII, com uma oferta enciclopédica? Por que ele tem que estar instalado numa caixa do século XIX, com salas que se estendem *ad infinitum*? Por que o museu não pode ser redefinido para o século XXI?

Museu Solomon R. Guggenheim, Nova York

COMO EM TODOS OS PONTOS DE PARTIDA DAS GRANDES IDÉIAS CRIATIVAS NOS NEGÓCIOS, CADA PADRÃO FOI QUESTIONADO — E, NESSE CASO, SUBVERTIDO AO FINAL.

Krens tinha um objetivo claro: desenvolver uma visão para o museu do século XXI. Mas primeiro ele tinha que conquistar uma meta de curto prazo: certificar-se de que o Guggenheim chegaria ao século XXI.

TEMPOS DE DESAFIO

Quando Krens o assumiu, o Guggenheim era o quarto museu de Nova York, atrás do Metropolitan Museum of Art, do Museum of Modern Art (MoMA) e do Whitney Museum of American Art. A instituição havia comprado uma quantidade de obras muito além de sua capacidade de exibi-las — 98% de seu acervo estava guardado. O acervo de arte do pós-guerra não era significativo. O pior é que o Guggenheim estava operando no vermelho. A dotação do museu, de 24 milhões de dólares, era considerada modesta, para dizer o mínimo.[4] O tamanho da dotação do Metropolitan era o equivalente a 11 anos de despesas de funcionamento; a do Guggenheim, em contraste, era equivalente a dois anos. E enquanto o Metropolitan recebia 25% de suas verbas da cidade de Nova York, o Guggenheim recebia pouquíssimas doações ou dinheiro público.

Em resumo, o Guggenheim era muito famoso, mas não particularmente bem-sucedido.

Krens achava que a situação pedia por "uma revisão das funções básicas do museu". Pouco depois de sua posse, ele foi ao conselho de administração e explicou que a fama internacional e a reputação do Guggenheim eram uma conjunção de seis elementos: sua coleção, sua sede, sua dotação, suas despesas, seu programa e seus funcionários. E disse que "se a instituição aspira a ter grande destaque em algum terreno — por exemplo, ser uma das melhores do mundo no que faz — ela tem que melhorar em todas essas áreas simultaneamente". Ele partiu para assegurar a sobrevivência do Guggenheim Museum. No processo, transformou o Guggenheim... numa marca global.

AS INSTALAÇÕES FÍSICAS

A hoje famosa obra-prima do arquiteto Frank Lloyd Wright que é o Guggenheim Museum foi projetada nos anos 40 para um conceito completamente diferente. Em 1983, o ex-diretor Thomas Messer fez planos para a reforma e a expansão do museu, mas eles não saíram do papel. O orçamento projetado para as obras era de 55 milhões de dólares. De onde viria o dinheiro?

Krens foi criativo. O estado de Nova York tem uma lei que permite às instituições culturais emitir ações para cobrir gastos com construção. As ações eram triplamente isentas de impostos — o que significava taxas de negociação muito baixas. O Estado concedia o benefício de emissão de ações a uma instituição por ano.

Krens decidiu alavancar a reputação e a coleção do museu para tirar vantagem da lei. Contratou um escritório de arquitetura conhecido, o Gwathmey Siegek & Associates, para projetar um prédio anexo de dez andares. Suas ações de lobby tiveram sucesso. A emissão de ações levantou 56 milhões de dólares, permitindo-lhe restaurar a famosa construção em espiral e ampliar o espaço de exposições em 60%.

Isso é pensamento criativo aplicado à área de negócios mais improvável de usá-lo: finanças.

ANTES DE SALTAR: Ao trazer o pensamento criativo para o seu negócio, comece por desafiar cada conceito. Procure por todas as oportunidades de aplicar a criatividade à estratégia empresarial, em todo o espectro, mesmo nos locais menos prováveis. Não deixe de abrir nenhuma porta.

Em seu próximo passo, Krens lançou seu olhar sobre o oceano Atlântico e vislumbrou o Peggy Guggenheim Museum, em Veneza. Quando o museu adquiriu o palácio e a coleção da Sra. Guggenheim, nos anos 70, pretendia trazer as obras de arte para o Guggenheim de Nova York. Não funcionou dessa maneira. O governo italiano decretou que o palácio e seu conteúdo eram tesouros nacionais — as obras não iriam a lugar algum.

Krens considerava a cidade de Veneza uma locação ideal — e boa para se investir. Com 12 milhões de visitantes por ano, como ele diz, "ela existe na verdade para o turismo cultural". Ele então destinou recursos à coleção Peggy Guggenheim de forma a torná-la uma atração cultural de primeira linha. Sua segunda jogada foi ainda maior. Krens considerava que, se você tinha um museu em Veneza e outro em Nova York, ambos de tamanho semelhante, poderia alcançar a economia de escala que ele estava perseguindo. Montar uma exposição num local. Remontá-la num segundo local por uma fração do preço. Infelizmente, o palácio que abrigava a coleção Peggy Guggenheim era muito pequeno. Ele então mirou em outra construção, do outro lado do canal — o Punta della Dogana, um pavilhão do final do século XVII bem no final do Grande Canal, em frente à praça de São Marcos. Demorou mais de uma década para se fechar um acordo com as autoridades locais, e ainda há negociações sendo feitas.

Mais uma vez, grande pensamento criativo aplicado a outro aspecto fundamental no ramo de museus — este, mais do que importante: a localização.

Com a oferta pelo pavilhão do século XVII, Krens colocou em ação o conceito que afinal iria redefinir a concepção de museus de arte no século XXI: o conceito da constelação Guggenheim. Krens enxergava o Guggenheim como um museu com espaços para exposições separados, espalhados ao redor do mundo, mas com uma coleção, uma diretriz de programação e uma abordagem coordenada da maneira de se entender e apresentar cultura. Todos os museus seriam chamados Guggenheim.

Em 1992, o Soho Guggenheim foi inaugurado num dos bairros mais badalados de Nova York. A marca estava em movimento.

ZERO POR SEIS

Além de formado em belas-artes, Krens também cursou administração pública e privada na Yale School of Management. Talvez isso colabore para sua índole voltada para os negócios. Como ele diz, "Você tem que se enxergar como banqueiro de investimentos. Você desenvolve dez projetos e espera que a taxa de sucesso seja de um em cinco".

Krens não tinha dificuldades em desenvolver vários projetos simultaneamente. O problema é que, no início dos anos 90, nenhum deles ia para a frente. Uma negociação para abrir um museu em Salzburg, na Áustria, havia empacado, assim como outros quatro projetos no Japão e um em Massachusetts. Krens nem imaginava que sua próxima escala seria num porto industrial no litoral norte da Espanha...

BILBAO

Bilbao tem um milhão de habitantes — quase a metade do país Basco, onde está situada. Já havia sido uma cidade próspera, mas em 1989 estava bastante deteriorada. Naquele ano, os bascos lançaram um ambicioso programa de renovação urbana para transformar a cidade num moderno centro comercial, cultural e de entretenimento capaz de atrair homens de negócios e turistas do mundo inteiro.

Fazia parte desse plano criar um museu de arte contemporânea projetado por um dos maiores arquitetos do mundo. Quem os governantes de Bilbao queriam para dirigir o museu? Thomas Krens.

Quando recebeu o convite, Krens andava a procura de um local na Espanha para abrir um museu. Mas Bilbao não estava nos seus planos. O lugar não o interessava. Mesmo assim, ele foi se encontrar com o presidente do país basco — e lhe deu uma lista de condições que ele pensava que nunca seriam aceitas. Para começar, ele teria que concordar em erguer

Museu Guggenheim, Bilbao

O monumento de Frank Gehry à cidade e ao povo de Bilbao, na Espanha, é um brilhante exemplo de como fazer algo de maneira diferente, com inquestionável autenticidade e exclusividade. Os administradores de Bilbao poderiam facilmente ter contratado outro arquiteto para fazer o trabalho de Gehry, mas não o fizeram porque tiveram a visão do que queriam que a cidade viesse a ser, de como seria sua aparência e de como ela seria percebida pela indústria do turismo. Precisamos ter esse mesmo entusiasmo pela diferença, pela superioridade, pela exclusividade e autenticidade em todas as áreas de nossa comunicação de marketing. Que pena seria se, como empresa, tivéssemos sido algum dia acusados de fazer nosso trabalho sem esse entusiasmo.
— Daniel McLoughlin, Euro RSCG MVBMS Partners, Nova York

o prédio mais sensacional do século XX — e não apenas o Guggenheim escolheria o local como daria ao presidente três opções de nomes de arquitetos para que ele selecionasse um. Além disso, os bascos teriam que subsidiar os custos. O Guggenheim emprestaria parte do acervo, mas Krens precisaria de uma verba de muitos milhões de dólares para a aquisição de novas obras de arte. E ele queria 20 milhões de dólares, sem restituição futura, apenas para ir em frente com o projeto. Quando Krens acabou de apresentar suas exigências, levantou-se para ir embora. De repente, o presidente estendeu a mão sobre a mesa e disse: "Negócio fechado". Aconteceu simplesmente assim.

No encontro inicial, Krens disse ao presidente basco para "pensar grande". O Guggenheim Bilbao, projetado por Frank Gehry, tem quase o dobro da altura e do comprimento do Centre Georges Pompidou, em Paris. Uma única galeria é grande o suficiente para comportar dois Boeings 747.

Krens sempre acreditou que, se um museu fosse interessante o suficiente, as pessoas iriam visitá-lo — onde quer que ele estivesse. O Guggenheim Bilbao provou essa teoria. As projeções eram de que ele receberia 485 mil pessoas no primeiro ano — foram 1,5 milhão. De uma tacada, ele mudou o caixa do país Basco. Apenas no primeiro ano, o museu aumentou em 250 milhões de dólares o volume de dinheiro deixado pelos turistas no país e gerou 45 milhões em impostos. No segundo ano os números foram ainda melhores. No final do ano 2000, o Guggenheim estava recebendo quase quatro mil visitantes por dia. O único museu da Espanha que atrai mais público é o Prado, em Madri.

McGuggenheim

"Os detratores de Krens fizeram a festa. Acusaram-no de ser um mascate, de fazer franquia da arte, de criar um 'McGuggenheim'. Eles odiavam o fato de ele falar como um empreendedor."[5]

Krens não se perturbou. Agora que seus planos de expansão estavam bem encaminhados, ele podia voltar seus esforços para a programação.

Krens sempre questionou por que *arte* tinha que ser definida ou como pintura, ou como escultura. Ele também estava plenamente consciente de que, para atrair mais pessoas aos museus, teria que tornar a arte mais acessível aos consumidores de hoje — e tornar a experiência deles mais divertida. Como ele observa, "O público dos museus de arte tornou-se mais sofisticado, mais especializado em certo sentido, e os museus de arte têm responsabilidade por isso — é uma atividade de lazer, portanto fazemos parte de um negócio maior, o do entretenimento".[6]

Quando Krens dirigiu sua atenção para as motocicletas e para a moda, no entanto, surgiu a inevitável pergunta: isso era mesmo arte?

Arte ou não, a polêmica exposição *A Arte da Motocicleta* foi inaugurada em 1998, em Nova York, e atraiu o maior número de visitantes diários em toda a história do museu.

O que Krens fez foi aplicar pensamento criativo na mais sacrossanta das áreas, aquela que é a própria razão de existir dos museus, a própria arte. O resultado? Ela levou ao Guggenheim pessoas que nunca haviam entrado num museu na vida. Com uma exposição, ele devolveu a relevância ao museu de arte — uma instituição que ele acreditava ter completado sua trajetória no século XX.

Krens transformou arte em entretenimento do século XXI.

Dois anos depois, Krens mais uma vez atraiu a ira dos críticos, desta vez com uma exposição dedicada ao estilista italiano Giorgio Armani. A mostra foi patrocinada pela revista de moda *InStyle*, da AOL Time

Vista da Instalação A Arte da Motocicleta, *1998. Museu Solomon R. Guggenheim, Nova York*

Warner e, segundo consta, motivou uma doação de muitos milhões de dólares do estilista para o museu.

Arte? Exibicionismo vulgar? Seja o que for, Krens conseguiu algo que nenhum de seus contemporâneos sequer almejou — ele reformulou o conceito de museu para o século XXI. E por ter sido capaz de dar aquele salto criativo, Krens triplicou o número de visitantes do museu entre 1989 e 2000.

Krens questionou a situação. Ele estava aberto a novas idéias e a novas maneiras de fazer negócios. Ele perguntou não apenas *por que*, mas também *por que não*.

Nesse processo, ele também utilizou um princípio que está no âmago de toda grande Idéia Criativa nos Negócios: ele se manteve totalmente fiel à história da marca, à integridade da marca, à essência da marca. A declaração de princípios do Guggenheim, criada em 1937, dizia que sua missão era "envolver as pessoas na arte para promover o bem social". Em todas as suas ações, Krens nunca se afastou dessa missão.

À época em que escrevo este livro, existem dois museus Guggenheim em Las Vegas. Enquanto isso, o Soho Guggenheim fechou as portas e, na esteira dos atentados de 11 de setembro a Nova York, os planos para um novo Guggenheim perto de Wall Street estão suspensos. Será que Krens colecionará mais sucessos? Espero que sim. Mais fracassos? Sem dúvida. Erros e fracassos significam que Krens ainda está empenhado em pensar de forma criativa.

ANTES DE SALTAR: Há uma última lição a ser aprendida com Thomas Krens: não desista. Quando Krens foi atacado por gente do seu ramo e acusado de transformar o Guggenheim "na Nike ou na Gap do mundo das artes",[7] ele nunca recuou de sua visão e de sua convicção. Ele exibiu a forte liderança que é essencial a todas as Idéias Criativas nos Negócios. Você tem que ser arrojado. Tem que correr riscos. É preciso coragem.

NUNCA SE SABE QUEM ESTÁ OBSERVANDO...

Os planos de expansão de Thomas Krens receberam extensa cobertura da imprensa no mundo inteiro. Mal sabia ele que também estavam sendo acompanhados de perto por um executivo da publicidade em Buenos Aires.

Quando Jorge Heymann abriu sua própria agência, em janeiro de 1999, já era um experiente veterano do ramo. Mas comandar sua própria agência lhe deu a chance de fazer algo com que sempre sonhou: criar não apenas anúncios, mas comunicações.[8]

Há cerca de dez anos, uma das coisas que comecei a notar quando fui a Cannes — onde se tem a oportunidade de assistir comerciais do mundo inteiro — foi o excepcional trabalho criativo feito na América Latina, principalmente no Brasil. Quando me tornei CEO da Euro RSCG e comecei a viajar com mais freqüência, também conheci o trabalho feito na Argentina.

Os países latinos, como constatei, representam um mercado muito interessante. Muitos pensadores criativos estão lá. Em parte, deve ser porque muitos deles foram treinados na publicidade americana; estudaram toda a grande publicidade dos anos 60 e 70. Mas a criatividade inata das culturas latinas também conta pontos — há uma grande ênfase e um apreço pelo pensamento que é feito ao mesmo tempo com o cérebro esquerdo e com o direito. O fim do século XX também trouxe a desregulamentação de vários setores por parte dos governos da região e um crescimento explosivo da mídia, o que significa mais publicidade, mais pensamento criativo. E em lugar de serem etnocêntricos, como os americanos, eles têm a vantagem de receber influências da Europa. Acho que eles foram capazes de pegar todo esse material, assimilá-lo e desenvolver sua própria forma de criatividade.

Eduardo Plana, nosso CEO para a América Latina, me apresentou algumas agências que ele imaginava que pudéssemos comprar. E disse que, se eu quisesse saber em primeira mão da última novidade em pensamento criativo que estava acontecendo lá, deveria conhecer Jorge Heymann. Afinal, conhecemo-nos em meu escritório de Nova York.

QUANDO DIVIDI COM ELE MEU RACIOCÍNIO DE QUE A CRIATIVIDADE ESTAVA INDO MUITO ALÉM DA PUBLICIDADE, SEUS OLHOS BRILHARAM. ELE DISSE: "DEIXE-ME CONTAR UMA HISTÓRIA".

A INSPIRAÇÃO

Heymann tinha sido influenciado, cerca de 15 anos antes, pelo trabalho de design da firma Pentagram. Curioso pela abordagem que a firma fazia das ações de comunicação, ele foi visitar o pessoal da área de criação, em Londres. "Eles eram cinco sócios: três designers gráficos, um designer industrial e um arquiteto", lembra-se Heymann. O que ele gostou foi o envolvimento total da equipe no processo de design. "Nos escritórios centrais da agência de notícias Reuters em Londres, por exemplo, eles projetaram tudo: do edifício ao logotipo, do saguão de entrada aos cinzeiros."

Sua segunda fonte de inspiração foi Bilbao. Ele estava fascinado pelo que as autoridades bascas em Bilbao fizeram: a maneira como atraíram visitantes para a cidade não através de mídia de massa, uma enorme campanha promocional ou formas tradicionais de comunicação e publicidade, mas através do uso da arquitetura.

CONSTRUA-ME UMA CAMPANHA PUBLICITÁRIA

Jorge Heymann estava determinado a fazer o mesmo pelos seus clientes: criar ações de comunicação que fossem muito além da publicidade. No final dos anos 90, ele teve a sua chance. Tudo começou com um pedido aparentemente simples de um antigo cliente que precisava de uma campanha para promover um novo projeto imobiliário à beira do rio em Buenos Aires. Era um complexo que se estendia por sete quarteirões e que incluía um hotel Hilton — o primeiro na Argentina depois de anos de tentativas frustradas —, um centro de convenções, um prédio de apartamentos, três prédios de escritórios, um shopping com um Cineplex de 18 cinemas, o primeiro cinema IMAX (N.T.: Abreviação de "Image Maximum", nova tecnologia cinematográfica que dá mais realismo à projeção) da Argentina, um museu marinho, áreas de recreação e uma rua de pedestres de 700 metros para eventos ao ar livre. Seria mais que um novo bairro. Seria uma cidade dentro da cidade.

O complexo estava localizado numa área histórica conhecida como Puerto Madero, o equivalente em Buenos Aires do South Bank de Londres. Ela até se parecia com as velhas docas do rio Tâmisa; os tijolos foram trazidos de Londres. Mas, embora Puerto Madero fosse uma região em acelerado processo de crescimento e de valorização, o complexo apresentava uma desvantagem — ficava numa área isolada, longe do movimento das pessoas e dos automóveis.

A campanha publicitária tinha objetivos claros: gerar percepção e atrair visitantes para o complexo. O orçamento: quatro milhões de dólares.

EMBARQUE NO INÍCIO DA VIAGEM

Heymann e sua equipe tiveram a sorte de embarcar no início da viagem — antes mesmo de o complexo ter um nome: "Tivemos a oportunidade de trabalhar com o cliente na criação da marca, na imagem da marca e em sua identidade. E, finalmente, na estratégia de comunicação para anunciar sua existência". A marca foi batizada de Madero Este. Mas mesmo quando a identidade da marca já se definia, a questão de como gerar percepção do público continuava a desafiá-lo.

A típica sugestão — e aquela que o cliente estava esperando — seria uma campanha publicitária abrangente, usando imprensa escrita, televisão, rádio e outros meios de comunicação de massa para dizer "Venham a Madero Este" e alardear as vantagens de se ter tudo num lugar só. Mas Heymann não podia deixar de pensar que gastar quatro milhões numa campanha publicitária seria um erro. "Se você quer atingir dez mil ou vinte mil pessoas, por que deveria produzir um comercial ou um anúncio impresso?", ele diz. Em virtude da localização, ele estava convencido de que nenhuma campanha iria atrair a circulação de pessoas e carros na quantidade necessária. Havia muita competição de outros centros comerciais. Ele concluiu que promover o complexo usando comunicação de massa seria uma má idéia.

Heymann começou a pesquisar outros meios de comunicar a existência de Madero Este. Como ele diz, "Eu queria destinar os recursos que tínhamos para criar alguma coisa, adicionar alguma coisa ao produto que viesse do próprio produto". Heymann não estava tencionando criar uma ICN. Mas, instintivamente, ele entendeu a importância do componente produto: a idéia tem que estar enraizada de forma orgânica no próprio produto.

O Salto

Heymann e o time de sua agência começaram a conduzir a pesquisa. De onde viria o movimento para o complexo? Quais seriam as maiores atrações para se ir até lá? E como as pessoas chegariam a esse local fora de mão? Foi enquanto refletia sobre essa última pergunta que Heymann deu o salto: em vez de construir uma campanha publicitária, por que não construir algo que, fisicamente e literalmente, levasse as pessoas para o complexo? Por que não construir uma ponte? Uma ponte de pedestres sobre o rio iria permitir acesso fácil, ela geraria movimento, era justamente o que o projeto precisava.

A seguir, ele e sua equipe criativa levaram a idéia um passo à frente. Eles se deram conta de que, ao contrário de muitas grandes capitais do

Ponte Puerto Madero, Buenos Aires

mundo, em Buenos Aires os pontos de referência, os cartões-postais da cidade, eram escassos. "Em Sydney você tem a Opera House. Em Paris, a torre Eiffel, o Arco do Triunfo", observa Heymann. "Aqui, temos apenas um obelisco, como dezenas de outras cidades têm. É só. E nem é um obelisco muito impressionante. É menor que o obelisco de Washington, D.C."

Que tal se, em vez de construir uma ponte apenas utilitária, para levar as pessoas de um lado do rio para o outro, a própria ponte fosse uma atração? Uma obra de arquitetura notável que atraísse as pessoas para a beira do rio e para o novo complexo? Uma obra de alcance internacional projetada por um arquiteto famoso no mundo?

Nascia uma grande Idéia Criativa nos Negócios.

Expulso da Sala do Conselho?

Se você fosse um CEO que tivesse encomendado uma nova campanha publicitária à sua agência, e ela viesse com a sugestão de construir uma ponte... o que você faria? Já conheci uma quantidade razoável de CEOs e sei que a maioria deles gostaria de pensar que havia concordado com a idéia. Eles são abertos a grandes idéias criativas, naturalmente. Quem não é? Mas a maioria deles, ao final, provavelmente descartaria a sugestão. Depois que os membros do conselho de administração tivessem dissecado a idéia, minha aposta é que muito poucos CEOs gostariam ou seriam capazes de enfrentar esse tipo de batalha — e ganhar.

Por corte, neste caso, Heymann e seu time da agência não precisavam se preocupar com o conselho de administração. Ele não existia. O complexo pertencia e fora erguido por uma empresa familiar composta por um CEO de 70 anos, que era cliente de Heymann, e suas duas irmãs. Ele tomava as principais decisões. As irmãs costumavam apoiá-las.

A Apresentação Conta Pontos

Quando chegou a hora da agência fazer a apresentação, Heymann sabia que teria que transmitir a idéia da forma mais fácil de ser entendida. Ele então começou a reunião com a história de Bilbao. Falou de como uma cidade moribunda fora trazida de volta à vida, transformada de região árida e industrial num próspero destino turístico. Explicou como a arquitetura em grande estilo foi usada para atrair as pessoas. Mostrou os resultados: os milhões de pessoas que agora vão a Bilbao todos os anos.

A seguir ele deu sua sugestão: construir uma ponte em Puerto Madero.

Para sorte de Heymann, seu cliente era um homem de visão. Ele entendeu a idéia, teve a capacidade de imaginar suas conseqüências e o discernimento de ver que era uma jogada brilhante. Heymann e sua equipe haviam encorajado o CEO a deixá-los ajudar a tornar seu produto — sua marca — mais atraente e bem-sucedida. Ele concordou.

E quanto ao fato de que a ponte custaria 50% a mais do que a verba de publicidade original? O CEO não apenas tinha visão, mas também a habilidade de colocar as coisas em perspectiva. Comparados aos 180 milhões de dólares investidos na construção do complexo, os seis milhões da ponte eram relativamente insignificantes.

O projeto estava de pé.

Seja Louco

Até aquele ponto, tudo bem com o projeto da ponte. Mas as coisas nunca são tão simples. No caso de Madero Este, enquanto agência e cliente entendiam o poder da ICN, outros não estavam tão convencidos. Nos estágios iniciais, segundo Heymann, a imprensa repudiou a idéia, e muita gente no ramo da publicidade a considerou uma perda de tempo e de recursos. Além disso, como uma agência seria remunerada por ajudar a construir uma ponte? Houve até quem pensasse que o CEO estava maluco, o que lhe valeu o apelido de "El Loco".

A firma de arquitetura local que havia sido contratada para projetar o complexo inteiro fez os primeiros esboços da ponte. Mas havia um problema. Como diz Heymann, os desenhos eram "bastante banais. Era uma ponte utilitária". Sua intenção era cancelar o contrato com a firma local e abrir uma concorrência internacional entre arquitetos famosos.

Mas não se estava em Bilbao. Estava-se em Buenos Aires. E aquela não era a maneira como as coisas eram feitas na Argentina. Buscar talentos criativos fora do país era uma atitude incomum — qual a necessi-

Puerto Madero, Buenos Aires

dade de fazê-lo? Heymann, no entanto, insistiu na sua proposta, e finalmente conseguiu contratar um dos arquitetos mais importantes do mundo atualmente, Santiago Calatrava — o mesmo que projetou a espetacular ponte para pedestres em Bilbao. Seria a primeira obra de Calatrava em toda a América do Sul.

Como explica Heymann, "Dissemos a Calatrava que queríamos construir um novo monumento para simbolizar a nova Buenos Aires. Um ícone que se tornaria símbolo do renascimento de Buenos Aires, um símbolo do potencial da cidade no futuro". Heymann e sua equipe tiveram papel ativo no processo de elaboração do projeto. "Agimos como intermediários entre o cliente e o arquiteto, em nome do cliente, em parte porque não queríamos assustá-lo com a falta de método em nosso país!" Os integrantes da equipe até mesmo usavam cartões de visita da empresa do cliente com seus nomes estampados. "Para todos os efeitos, éramos o cliente", conta Heymann.

Isso é parceria de verdade. Baseada em alto nível de confiança e respeito.

SEJA INSPIRADO

O resultado? Uma obra de arquitetura deslumbrante. "O Hilton está muito entusiasmado com a idéia de ter um importante monumento da cidade tão perto de seu hotel", conta Heymann. "Os diversos presidentes do país ficaram todos tremendamente excitados com a idéia. E a cobertura da imprensa foi algo nunca visto. Jamais poderíamos comprar aquele tipo de publicidade."

De certa maneira, Heymann teve sorte. Seu cliente acolheu bem a criatividade. O cliente também teve a visão de perceber que gastar seis milhões de dólares numa ponte fantástica era muito melhor do que gastar quatro milhões numa campanha de publicidade. Mas a idéia de Heymann também foi brilhante, ainda que ele seja modesto. "Foi uma idéia inspirada, embora não original. O trabalho da Pentagram me influenciou há quinze anos, e também o caso de Bilbao. Somos todos seres humanos, influenciados pelas experiências de nossos semelhantes."

Em qualquer negócio, essas são boas palavras.

HERO PUCH POWER XL

Quando foi a última vez que você andou de motoneta? Se você mora nos Estados Unidos, é provável que nunca tenha sequer se sentado num desses veículos nervosinhos de duas rodas. Embora a Harley-Davidson já as fabricasse nos EUA há cerca de cem anos, a moda das motonetas dos anos 80 declinou em pouco tempo.[9]

Mas se você já passou bastante tempo em qualquer das grandes cidades da Índia, a evidência está em toda parte: as motonetas são um grande negócio.

Naquele país, as motonetas são usadas tradicionalmente como veículos de transporte pessoal. Elas são populares entre as mulheres, por serem leves e fáceis de manejar. Também são muito usadas pelos homens que não podem investir mais dinheiro numa motocicleta. O argumento de vendas? Por pouco dinheiro você tem seu veículo sobre duas rodas. Motonetas são baratas para se comprar, são baratas para se manter.

Aí surge um outro veículo nervosinho sobre duas rodas que ameaça enfraquecer o argumento de vendas da motoneta... a lambreta.

A princípio, o custo mais alto das lambretas as manteve afastadas a uma distância segura das concorrentes.

Desejada pelo proprietário tradicional de motonetas? Sim. Com preço acessível? Não. Mas à medida que os preços diminuíam até o nível das motonetas, esses proprietários tradicionais de motonetas começaram a migrar para as lambretas e lambretinhas, mais novas e atraentes. E o mercado de motonetas começou a engasgar.

Esse era o cenário quando o fabricante de motonetas Hero Puch procurou a Euro RSCG Índia com a pergunta: como revigorar o mercado para o nosso tipo de produto?

A agência sabia que qualquer grande Idéia Criativa nos Negócios começa pela busca de informações. Para reerguer esse tipo de produto, a agência teria primeiro que conhecê-lo — sob todos os ângulos. Por conseguinte, a equipe criativa foi para as ruas. Mas não apenas as ruas das cidades. A agência também analisou os mercados suburbano e rural, onde pequenos comerciantes e vendedores usavam motonetas. Eles não podiam comprar motocicletas ou lambretas para carregar suas mercadorias — que dirá caminhões. Então eles usavam suas motonetas. Vendedores transportavam seus produtos para vender nas cidades maiores, ou traziam produtos das cidades maiores para vender nos vilarejos.

E a partir dessa observação... heureca!

O Salto

A agência percebeu que nem todo mundo usava a motoneta para o mesmo fim. Um grupo a usava para transporte pessoal, para ir e vir de lugares. Outro a utilizava de maneira completamente diversa. Não para transportar a si próprios, mas para transportar bens e mercadorias. E aí repousa o salto: por que não reviver essa categoria de produto... criando um mercado totalmente novo? Por que não redirecionar a categoria, de veículo de transporte pessoal para veículo de negócios (BUV)?

Um salto cósmico, você pode dizer — mas apenas reposicionar o produto — essa é realmente uma Idéia Criativa nos Negócios? Por si só, não. Mas esta idéia não apenas influenciou a estratégia de comunicação como também a estratégia de negócios — e o processo de fabricação.

A equipe da agência não recomendou apenas reposicionar a motoneta — ela recomendou redesenhá-la.

Hero Puch Power XL

Em busca do design perfeito, mais uma vez a equipe foi para as ruas e visitou cidades pequenas. Eles passaram horas circulando por locais de grande concentração de condutores de motonetas — em estacionamentos — e perguntaram o que eles precisavam e gostaria num veículo profissional. Eles também miraram em negócios que usam motonetas para entregas diárias, como vendedores de jornais, pizzarias, entregadores de leite e por aí afora.

O BUV

A motoneta redesenhada ganhou o nome de Power XL e incluía uma prancha especial na frente, um assento removível (para acomodar cargas extras) e amortecedores reguláveis para suportar as cargas mais pesadas. Outras modificações de design foram feitas depois para atender às necessidades dos serviços de entrega, incluindo compartimentos para embalagens de leite e espaço para pacotes de transportadoras.

Por que investir em quatro rodas quando você pode ter tudo o que precisa em duas? A nova motoneta foi posicionada como "o caminhão em duas rodas". A mensagem promocional reforçava o fato de que a Power XL poderia transportar cargas que seriam massacrantes para um veículo normal de duas rodas. Ela é mais adequada do ponto de vista comercial do que uma bicicleta ou uma lambreta — e mais econômica do que um caminhão. É o veículo utilitário perfeito.

Em cinco meses, as vendas da Power XL foram de zero a três mil, sem canibalização da linha da Hero Puch já existente no mercado. Uma boa taxa de aceleração para um tipo de produto inteiramente novo.

O que a agência trouxe para o negócio da Hero Puch foi um grande pensamento criativo: pensamento criativo que resultou em moldar um mercado totalmente novo... e começou a definir uma nova categoria de produtos. Esse é o tipo de pensamento criativo que toda agência deveria levar para os negócios de seus clientes.

Sim, é o fim da publicidade. Mas é o começo de algo novo, muito mais excitante e recompensador. É o começo da oportunidade de se pensar criativamente sobre questões cada vez maiores ligadas aos negócios — e de redefinir os negócios no processo. O que *você* deve fazer?

Capítulo 8

O Fator Entretenimento

Na primeira metade do século XX, o entretenimento não fazia parte do cotidiano das pessoas; era um ingrediente secundário. Eram as atividades de sábado à noite — um filme, uma festa dançante, um concerto. Mais tarde, com a televisão, o entretenimento se tornou algo maior. Você não precisava mais sair de casa para se divertir.

No século XXI, o entretenimento é o passatempo nacional da América. Além da quantidade exorbitante de mídia dirigida à diversão que consumimos diariamente, a experiência do entretenimento se infiltra mesmo nas atividades mais corriqueiras do nosso dia-a-dia. Supermercados, lojas, companhias aéreas, bancos, restaurantes, hotéis... cada vez mais ele é o fator decisivo pelo qual escolhemos onde comprar e o que consumir. Nós não saímos mais para fazer alguma coisa que queremos ou precisamos fazer, nós consumimos experiências. Quanto maiores, melhores.

A pressão sobre os comerciantes e prestadores de serviços se torna ainda maior pelo fato de estarmos nos tornando cada vez mais seletivos. Não é qualquer forma de entretenimento que nos serve. E o que exigimos num mês pode estar ultrapassado no próximo. Na América posterior aos atentados de 11 de setembro, o entretenimento mais apreciado é o mais escapista. No reino do cinema, afluímos às multidões a filmes recheados de ação que têm apenas a mais tênue relação com nossa vida real. Para esses filmes, o tempo é de bonança: as bilheterias dos primeiros cinco meses e meio de 2002 são pelo menos 20% maiores que as do mesmo período em 2001, que por sua vez já foi um ano recordista. E não se pode simplesmente atribuir isso a um ligeiro aumento no preço dos ingressos: o número de espectadores subiu 16% desde 2001.[1]

> *Seu ponto de partida são as pessoas... Você pesquisa a vida delas, seus problemas, e a marca irá encontrar seu lugar, seu papel. O ponto de partida não é a marca. Você tem que começar falando das paixões das pessoas.*
> — Mercedes Erra,
> BETC Euro RSCG, Paris

As bilheterias dos filmes de maior sucesso dos últimos anos confirma o ponto de vista de Michael J. Wolf em *The Entertainment Economy: How Mega-Media Forces Are Transforming Our Lives*: todo negócio precisa ter algum elemento ligado ao entretenimento para que ele sobreviva no mercado de hoje e de amanhã.

Vendendo alguma coisa pela internet? Você é obrigado a conquistar o internauta para que tenha alguma chance dele fazer um pedido. Quer mais movimentações de negócios no seu banco? Se você é o Citibank, você não apenas usa uma canção de Elton John em seus comerciais. Você participa do ramo do entretenimento ao criar um serviço on-line excitante e cheio de conteúdo para cativar e divertir seus clientes. Você não apenas diz a eles que trabalhar com o banco pode ser divertido. Você os faz sentir isso.[2]

PENSE GRANDE... MUITO, MUITO GRANDE

Com o desaparecimento da publicidade como a concebemos hoje, nossa revolução — ou seja, nosso futuro — precisa se conectar com esse tipo de pensamento. O entretenimento é o esperanto da nossa era, uma linguagem universal que atrai as pessoas de forma quase hipnótica, uma poderosa força magnética que, em muitos casos, funciona como uma atração maior do que os produtos em si. Isso terá um enorme impacto na publicidade e no marketing em geral. Vai influenciar a forma como iremos combinar conhecimento, encantamento e mágica; como iremos criar e lapidar a experiência do consumidor com a marca. Imagino que, no futuro, nenhuma idéia criativa será executada até que o fator entretenimento seja considerado — e embutido na experiência com a marca. Estamos agora no negócio do entretenimento. Com força total. É imperioso que conectemos o entretenimento com as idéias.

O REI LEÃO

Nos últimos anos, tenho usado um magnífico exemplo do que chamo de "experiência com a marca" e de como o entretenimento é vital para essa experiência e para o futuro das marcas e das idéias criativas nos negócios. O exemplo é o filme *O Rei Leão*.

Deixe-me mostrar por quê.

TORNE-SE UM SÓ

A Disney não quebrou as regras de construção de marcas quando criou *O Rei Leão*; em vez disso, ela as levou aos limites extremos. Em cada passo do processo de desenvolvimento da marca, a empresa a impulsionou um pouco — ou muito à frente do que fizera com qualquer outro produto. Lembre-se de como tudo começou: a Disney lançou um desenho animado de longa-metragem que se tornou uma das dez maiores bilheterias de todos os tempos. Bravo! Mas não acabou aí... O desenho se tornou o vídeo mais vendido de todos os tempos. Igualmente fabuloso, embora não muito surpreendente na era dos filmes que depois viram vídeos. Mas a empresa continuou impulsionando o produto. A trilha sonora, composta em parte por ninguém menos que o ícone pop Elton John, venceu um prêmio Grammy. A seguir veio o musical da Broadway. Você sabe... aquele que fez sensação no mundo do teatro novaiorquino e colecionou todos aqueles prêmios Tony. Uma trajetória nada má para um desenho animado infantil.[3]

O sucesso sem precedentes de *O Rei Leão* resulta do fato de que a Disney foi hábil o bastante para colocar em ação seu mega-merchandising desde o início. Lançado como parte da *Disney Classic Series*, *O Rei Leão* foi apontado pelo jornal *USA Today* como o livro infantil mais vendido de 1994 nos Estados Unidos e foi candidato ao mesmo posto nas listas de best-sellers dos jornais *Publishers Weekly* e *New York Times*. Antes do lançamento do filme, os contratos promocionais com marcas como Burger King, Eastman Kodak, General Mills, Nestlé, Mattel e Payless ShoeSource representaram uma ofensiva de marketing de cem milhões de dólares. Foi o maior conjunto de parcerias promocionais da história da Disney. E isso não é pouco!

O Rei Leão

Depois, a Disney lançou o musical da Broadway, não como uma jogada oportunista de última hora, mas através de uma produção completa e destinada a arrebentar na bilheteria. A peça ganhou seis prêmios Tony, um Grammy na categoria "melhor álbum de peça musical" e elogios do New York Drama Critic's Circle, entre muitos outros. Quando o espetáculo chegou a Londres, conquistou sucesso semelhante, pavimentando sua força como uma marca verdadeiramente global.

APELO UNIVERSAL

Quando vi o espetáculo em Londres, havia a mesma quantidade de adultos e de crianças pequenas na platéia. Muito poucos espetáculos têm esse apelo tão grande para todas as idades — fica-se imaginando que, desde o início, *O Rei Leão* foi idealizado para ser traduzido em vários idiomas, para platéias do mundo inteiro.

O que a Disney fez nesse caso foi erguer sua marca a um novo patamar e, com isso, atrair espectadores que em geral se consideram muito experientes na vida para consumir qualquer coisa "Disney". Como declarou o CEO da empresa, Michael Eisner, "*O Rei Leão...* melhorou nossa marca. Temos ido bem no mundo inteiro, mas surpreendemos a comunidade intelectual de Nova York com *O Rei Leão*".[4]

INOVAÇÃO LUCRATIVA

Se você somar todos os produtos, muitos dos quais continuarão a dar lucro por muitos anos, quanto vale *O Rei Leão*? Como iniciativa empresarial, seu valor está na casa dos bilhões de dólares. É um exemplo de Idéia Criativa nos Negócios extremamente poderosa, que transcende ramos de negócios e canais de comunicação. E ela se estende pelos mercados internacionais, em filme, CDs, caixas de cereais, Broadway, mochilas e, naturalmente, parques temáticos. No Reino dos Animais do Walt Disney World Resort, o Círculo da Vida deu lugar à Árvore da Vida — e ao show ao vivo *Festival do Rei Leão*.

O Salto Criativo

O admirável em O Rei Leão é que a Disney encontrou uma idéia com apelo universal e a implementou estrategicamente através de vários canais de comunicação; com essa única idéia, deu aos consumidores uma série de possibilidades para experimentar a marca Disney.

O que exatamente *O Rei Leão* tem a ver com empresas criativas? É um exemplo de como pegar a essência da marca de uma companhia e criar uma experiência em vários níveis que alcança um público muito maior e de uma forma muito mais profunda. *O Rei Leão* não é apenas um filme, um livro ou uma peça. É uma experiência com a marca. Do tipo que oferece várias lições para todas as empresas que desejam conectar suas marcas aos consumidores.

Antes de Saltar: Defina claramente a experiência do consumidor com a marca. Qual o fator entretenimento? O que você está oferecendo à sua "platéia"? Como seduzi-la com recursos que ela nunca experimentou antes?

Desenhe Fora das Linhas: Lápis de Cor Crayola

Os lápis de cor Crayola são parte inseparável da vida das crianças nos Estados Unidos. O americano médio, ao completar 10 anos de idade, já usou 730 lápis na vida. A maioria dos americanos, no entanto, ficaria surpreso ao saber que a Hallmark é proprietária da Binney & Smith, a empresa dona da Crayola. É também improvável que eles saibam que quando a Hallmark foi inaugurada, há cerca de um século, havia lápis de oito cores numa caixa — preto, marrom, azul, vermelho, violeta, laranja, amarelo e verde (o quê? nada de Castanho Queimado e Carmim Cru?) — e elas custavam cinco centavos de dólar. Hoje, os lápis Crayola vêm em embalagens de 120 cores. E são mais populares do que nunca. Em 1998, a Crayola foi o segundo "brinquedo" mais vendido nos Estados Unidos, atrás apenas do Hot Wheels (N.T.: Miniaturas de automóveis), da Mattel.[5]

Não sei exatamente qual a participação no mercado da Crayola, e com certeza deve haver outros fabricantes de lápis de cor, mas eu teria di-

---

As ICNs não têm limites estabelecidos, nem definição rígida, nem uma fonte única. Cada elemento do marketing — estratégia, mídia (tradicional e nova), demografia, textos de anúncios, produtos, embalagens, canais de distribuição, eventos — pode servir como catalisador para uma nova ICN. Numa perspectiva mais ampla, tendências do consumo ou da indústria, a mídia, filmes, livros, mesmo experiências pessoais podem servir de base para uma ICN. Afinal, todas as ICNs surgem do raciocínio sincronizado, da habilidade de ver múltiplas conexões em vários níveis onde ninguém havia visto nada antes.

— Cynthia Kenety, Euro RSCG MVBMS, Nova York

Lápis de cor Crayola

ficuldade em encontrar um americano que se lembrasse de outra marca. Depois de 93 anos de seu lançamento, o lápis de número cem bilhões saiu da linha de produção. E visualize isso: a Binney & Smith produz cerca de três bilhões de lápis por ano, que se fossem colocados em linha dariam mais de seis voltas em torno da Terra. A marca Crayola é reconhecida por 99 entre cem consumidores americanos (não consigo imaginar quem possa ser a centésima pessoa). E é uma marca global: as caixas de lápis de cor Crayola são impressas em 12 idiomas.

O sucesso da Crayola deve-se em grande parte à imagem forte e consistente da marca: Crayola sempre foi sinônimo de cor, alegria, qualidade, produção criativa. Acesse o site da Crayola e você irá descobrir um centro de criatividade para as crianças e áreas especiais para pais e educadores que apregoam mensagens sobre a importância da arte para as crianças e o poder da criatividade. Em 1993, quando a Crayola incorporou 16 novas cores aos lápis, foram os consumidores que as batizaram: Castanho Queimado, Macarrão e Queijo, A Majestade da Montanha Púrpura e Faça-me Cócegas com Rosa.

O Salto

O que você faria ao receber um *brief* do CEO da Hallmark pedindo-lhe para pensar como ampliar os negócios, mas sem fazer publicidade? Parte da proposta da Euro RSCG MVBMS era expandir a marca

Hallmark para novos mercados mirando uma nova geração de consumidores, os Gen Xers, e fazê-lo utilizando os valores familiares da marca Hallmark e sua tremenda reputação no entretenimento das famílias.

A agência deu o salto não apenas de A para B para C, mas de A para B para M. Por que não criar um programa de TV para os filhos dos Gen Xers — estrelando os lápis de cor Crayola?

A agência deu a idéia de criar um programa animado para as crianças usando os lápis como personagens (imagine o que se pode fazer com um punhado de personagens chamados Malva-rilhoso, Azul do Céu, Tangerina Atômica, Verde Selvagem e Melancia Louca). A agência inventou até mesmo um personagem animado chamado Vermelho, o Bombeiro, que se transforma numa pimenta e num diabinho camarada — entre outras coisas — e depois volta ao normal. Quando você é um lápis, ele explica aos jovens telespectadores, pode ser tudo o que quiser.

> *As ICNs não precisam ser sexy ou sintonizadas com a moda. Nem devem ser território exclusivo da nova mídia e dos especialistas em tecnologia. Na verdade, quanto mais focada e simples ela for, melhor. O resultado final é uma solução para aperfeiçoar a experiência de alguém.*
> — Eugene Seow, Euro RSCG Partnership Asia Pacific, Cingapura

ERA UMA ICN BRILHANTE E PROFUNDAMENTE LIGADA À ESSÊNCIA DA MARCA CRAYOLA: VISAVA ENCORAJAR AS CRIANÇAS A EXPLORAR O PODER — E A ENORME ALEGRIA — DA CRITIVIDADE.

A Idéia Maior

Aquele era um veículo de entretenimento que a Hallmark poderia usar para criar uma divertida experiência do consumidor com a marca de lápis Crayola (e com outras marcas da Binney & Smith, como a massa para modelar Silly Putty). Mas ela podia também criar uma experiência com a marca muito maior em torno dos valores da marca Hallmark — família, virtude e retorno aos valores tradicionais. Acho que foi uma excelente maneira de atrair um público alvo básico muito mais extenso, de atrair as mamães de hoje como a marca Hallmark atraía as mamães dos anos 50 e 60. Sobretudo, era uma ótima maneira de criar uma experiência de entretenimento para a marca.

Inovador? Sim. Inovação lucrativa? Talvez, num prazo maior. Infelizmente, na época, a idéia não gerou interesse suficiente entre a Binney & Smith e a Hallmark Entertainment para que se passasse à fase seguinte. Eu ainda imagino, no entanto, como seria acompanhar as aventuras de Vermelho, o Bombeiro...

Antes de Saltar: Saiba que, embora o entusiasmo e os bons argumentos nem sempre sejam suficientes para colocar uma ICN em prática para determinado cliente, os esforços despendidos para desenvolver a ICN serão recompensados. Eles irão aprimorar o trabalho da agência em benefício daquele mesmo cliente — quanto melhor você conhece o cliente, mais pode fazer por ele —, e vão recompensá-lo no futuro clicando o "on" do interruptor para uma idéia que pode ser transformada no futuro ou aplicada em outro ramo de negócios.

Billiken: É como Tirar Doces de um Bebê

Uma de nossas agências na América Latina enfrentou um desafio semelhante, com uma marca também dirigida principalmente às crianças. Nesse caso, era uma marca antiga, com uma imagem divorciada da atualidade e que precisava urgentemente ser rejuvenescida. A solução da agência é um bom exemplo do que pode acontecer quando fazemos com que os consumidores participem da marca em si.

Na verdade, esse trabalho não apenas impulsionou as vendas como ganhou o primeiro lugar em nosso Prêmio Idéias Criativas nos Negócios de 2001.

A Bala de seu Papai

Billiken é uma marca de balas muito conhecida na Argentina — a empresa fabrica balas, doces, geléias de frutas e pastilhas. Ela tem uma longa trajetória e a fama de ser uma marca de alta qualidade. Mas ela estava com problemas.

O mercado de balas é interessante — a equipe da agência na Argentina o classifica de "hiperativo". Pelo fato de os consumidores principais desse segmento serem crianças, são justamente elas que em grande parte determinam a dinâmica do mercado. Aqui está o que sabemos sobre as crianças: elas têm baixa capacidade de concentração. Entediam-se com facilidade. Querem sempre o novo. Em conseqüência disso, o ciclo de vida das balas é quase sempre curto; as crianças correm em massa para a próxima novidade que acaba de surgir. Para a indústria de balas, isso significa que o crescimento de uma empresa depende muito de sua capacidade de lançar continuamente produtos novos e diferentes.

Quando o cliente procurou nossa agência, a CraveroLanis Euro RSCG, a marca Billiken era um competidor muito fraco nesse mercado hiperativo. Não havia nada de errado com a qualidade dos produtos ou com a percepção da marca. Apenas a marca não era atraente para os consumidores — Billiken era a bala que mamãe e papai comiam quando eram crianças.

O Salto

A agência logo percebeu que a Billiken precisava mais do que uma campanha publicitária ou uma remodelação — a marca tinha que ser relançada. Seria a única forma de atrair as crianças, revitalizar sua imagem e diferenciá-la de seus concorrentes.

Como chegar a uma idéia que empolgue gente de 6 a 12 anos? Como se pega uma marca antiga e fatigada e a torna atraente para eles?

O excitante nessa história é que a agência lançou mão de uma parceria que parecia muito natural. Mas nenhuma outra indústria de balas na Argentina e, que eu saiba, em nenhum outro país, havia feito qualquer coisa parecida: a empresa transformou os consumidores em seus parceiros.

Faz muito sentido: quem é mais indicado para criar balas que as crianças vão gostar do que as próprias crianças? Inclua-as no processo de fabricação das balas, convide-as a literalmente ajudar a desenhar o forma-

A imagem da marca constantemente é apenas um reflexo do que aquela marca transmitiu aos consumidores, de maneira regular, ano após ano. Nós pressionamos os clientes a esquecer temporariamente as identidades de suas marcas, focar nas aspirações dos consumidores e, depois, imaginar meios pelos quais seus produtos ou categoria de produtos possam satisfazer essas aspirações. Apenas quando isso se torna claro é que voltamos à herança da marca e a adaptamos às necessidades sempre renovadas dos consumidores.
— Marianne Hurstel, BETC Euro RSCG, Paris

to das balas, e as crianças terão exatamente o que desejam. Seria a bala *delas*, mas fabricada por você. Que maneira fantástica de diferenciar uma marca da concorrência.

Essa abordagem poderia fazer com que a marca se tornasse a mais conhecida da Argentina, mas tinha um outro potencial: o de criar fidelidade entre aqueles entediados consumidores transformando a Billiken na empresa *deles*, sua parceira de marca.

A Billiken convidou crianças para participar ativamente na criação das balas da companhia, em seu design, e até mesmo para testar as balas depois de produzidas. A Billiken fez soar a convocação às crianças por toda a Argentina:

Participe do sonho. Você cria as balas...
A Billiken as fabrica para você.

As conseqüências de uma mudança de estratégia tão profunda por parte de uma empresa tão tradicional são incríveis. Desenvolvimento de produto, processos de fabricação, embalagem, marketing, logística, distribuição — todos esses processos sofreriam alterações de uma forma ou de outra. Felizmente, havia lideranças na Billiken abertas ao pensamento criativo.

CONVIDANDO AS CRIANÇAS PARA O CONSELHO

Imagine-se entrando numa sala do conselho de administração para uma reunião importante e encontrando um bando de crianças sentadas em volta da mesa — falando de seus produtos, da imagem de sua marca, e do que eles gostam ou não gostam nela. Algo parecido com o personagem do ator Tom Hanks no filme *Big* (N.T.: no Brasil, *Quero Ser Grande*), só que nesse caso todos eram Tom Hanks. Bem, era isso que acontecia regularmente na Billiken. Quatro grupos de discussão de crianças — "balalogistas" — se reuniam todos os meses durante um ano inteiro.

Mas esses balalogistas na sala do conselho representavam apenas uma pequena fração de todas as crianças que se envolveram com a marca fornecendo suas opiniões e contribuições. Para lançar o conceito de balas "para crianças, inventadas por crianças", a agência primeiro lançou mão da mídia de massas. Uma série de comerciais de TV apresentou o conceito às crianças, estimulando-as a "participar do sonho" criando suas próprias balas e, a seguir, votando em suas idéias favoritas. As crianças tinham a opção de mandar suas idéias pelo correio. Mas qual foi a ferramenta essencial para desenvolver o projeto? A internet.

ALÉM DA MÍDIA TRADICIONAL

Pense na fábrica de Papai Noel. Agora imagine uma fábrica de balas na qual os trabalhadores são — duendes? não — crianças. A seguir, dê um passo adiante e salte para a primeira fábrica de balas on-line. Agora você está lá — no site do Billiken Club, onde o sonho de toda criança se torna realidade. As crianças apresentavam suas idéias de balas on-line. E mais: tornavam-se membros de um clube muito exclusivo — só para elas! — com carteirinha de sócio, número de inscrição e tudo.

As idéias enviadas pelas crianças eram filtradas por um comitê que avaliava suas possibilidade técnicas. Aquelas que passavam no teste eram publicadas no site, onde as crianças podiam votar em suas favoritas. As idéias vencedoras eram mostradas no "balcão de balas".

Este não é o lugar onde os sonhos se tornam realidade?

FORME ALIANÇAS

Junto com o lançamento do site do Billiken Club, a agência deflagrou uma maciça campanha promocional: cartazes, filipetas, *inserts* em jornais e revistas e folhetos de mala direta. Ela até mesmo redesenhou os uniformes dos empregados da companhia. Além disso, o que mais me deixou admirado foi que a empresa formou alianças com escolas, não apenas para distribuir material referente ao concurso, mas também para promover atividades de estímulo à criação em grupo.

A BILLIKEN NÃO ESTAVA APENAS PROMOVENDO SEUS PRODUTOS. ESTAVA PROMOVENDO PENSAMENTO CRIATIVO — PARA GENTE MUITO JOVEM.

E *criativo* é certamente um bom adjetivo para o que saiu da imaginação das crianças. Uma colher de chocolate que se dissolve no leite. Um bolinho com sabor de chiclete. É como manteiga de amendoim e gelatina. Idéias, sem sombra de dúvida, de crianças.

O Consumidor como Parceiro

A Billiken esperava que quarenta mil crianças visitassem o site na altura do sexto mês. Chegou-se ao dobro disso. A Billiken esperava 2.500 sugestões para novos tipos de balas. Recebeu 11 mil. Em dois meses, mais de 12 mil crianças se inscreveram no clube. A Billiken os contatava diretamente toda semana — o que deu a empresa uma valiosa base de dados e uma linha direta com o pensamento de seus clientes.

Mas acho que a verdadeira história, nesse caso, não está nos números. Ela está na ação de conectar a idéia, a marca, com os consumidores de uma forma que ninguém havia feito antes. Desenvolvendo não apenas uma grande experiência interativa e divertida com a marca, mas tornando os consumidores participantes ativos dela. E tudo começou com uma premissa: balas criadas por crianças, para crianças.

Antes de Saltar: Imagine todas as maneiras pelas quais você pode incentivar seu público-alvo a atuar em benefício da marca. As pessoas querem se envolver com marcas. Elas querem ser as primeiras de seu grupo a saberem das coisas. Elas desejam a sensação especial de conexão e de posse que advém de uma relação pessoal com a marca. O que você está esperando? Dê a elas a oportunidade.

O Jogo da Nokia

Como usar o poder do entretenimento para conectar consumidores à sua marca? Antes que você salte, conheça a Nokia...

Há 150 anos, a Nokia estava no negócio de vender papel. A partir do momento em que ela entrou no negócio de fabricar telefones celulares, demorou apenas 11 anos para que ela se tornasse líder de mercado no mundo inteiro. Tudo bem, mas aí o desafio é como permanecer no topo.

Para continuar sendo a marca dominante num mercado que cresce rapidamente, que está cada vez mais saturado e confuso, como o da tecnologia em contínuo desenvolvimento, a Nokia precisava se tornar criativa.[6]

Qual o seu Futuro?

O ano era 1999. A Nokia havia vislumbrado seu futuro, e ele claramente não estava limitado aos celulares. Os observadores da indústria haviam chegado à conclusão que os consumidores um dia usariam seus telefones para escutar música, ver o trailer de um filme ou conferir cotações de ações da bolsa — isso porque a geração seguinte de celulares iria ser menos parecida com os telefones convencionais e mais semelhante a um terminal de computador. A Nokia foi esperta o suficiente para compreender que não estava apenas no negócio de fabricar telefones celulares; ela estava no negócio de conectar pessoas através de serviços móveis. E para fazê-lo bem-feito, ela precisava conectar os consumidores móveis à marca Nokia. Com esse objetivo, ela procurou sua agência de relações públicas e sua agência interativa em Roterdã, respectivamente, Bikker Euro RSCG e Human-i Euro RSCG.

Quebrar as algemas das campanhas tradicionais é uma necessidade absoluta na estratégia das ICNs. Você precisa se tornar um "pensador radical". Procurar soluções empresariais radicais. Imagine-se como um explorador em território desconhecido, avançando por regiões para descobrir novas terras e se estabelecer.
— John Dahlin, Euro RSCG Tatham Partners, Salk Lake City

O Salto

Naquela época, o slogan publicitário da Nokia era "Conectando Pessoas". A equipe da agência começou a pensar em como fazer esse slogan criar vida. Afinal, eles se fixaram na idéia de estabelecer a conexão com os consumidores atraindo-os para uma história muito boa. "Queríamos mostrar à Nokia que havia outra maneira de conectar pessoas, não apenas pelo produto, mas pela comunicação na própria marca Nokia", diz Marco Boender, diretor de operações da Human-i Euro RSCG. "Foi aí que o salto criativo começou. Imaginamos qual seria uma maneira melhor de conectar pessoas. Sobre o que as pessoas conversam? Elas conversam sobre boas histórias, sobre bons desafios". A equipe da agência havia descoberto a essência do DNA do consumidor. Eles identificaram por qual experiência o consumidor gostaria de passar. Agora restava apenas conectar o consumidor à marca.

Finalmente, a equipe surgiu com uma história de aventura do tipo James Bond que seria batizada de "Jogo Nokia". Criado por Sicco Beerda e Joost van Liemt, na época os diretores de criação da Bikker Euro RSCG, o Jogo Nokia foi concebido como uma aventura interativa que iria mergulhar os consumidores na experiência com a marca.

PENSE ALÉM DA SUA BASE DE CLIENTES

O plano era oferecer o Jogo Nokia para todos os usuários de telefones celulares — não apenas os da marca Nokia —, com um público-alvo inicial de europeus com idades entre 15 a 35 anos e acesso à internet. Isso permitiria à empresa conectar-se com consumidores que estavam fora da sua base de clientes.

Embora seja fundamentalmente um jogo de aventura on-line, o Jogo Nokia usa todos os tipos de mídia: comerciais de TV, mensagens curtas no celular do participante do jogo, telefonemas misteriosos e mensagens ocultas em anúncios de jornais e revistas, além da internet. Todos esses elementos atuam em conjunto para contar a história. Os jogadores têm que interpretar as pistas que lhe são oferecidas como se eles fossem o personagem principal da trama.

DEIXE OS JOGOS COMEÇAREM

Depois de uma experiência-piloto na Holanda, em 1999, o jogo foi lançado em 18 países em novembro de 2000. Como forma de apresentação, informou-se aos consumidores europeus que "O Jogo Nokia está chegando — esteja pronto — inscreva-se na internet". Com sua curiosidade atiçada, quase meio milhão de pessoas se inscreveram, sem saber muito em que estavam se inscrevendo. Sabiam que o jogo iria durar três semanas. Que seria uma aventura em todas as mídias. E só. No dia anterior ao início oficial do jogo, os participantes inscritos receberam por telefone uma mensagem enigmática de uma mulher que se tornaria uma das principais personagens da aventura. Ela dizia: "Preciso de sua ajuda nas próximas semanas para proteger o futuro dos jogos que de movimento".

O jogo começara!

No dia seguinte os participantes receberam um e-mail recomendando a eles que assistissem a um comercial de TV, que por sua vez os encaminhava a um endereço na internet e depois a um jornal. Assim começou uma série de mensagens, encontradas em jornais, ouvidas no rádio ou na internet, transmitidas aos celulares... O desenvolvimento da história também incluía a comunicação entre os jogadores, que essencialmente "viveram a aventura" por três semanas, dia e noite. Todos os quinhentos mil participantes começaram a jogar na mesma hora e viveram a mesma história nos seus respectivos idiomas. A mobilização gerada em torno da marca motivou até a criação de uns trinta "sites fantasmas" — sites de internet nos quais os jogadores mostravam a própria criatividade discutindo teorias sobre conspirações e trocando informações.

Com o Jogo Nokia, cliente e agência foram bem-sucedidos em sua missão de conectar os consumidores de celulares à marca Nokia, não apenas uma empresa que fabrica celulares, mas uma provedora de serviços móveis expressivos e divertidos. Eles queriam mudar a concepção dos consumidores sobre a Nokia com um compromisso da marca que dizia: este produto o ajuda na sua vida e o conecta a outras pessoas e ao mundo em volta de você. O jogo fez justamente isso. E como uma boa medida de sucesso, a campanha integrada e multimídia ganhou um Leão de Ouro em 2002 no Festival Internacional de Publicidade de Cannes.

> *Tecnologia e nova mídia, ou mídia tradicional, se tornam aceleradores apenas quando elas se conectam com a verdadeira essência da ICN. Os "prosumidores" de hoje são experientes, mais sensíveis do que nunca a modas que detectam como sendo superficiais e irrelevantes.*
> *— José Luis Betancourt, Betancourt Beker Euro RSCG, Cidade do México*

ANTES DE SALTAR: Os consumidores são bombardeados com milhares de mensagens todo dia. Por que não transformar esse caos em algo divertido? Ofereça experiências novas e agradáveis de maneira progressiva e você logo terá uma base de clientes fiéis. Mas, cuidado: divirta, não bombardeie.

UMA MUDANÇA NA CONSCIÊNCIA

Escolhi a Nokia como exemplo de ICN por causa de um fator que será cada vez mais importante nos próximos anos: sua natureza global. A Nokia partiu para criar uma comunidade, assim como a Guinness partiu para construir uma comunidade de pessoas jovens em torno dos festivais de rock Witnness. Ambas usaram o entretenimento para conectar consumidores às suas marcas. Ambas entenderam de forma brilhante o potencial da internet em formar comunidades. Mas o que é intrigante no caso da Nokia é que ela foi capaz de fazê-lo simultaneamente em 18 países. Pessoas em diferentes fusos horários e em países diferentes comparavam observações, dividiam pistas e até mesmo se reuniam em café e bares, e todo o tempo jogavam exatamente o mesmo jogo precisamente na mesma hora. O Jogo Nokia conquistou um tipo de percepção da marca sem fronteiras que é inestimável, e o fez através de uma forma verdadeiramente interativa de entretenimento.

ROOM SERVICE®

A Hallmark não estava pronta para abraçar a idéia de um programa de televisão baseado nos lápis de cor Crayola. Pode ter sido a idéia certa — mas com certeza não era o momento certo. Uma de nossas agências na Suécia, por outro lado, criou um programa de TV que alcançou o segundo lugar em faturamento em sua emissora no primeiro ano.

PROCURE O QUE É EMOCIONANTE NA FALTA DE EMOÇÃO

Tudo começou naquele que parece ser o menos provável dos lugares: a indústria de tintas da Suécia (a situação grita "TV em horário nobre", não é mesmo?). Há dez anos, a Malaremastarna (a Associação Sueca dos Empreiteiros da Pintura) criou uma outra associação no ramo de tintas e pintores da Suécia chamada Färgdepartementet — algo como "Instituto para a Cor". É um consórcio de 15 empresas, sete das quais concorrentes entre si. Outros membros incluem todos os produtores de tintas nos países nórdicos, mais o sindicato da categoria e a associação dos pintores da Suécia. Os membros corporativos contribuem com os fundos. O papel da Euro RSCG Söderberg Arbman é recomendar a melhor maneira de utilizar esses fundos para promover o ramo de negócios das tintas.

Desde que a organização foi fundada, seus objetivos permanecem os mesmos: defender o mercado de tintas e dos serviços de pintura contra outros mercados, expandir o mercado e, por fim, colocar a pintura no alto da lista de prioridades dos consumidores. Para conquistar esses objetivos, a agência havia contado basicamente com a mídia tradicional, incluindo um comercial estrelado por alguns dos políticos mais importantes da Suécia.

Aí surgiu a onda da decoração doméstica. De repente, na Suécia, decorar a casa se tornou moda, mania, algo muito bem visto para se investir tempo — e dinheiro. A associação da tinta queria fazer parte dessa onda. Mas, para aproveitá-la, decidiu que primeiro precisava rever sua imagem. Os pintores eram percebidos como sujeitos não muito criativos ou brilhantes, que pintavam apenas com a cor branca. A associação queria transmitir uma imagem da pintura e dos pintores mais em sintonia com a moda, mais artística.

O Salto

As campanhas publicitárias criadas pela agência até aquele ponto haviam sido razoavelmente eficientes. Elas mostraram ao consumidor a importância de ter ambientes agradáveis em casa e no trabalho — mesmo em locais públicos. Mas agora era hora de explorar novos territórios. A agência sabia o que precisava fazer: trazer alegria e atualidade para a pintura e mostrar aos consumidores as coisas simples e até baratas que podiam ser feitas para aprimorar a decoração com pintura.

A agência pensou ter encontrado uma solução que satisfazia plenamente todos os objetivos. Ela iria dar exemplos de novas idéias para decoração que eram extremamente acessíveis. Iria demonstrar que os pintores podem ser tipos criativos que operam maravilhas na casa das pessoas. Ela ajudaria a despertar nos consumidores uma nova atitude diante do ofício de pintor. Finalmente, ela faria com que mais pessoas contratassem pintores profissionais e elevaria as vendas de tinta. Talvez até convencesse muitas pessoas a se tornar pintores profissionais.

Corajosamente, a agência apresentou o projeto. A resposta me lembrou do início de minha carreira, quando o chefão da British Motor Company reagiu a uma grande idéia minha com um nada encorajador "Lembre-se, eu lhe avisei". Desta vez foi pior. A idéia gerou risadas. "Se vocês puderem fazer isso", disseram os membros da Färgdepartementet, "nós certamente vamos em frente. Boa sorte, e nos dêem notícias."

PINTANDO NO HORÁRIO NOBRE

O que a agência havia proposto era uma série de televisão para ser levada ao ar em toda a Suécia. Composta por dez programas de meia hora cada um, ela iria apresentar aos telespectadores as tendências da moda na decoração doméstica, mostraria pintores jovens e artísticos e novas idéias para se decorar com pintura — além de muito rock'n' roll. Um programa de TV jovem, alegre, atual, com atmosfera de rock parecia o veículo ideal para atingir o alvo principal: gente jovem (de 25 a 35 anos), vivendo em apartamentos pequenos com orçamentos também modestos, gente que se preocupa com seu espaço doméstico, mas não tem idéia de como redecorá-lo.

Promovido como "uma nova maneira de encarar a decoração", cada programa da série *Room Service* ("Serviço de Quarto") mostrava a reforma de um ambiente, executada por um time de gente jovem composto por um decorador, um pintor e um carpinteiro. Era a realidade na TV. Aquelas eram pessoas de verdade em espaços reais.

Para recrutar gente para os programas — tanto as que queriam seu espaço redecorado quantos as que iriam compor o time de decoração do *Room Service* —, a agência distribuiu folhetos em lanchonetes, lojas de jogos e outros locais freqüentados por gente jovem. O programa era promovido em todas as lojas de tintas da Suécia. Foi lançado um site *Room Service*. Veicularam-se anúncios na mídia impressa e na televisão. A emissora de TV também forneceu à agência bastante tempo no ar antes do programa — a agência montou trailers chamando para os episódios seguintes.

ENTRETENIMENTO PURO

Todos concordam: *Room Service* é muito divertido. Você assiste àqueles jovens se movimentarem, desenhando e depois redecorando os espaços em que trabalham. Você vê o "antes" e o "depois", e a reação do dono da casa. Eles encaram seu trabalho com seriedade, mas obviamente também estão se divertindo. No programa não se dá lições de como executar os trabalhos. É puro entretenimento. Para a parte didática, os telespectadores devem recorrer ao site, onde também podem participar de competições e de jogos.

A tabela de publicidade de *Room Service* superou as expectativas em 100%. Na verdade, era o segundo programa de maior faturamento da emissora. O programa fez tanto sucesso que o canal 5 fechou contrato para mais uma temporada e a associação concordou em investir nela. *Room Service* até mesmo gerou um novo logotipo com o nome "Johnnie Starpainter" (Johnnie é o pintor do programa), que está sendo usado numa campanha de recrutamento de jovens, de ambos os sexos, para atuar no ramo da pintura.

Anúncio
Room Service

AMPLIANDO A EXPERIÊNCIA COM A MARCA

Room Service é uma grande Idéia Criativa nos Negócios. Como exemplo de uma nova maneira de ampliar as relações entre consumidores e marcas, não se pode querer coisa melhor.

É também um exemplo notável do uso do entretenimento para conectar o consumidor a uma marca, do uso do entretenimento para criar um tipo novo e poderoso de experiência com ela.

QUANTAS PESSOAS PENSARIAM EM PROMOVER ALGO COMO O RAMO DE NEGÓCIOS DA PINTURA COM UM PROGRAMA DE TV SOBRE DECORAÇÃO ORIENTADO PARA OS JOVENS?

Isso foi um brilhante pensamento criativo. Foi um grande salto criativo.

ALARGUE SEUS HORIZONTES

Acho que há outra lição a aprender com *Room Service*, uma lição de importância vital para o nosso futuro. Para transformar *Room Service* em

O mérito dessas grandes idéias sobre marcas é que elas são, por natureza, flexíveis. Têm um claro centro de gravidade mas, em volta dele, sua forma está sempre mudando... O incrível valor das grandes ICNs é que elas são poderosas o suficiente para influenciar e, mais importante, direcionar o modo dos consumidores reinterpretarem o que a nossa marca significa para eles.

— Glen Flaherty, Euro RSCG Wnek Gosper, Londres

realidade, a agência teve que entrar num negócio inteiramente novo, sobre o qual ela não sabia nada a respeito: produção de televisão. A agência concebeu e criou o programa. Tinha controle completo sobre cada elemento de criação e produção. Ao final, a agência percebeu que não estava mais apenas no ramo da publicidade.

> **ANTES DE SALTAR:** Não importa se você é uma corporação ou se você é uma empresa de criação que presta serviços. Todos temos que nos perguntar: "Em que ramo de negócios realmente estou?" (Para aqueles no meu ramo, não se trata mais apenas de publicidade, isso é certo.) A seguir, temos que perguntar: "Será que quero alterar radicalmente meu negócio — ou mesmo ir para outro inteiramente diferente?" Esse era justamente o caso de Söderberg Arbman ao fazer produção de TV. Esse era o caso da Billiken ao reformular seu processo industrial. Esse era o caso da Hallmark ao entrar no ramo de flores.
>
> Finalmente, faça uma auto-análise no seu nível de entusiasmo. Este é o fim da publicidade e o início de algo novo. Para mim, é muito empolgante, muito estimulante do ponto de vista tanto do lado esquerdo quanto do lado direito do cérebro, e também potencialmente muito mais recompensador, em todos os aspectos, do que o "velho" negócio da publicidade. Acredito que este é decididamente o mais excitante dos períodos para se trabalhar nesse ramo... desde que lembremos a nós mesmos, constantemente, em que tipo de negócio estamos.

PROJETO GREENLIGHT

Mesmo a indústria do entretenimento está começando a constatar a importância de acrescentar entretenimento à experiência do consumidor com a marca. O marketing do cinema, por exemplo, está finalmente sendo reinventado para além das campanhas maciças na televisão e das alianças com as redes de *fast-food*. Um dos mais brilhantes exemplos, na minha opinião, é a parceria entre a Miramax Films, o canal de TV a cabo HBO e os atores Matt Damon e Ben Affleck, junto com o produtor Chris Moore. Chamado de Projeto Greenlight, ele está revolucionando não apenas o marketing em torno dos filmes... mas o próprio modo de fazê-los.[7]

O SALTO

A gênese da idéia foi de Damon e Affleck, que desejavam oferecer aos aspirantes a roteiristas uma chance de emplacar no mercado, da mesma forma que eles fizeram com o roteiro de *Good Will Hunting* (N.T.: No Brasil, *Gênio Indomável*) — que os catapultou de virtuais desconhecidos a astros de Hollywood do dia para a noite. Mais uma vez, a idéia estava fortemente amparada no produto, nesse caso um grande roteiro que de outra forma não teria chegado a ver a luz do dia. Os dois atores convidaram candidatos a roteiristas-diretores do mundo inteiro a enviarem seus roteiros; o vencedor seria transformado em filme pela Miramax. Garantia-se que o orçamento do filme seria de pelo menos um milhão de dólares e o roteirista iria também dirigir a fita.

A maneira como o concurso se desenvolveu on-line é um grande exemplo de como a internet pode criar comunidades globais. Os roteiristas comentavam os trabalhos uns dos outros para ajudar a escolher os finalistas. Salas de bate-papo on-line permaneceram ativas mesmo muito depois do final da competição. Com mais de sete mil inscrições, essa foi a maior comunidade ativa de roteiristas do mundo.

UMA GRANDE IDÉIA FICA AINDA MAIOR

A HBO produziu um documentário em 12 capítulos sobre a realização do filme, levado ao ar no inverno de 2002, antes de sua estréia nos cinemas. Do ponto de vista empresarial, o risco financeiro era insignificante. Um documentário rodado em vídeo tape com material complementar que havia sido usado para um seriado de baixo orçamento da HBO. E o resultado ficou muito bom. Os telespectadores puderam ver o que significa para um iniciante — a única experiência do vencedor com cinema havia sido como assistente de produção — dirigir um filme. Os atores participaram do elenco por cachês muito menores do que aqueles que costumam receber, e a companhia conseguiu contratar força de trabalho por preços abaixo das tabelas determinadas pelos sindicatos.

Embora os críticos tenham se dividido quanto ao resultado final do filme, *Stolen Summer*, a série da HBO sobre o Projeto Greenlight foi um sucesso de crítica e público. O jornal *Los Angeles Times* a classificou de "um êxito a que se assiste compulsivamente e se comenta com os outros".[8] Os telespectadores testemunharam cada erro, cada discussão e cada crise ocorrida durante as filmagens. Personagens da vida real de Hollywood justificaram plenamente a imagem estereotipada que temos deles de gente difícil e temperamental. Alguns críticos mais cínicos chegaram a sugerir que o diretor foi escolhido justamente por sua inexperiência e ingenuidade, para criar conflitos entre ele e as personalidades do mundo do cinema. Seja através de planejamento minucioso, seja por pura sorte, o fato é que as pessoas por trás do Projeto Greenlight conseguiram criar uma experiência convincente e muito divertida do consumidor com a marca.

Adicione a isso os seguintes elementos: a equipe do Projeto Greenlight criou uma comunidade global de roteiristas, a seguir permitiu que essa comunidade selecionasse o vencedor do concurso; eles produziram o filme e depois o promoveram com uma série de sucesso da HBO TV. Essa é uma grande Idéia Criativa nos Negócios. E que levou a uma idéia empresarial inovadora. Damon e Affleck são agora co-fundadores de uma companhia chamada LivePlanet, formada com o objetivo específico de criar experiências de integração de mídias no entretenimento. Seu plano é usar mídia tradicional, novas mídias e o mundo real para fornecer um novo tipo de entretenimento. "A LivePlanet está partindo de atividades que as pessoas já conhecem e usam", diz Chris Moore, o CEO da LivePlanet, "como ver televisão, navegar na internet, utilizar-se de aparelhos sem fio e comparecer a eventos — e tornando-as melhores, mais completas e acessíveis. Achamos que isso significa que as pessoas terão mais diversão".[9]

ANTES DE SALTAR:

- Conheça o DNA do consumidor tão bem quanto você conhece o DNA da marca — o espaço entre eles é onde acontecem as ICNs.
- Torne a experiência do consumidor com a marca algo alegre, divertido. No futuro, o fator entretenimento associado à sua marca pode ser uma atração equivalente à do próprio produto.

- À medida que o mundo avança, o consumidor muda. Acostume-se a redefinir a relação com o consumidor e a experiência dele com a marca. As paixões das pessoas mudam.

ED SCHLOSSBERG E ESI

No futuro, iremos lançar mão cada vez mais de parceiros não-tradicionais, aqueles fora do habitual universo de negócios em que estávamos inseridos. Isso é particularmente verdadeiro à medida que começamos a transformar todas as experiências com a marca em experiências de entretenimento, e à medida que se torna urgente conectar os consumidores às nossas marcas e às nossas idéias de novas maneiras.

ESTÁ TUDO NO JOGO

Encontro-me regularmente com gente fora do nosso ramo, e uma pessoa que vim a conhecer é Edwin Schlossberg. Ele tem um doutorado em Ciência e Literatura na Columbia University. É autor de vários livros, incluindo uma coleção de poesias, e é co-autor de diversos livros de jogos. Um deles, *The Pocket Calculator Game Book* ("O Livro de Jogos da Calculadora de Bolso") foi lançado nos primeiros tempos da eletrônica e era algo do tipo "101 jogos que você pode jogar com sua calculadora". Eram, literalmente, jogos em que você usava apenas a calculadora — embora hoje isso pareça muito século XX, era um conceito muito original, e o livro vendeu uma grande quantidade de exemplares em diversos idiomas.[10]

Em 1977, Schlossberg fundou a Edwin Schlossberg Incorporated (ESI), uma firma multidisciplinar especializada em design para locais públicos. Sua companhia fez trabalhos para museus, zoológicos, parques, canais a cabo e empresas públicas. Ele desenhou o saguão de entrada do prédio da AOL Time Warner e instalou um painel de exibição de informações ligadas à empresa de 300 metros, na qual são mostrados alternadamente vídeos com logotipos animados, filmes, programas de televisão e transmissões ao vivo. Da forma como foi projetado, cada visitante é recebido no saguão do prédio com uma exibição diferente.

Ele também criou o museu de ciência e tecnologia na Sony Plaza, o Sony Wonder Technology Lab, onde as crianças aprendem sobre tecnologia enquanto brincam. É um espaço público e gratuito onde o espectador está no centro da experiência e é convidado a se tornar um "aprendiz da mídia". À medida que começa o seu "aprendizado", você vê e ouve grandes momentos da história da tecnologia das comunicações e participa de um treino com a televisão de alta definição. A seguir você pode usar seus novos conhecimentos em atividades que simulam várias profissões ligadas à mídia, como as de engenheiro de robótica, operador de câmera e designer de videogames.

O que atrai Schlossberg a esses projetos, acima de tudo, é a possibilidade de estabelecer experiências interativas, não necessariamente com publicidade ou com marcas, mas criando situações que possibilitem às pessoas a aprender mais sobre alguma coisa experimentando-a. Ele diz que as exposições tradicionais, vistas nos museus, são montadas como quebra-cabeças baseados em idéias combinadas; e cabe aos visitantes entender o conjunto. Ele define as exposições interativas, por outro lado, como jogos. E o que os jogos proporcionam? Entretenimento.

PENSE COMO UM ANIMAL

Em 1981, Schlossberg fez um projeto para a Massachusetts Society for the Prevention of Cruelty to Animals (Sociedade para a Prevenção da Crueldade com os Animais de Massachusetts), uma fazenda-modelo que dá aos visitantes uma visão piedosa do mundo dos animais. A exposição estimula os visitantes a entender as necessidades e o comportamento dos animais ao perceber o mundo da maneira que cada animal o faz.

Havia mais de sessenta atividades interativas diferentes através das quais os visitantes podiam experimentar como é o mundo para um bode, por exemplo, ou como é trabalhar como um cavalo. Schlossberg executou os efeitos visuais através de fibra ótica Sight Masks. No Jogo da Cavalgada, por exemplo, podia-se acompanhar os passos de um cavalo e sentir seus movimentos. Havia até um Labirinto do Cheiro, no qual os visitantes se orientavam pelo cheiro para ir de um ponto a outro da mesma forma que os porcos fazem ao se guiar pelo olfato para encontrar onde há comida. Que idéia interessante.

Engaje-se

Ed Schlossberg também projetou o site e o museu de ilha de Ellis. Todos que passam por lá podem comprovar como ele é muito interessante. Se você sabe que a sua família veio para os Estados Unidos durante a grande leva de imigrantes entre 1892 e 1924, pode pesquisar uma base de dados com 22 milhões de registros daqueles que passaram pela ilha de Ellis na época. No museu, os visitantes usam terminais de computadores para procurar, visualizar e imprimir documentos dos navios que chegavam contendo as listas de passageiros, além de imagens dos navios em si. Você também pode contribuir para o acervo permanente da ilha de Ellis doando relíquias da história de sua família imigrante, como fotografias e documentos oficiais, criando um álbum virtual.

Antes de Saltar: Invista tempo em olhar para além do mundo da publicidade — ou mesmo do comércio — para entender todo o impacto e o poder das idéias realmente criativas. Falando de seus objetivos maiores, Schlossberg diz: "Minhas preocupações são sociais no sentido de que não consigo imaginar nossa cultura dando todos os passos que precisa dar a não ser que estejamos todos engajados no processo criativo — em vez de apenas viajar com os mais sofisticados inventores e artistas".

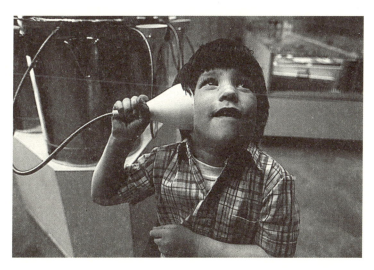

ESI: Fazenda Macomber

Pode parecer que as realizações de Ed Schlossberg não guardam qualquer relação com o pensamento criativo no mundo dos negócios. Mas acho que elas estão intimamente ligadas a ele. Todos os seus projetos dizem respeito a conectar pessoas às Idéias Criativas nos Negócios e a criar novos tipos de experiências de entretenimento. Elas são poderosas idéias criativas.

Capítulo 9

Uma Estrutura para o Pensamento Criativo

Pensamento criativo que rompe fronteiras não é apenas ter uma faísca de inspiração que milagrosamente vai parar num plano de negócios. Ele requer trabalho em equipe e método — e um total compromisso em ver as grandes idéias fluírem. A maioria das empresas não consegue fazer isso sozinha.

Memorando para Cabeças Corporativas: O Valor da Colaboração

Nem todas as empresas têm um Richard Branson, um Thomas Krens ou um Akio Morita. Para aquelas que não têm, não é preciso muito esforço para perceber que a melhor opção é a colaboração criativa. No caso, não estou me referindo àqueles suspeitos de sempre — o comitê de pessoas "criativas" da empresa que você reúne quando surge um desafio que exige habilidade nas comunicações. Essas pessoas podem resolver muitos problemas. Mas é muito pouco provável que elas lhe sugiram as rupturas que conduzem às Idéias Criativas nos Negócios.

Para chegar às ICNs inovadoras, é melhor apostar num parceiro *criativo* estratégico que possa trazer o pensamento criativo para o seu negócio — que possa ajudá-lo a dar o salto. Do meu posto de observação, posso dizer que a melhor escolha é estabelecer parceria com uma agência. Por quê? É simples: nenhum outro ramo de negócios é tão densamente habitado por pessoas criativas. Afinal, metade delas é paga apenas para apresentar idéias criativas.

Aqueles de vocês que trabalham em firmas de consultoria administrativa — ou as contratam — talvez se sintam ressentidos pelo que considerem um equívoco da minha parte. Mas se você está à procura de firmas de consultoria para encontrar o verdadeiro pensamento criativo, está procurando no lugar errado. A especialidade delas não é criatividade, é análise. E muito embora as pessoas especializadas em análises possam acumular dados, estudar mercados, rastrear hábitos do consumidor e chegar a algumas conclusões intrigantes, não é provável que elas lhe ofereçam o tipo de pensamento inovador a que me refiro. Elas teriam conseguido reformular o metrô de Paris? Transformar em moda a indústria de tintas na Suécia? Recomendar a construção de uma ponte em Buenos Aires? Inventar a MTV ou o Yahoo!? Acho que não.

No ambiente de negócios em que nos movimentamos, o pensamento estratégico — não importa o quanto ele é brilhante ou dirigido ao alvo certo — não é suficiente. Ele não consegue aquilo que cada vez mais clientes pedem a seus parceiros para fazer: revigorar estratégias de marcas que se enfraqueceram, ajudá-los a tirar partido de todas as mídias, fornecer competência para construir suas marcas e seus negócios e ajudá-los a revolucionar seus próprios ramos de negócios.

Irv Hockaday, da Hallmark, sabia disso. Por isso mesmo, depois de que os suspeitos de sempre se reuniram sem chegar a grandes idéias, ele abandonou as firmas de consultoria administrativa e lançou mão de agências de publicidade. Ele entendeu que precisava de gente que pudesse trazer pensamento criativo para seu negócio. Quando o cérebro esquerdo encontra o cérebro direito, quando o pensamento criativo é aplicado à estratégia de negócios — aí é que se alcançam as idéias capazes de operar transformações. E nós, nas agências, podemos fazê-lo sem termos que nos transformar em firmas de consultoria.

CITROËN XSARA PICASSO

O lançamento do Xsara Picasso pela Citroën, em 2000, ilustra perfeitamente como uma agência de publicidade pode usar uma Idéia Criativa nos Negócios para fortalecer uma marca. Os anos 90 não foram fáceis para a Citroën. Desde o lançamento triunfante do DS, em 1955, a empresa construiu uma reputação de inovação e ousadia. Seus modelos eram símbolos de seu tempo. Mas na última década do século, a inspiração desapareceu. Os novos modelos não eram suficientemente diferentes dos carros da concorrência para ganharem destaque. Eles não conseguiram se firmar no mercado.

O desafio, portanto, era descobrir como dar novo impulso a uma marca madura e fazer com que ela voltasse a ser sinônimo de inovação. Jacques Séguéla, um publicitário com paixão pela marca e que comandou a publicidade da Citroën por trinta anos, teve uma idéia realmente original: chamar a nova minivan compacta da Citroën de Picasso. Os carros são freqüentemente batizados com números, às vezes em combinação com letras — Lexus RX 300 ou Acura 3.2 CL, por exemplo. Em outros casos, usam-se nomes inteiros, mas eles tendem a ser vazios de significado para poderem funcionar em todos os mercados. Agora, pela primeira vez, um carro procurava se apropriar do nome de um artista — um gigante de seu século. Depois de longas negociações com os beneficiários do nome (a Pablo Ruiz Picasso Foundation), nas quais se estabeleceram regras e limites para a campanha publicitária, o conceito foi lançado no final de 1998.

UM NOVO CAMPO DE BATALHA

Naquela época, o mercado de minivans na França era amplamente dominado pelo Renault Scénic, líder histórico desse segmento. O Scénic criou o padrão de minivans compactas aplicando o conceito de *espace* a um veículo menor. Sua posição era forte, e atacá-la diretamente seria ineficaz. A chave era a diferenciação. O campo de batalha tinha que ser deslocado para um terreno mais vantajoso para o novo modelo da Citroën.

A Idéia Criativa nos Negócios foi ignorar as intermináveis discussões sobre espaço para os passageiros, modularidade, design inteligente e dirigibilidade, focando na criação de uma experiência publicitária amparada na imaginação — e nos valores embutidos no nome *Picasso*. Essa estratégia original, inteiramente derivada do nome, balançou a posição do líder e permitiu à Citroën estabelecer seu próprio universo de referências.

O comercial de televisão em que a campanha foi centrada baseou-se nesse espírito, recusando-se a fazer o discurso convencional sobre o produto. Era ambientado numa fábrica, na linha de montagem do Citroën Xsara Picasso. Os robôs encarregados de pintar as carrocerias fazem seu trabalho em silenciosa resignação. De repente, um deles interrompe a rotina e faz um desenho num dos carros, em estilo semelhante ao de Picasso. Um guarda chega. O robô, com medo de ser flagrado interrompendo o andamento da linha de montagem, move-se em direção a um dos párachoques do carro e assina: "Picasso". O slogan da campanha é: "Citroën Picasso: a imaginação em primeiro lugar". A música reforça a situação de não-conformismo, com o verso "Eu não quero trabalhar".

REVIGORANDO A PERSONALIDADE DE UMA MARCA

O comercial mexeu com a emoção dos consumidores, despertando a chama de originalidade, liberdade e criatividade que queima em cada um de nós. Os telespectadores imediatamente perceberam o carro como uma alternativa não-conformista e positiva à monotonia dos carros convencionais. A personalidade do Xsara Picasso sugeria uma nova abordagem do automóvel: por que não colocar uma pitada de Picasso na sua rotina ao volante? Por que não seguir uma escala de valores em que a imaginação supera a resignação, a criatividade substitui a autoridade e as diferenças triunfam sobre o conformismo?

A simplicidade e o caráter universal desses valores fizeram da campanha um sucesso internacional. Utilizada no Brasil, na Europa oriental, na Inglaterra e na Itália, ela bateu recordes de impacto em sua categoria em todos os lugares, disparando para o topo dos testes Taylor Nelson Sofres em todos os países em que foi exibido (média de 90% de índice de lembrança, média de 85% de índice de aprovação). As vendas seguiram pelo mesmo caminho: o Xsara Picasso rapidamente se tornou um dos líderes europeus no segmento de minivans compactas. Hoje, o nome continua a inspirar a publicidade. As campanhas que vieram depois do comercial "Robô" ainda se baseiam na força da personalidade em oposição aos atributos do carro.

ALÉM DA COMUNICAÇÃO DE MARKETING, NA ESTRATÉGIA DE NEGÓCIOS

Como em qualquer Idéia Criativa nos Negócios, essa ICN produziu outros resultados além do aumento nas vendas e do amplo reconhecimento de um modelo de automóvel. A decisão de desenvolver a personalidade do modelo a partir do nome Picasso criou terreno fértil para o crescimento de todo o negócio. Depois dos anos sombrios na década de 90, o Picasso conduziu a Citroën de volta à linha de frente da indústria e antecipou o lançamento de modelos atraentes e inovadores como o C3 e o C3 Pluriel. A ênfase na imaginação pavimentou o caminho para a volta aos valores essenciais da empresa, que estiveram subutilizados durante vários anos e são transmitidos pelo slogan: "Você não pode imaginar tudo o que um Citroën pode fazer por você". Ele revigorou os pontos principais da imagem que faz da Citroën uma marca notável em seu mercado: inovação, atratividade e proximidade. Foi também uma maneira de usar o passado da marca como um trampolim para o futuro, e de reviver a lenda. Desde 1999, a marca com o logotipo dos dois ossinhos da sorte tem visto suas vendas aumentarem na Europa, cada ano batendo o recorde do anterior.

Como você pode estruturar sua empresa de forma a que as Idéias Criativas nos Negócios floresçam? E como agências e clientes podem estabelecer seu relacionamento de forma a ampliar ao máximo o nível de pensamento criativo que se instala entre elas? Leia a seguir.

COMO ESTRUTURAR SUA EMPRESA PARA O PENSAMENTO CRIATIVO

Como alguém estrutura uma empresa para obter o máximo de pensamento criativo? Em nossa agência, acreditamos que o grande pensamento criativo começa não com as pessoas individualmente, mas com equipes — equipes formadas por gente que contribui com diferentes perspectivas.

No capítulo 4, comentei os pontos de vista de Bill Taylor, fundador da *Fast Company*, a respeito de inovação corporativa. Ele sustenta que a razão pela qual as empresas não conseguem inovar com sucesso é que elas mantêm o mesmo tipo antigo de gente, usando os mesmos tipos antigos de ferramentas, fazendo os mesmos tipos antigos de perguntas. É necessário que você lhe dê ouvidos ou discorde, mas acho que precisamos encontrar maneiras de introduzir nas nossas empresas o que Taylor chama de "novos e extraordinários elementos de DNA" e novos e extraordinários pontos de vista sobre o futuro.[1]

> *O ditado "Duas cabeças pensam melhor do que uma" guiava as equipes criativas do século XX. A equipe do século XXI se parece mais com um time de futebol. Diretores de agências precisam atuar como os treinadores dos grandes times. Têm que reunir o melhor elenco de craques com habilidades que se complementam.*
>
> *— Matt Donovan, Euro RSCG Partnership, Sydney*

Não acho que essa necessidade sempre tenha existido, pelo menos não para nós, no ramo da comunicação de marketing. Nos dias em que nosso trabalho era julgado por carretéis de filme e *books* com anúncios impressos, ter uma agência com os talentos mais quentes do mercado era uma vitória. Se você podia atrair e reter os melhores em seu negócio, por que se preocupar?

Bem-vindo ao novo mundo.

Hoje, reunir a equipe certa de talentos não significa encontrar as pessoas mais inteligentes ou criativas. Significa descobrir o equilíbrio correto entre estilos de raciocínio, personalidades e conjuntos de habilidades. Trabalhamos constantemente para integrar "novos e extraordinários elementos de DNA" em nossa rede de agências. Alguns de nossos funcionários cresceram na publicidade, construíram suas carreiras e passaram grande parte de suas vidas envolvidos com ela. Outros sabem muito pouco sobre publicidade no sentido tradicional, mas são hábeis e experientes veteranos em explorar idéias fora das campanhas tradicionais — e têm sucesso nessa atividade.

Mas só porque você reuniu o time certo de pessoas não significa que possa se sentar na poltrona e esperar que os lampejos criativos comecem a aflorar, torcendo para que ao final surjam as famosas centelhas. Não se pode juntar numa sala um grupo de pessoas altamente criativas e entusiasmadas e simplesmente esperar que as idéias criativas comecem a brotar, da mesma forma que não se pode reunir um time de grandes jogadores de futebol e esperar que eles ganhem o campeonato. Você precisa de um plano de jogo. Uma organização. Uma estratégia. Um método — mesmo se esse método se apóia menos em regras do que em sensibilidade e imaginação.

Criatividade não é uma Licença para "Jogar"

O método de criação de Albert Einstein era sobreviver a um dia cinza e tedioso e esperar pela inspiração no final da tarde. Para Isaac Newton, era pensar sem limites — ir além da maçã caindo da árvore para imaginar se a força da gravidade também se aplicava à Lua.

A criatividade liberta. Mas esse é o resultado da criação, não o método para chegar a ela. Decepcionante, eu sei. Como a vida seria mais divertida se o processo fosse tão simples quanto Zorba, o grego, proclamando: "Tire seu cinto — e viva!"

Na verdade, a criatividade é como uma flor de estufa, se me perdoam a metáfora. Você tem que planejar com antecedência as condições que a farão germinar. Depois, quando ela brota, tem que nutri-la. Tem que canalizar a energia criativa que a alimenta. Tem que dar foco a ela. E não se pode fazer tudo isso sem uma metodologia.

ELABORE UM MÉTODO

Então, por onde você começa? Como trazer metodologia para a loucura e a mágica do pensamento criativo? Antes de você saltar, conheça uma empresa que o fez de maneira brilhante. Um grande exemplo: IDEO.

Em uma de nossas reuniões dos cem dias na IMD, em Lausanne, Suíça, estudamos um *case* de negócios de uma companhia de design de produtos muito criativa chamada IDEO, uma das firmas mais inovadoras do mundo em seu ramo e um grande exemplo de pensamento criativo brilhante aplicado ao design de produtos. Ela havia trabalhado no design (ou em sua reformulação) de literalmente milhares de produtos, de escovas de dente a carrinhos de supermercado, de controles remoto a trens de alta velocidade. Entre outras coisas, a IDEO trouxe ao mundo o Palm V, o mouse da Apple e a câmera i-Zone da Polaroid. O diretor-geral Tom Kelley e seus colegas acreditam que o objetivo de toda empresa deveria ser encorajar a criatividade, e que você pode estabelecer um procedimento habitual e um método que lhe permita surgir com grandes idéias regularmente. Ele tem um entendimento peculiar do modo como a criatividade pode moldar os negócios, porque a criatividade *é* o único negócio dele.

A IDEO inventou uma metodologia bem-desenvolvida, continuamente aperfeiçoada — e ilusoriamente simples — para a inovação, que Kelley examina em seu fascinante livro *The Art of Innovation* (A Arte da Inovação). No coração do método da IDEO, assim como em nossa rede de agências, existem equipes. Como Kelley coloca, "É muito simples: grandes projetos são realizados por grandes equipes".[2] Mas não qualquer equipe, no sentido convencional. Uma equipe da IDEO é um grupo cuidadosamente formado com pessoas de formação e experiência diferentes.

> Combinar os talentos corretamente é a essência da criação de estratégias vitoriosas num verdadeiro ambiente de ICNs. Combine esses talentos sem uma reflexão prévia e suas chances de sucesso diminuem. Então, por que confiar na sorte? Entenda os talentos à sua volta, o que os motiva, inspira e desafia, e use esse conhecimento para formar uma equipe capaz de transformar talento em genialidade. No mundo das ICNs, assim como nos times esportivos, a combinação entre diferentes habilidades gera uma energia e um poder que saltam aos olhos. É assim que se criam idéias que mudam efetivamente o raciocínio convencional.
> — Fergus McCallum, KLP Euro RSCG, Londres

A equipe se empenha num processo bem-definido que envolve análise e interpretação, observação, sessões de reflexão, um brainstorming altamente organizado, a que Tom chama "visualização", extensiva elaboração de protótipos, avaliação e aperfeiçoamento e, finalmente, implementação.[3] Deixe-me fornecer um exemplo tirado do livro.

O CARRINHO DE SUPERMERCADO

Nos anos 90, a rede de TV americana ABC procurou a IDEO com uma proposta curiosa. Se a IDEO conseguisse demonstrar uma ação inovadora — reinventando um tipo de produto — a ABC mostraria o processo no programa *Nightline*. Havia duas restrições. A emissora teria que escolher o produto e a firma teria apenas cinco dias para dar conta do projeto.

A ABC escolheu o maior desafio que conseguiu encontrar, um produto antigo e nem um pouco interessante: o carrinho de supermercado. Pense só nisso: quando foi a última vez que alguém redesenhou o carrinho de supermercado? Será que *alguma vez* ele já foi redesenhado?

A primeira providência da IDEO foi juntar uma equipe versátil. Dela fazia parte o time costumeiro de engenheiros e designers com os conhecimentos habituais. Mas a equipe também incluía gente com experiência em biologia, arquitetura, lingüística, administração de empresas e psicologia — pessoas que não enxergam o mundo com olhos de engenheiro ou de designer. Uma combinação deliberada de lado esquerdo e lado direito do cérebro.

Reunida a equipe, seus integrantes foram para as ruas — e para as lojas. Como diz Kelley, o objetivo era "...mergulhar no mundo das lojas de comestíveis, dos carrinhos de supermercado e em todos os detalhes tecnológicos possíveis. Combinando nossos pontos de vista sobre 'perceber' e 'entender' em um dia de trabalho, estávamos praticando um tipo de antropologia instantânea. Estávamos saindo do escritório, convivendo com os especialistas e observando os nativos em seu hábitat".[4]

Alguns integrantes da equipe concentraram-se nas lojas de alimentos. Outros visitaram lojas de bicicletas para se inteirar dos mais recentes materiais e tipos de design usados no mundo do ciclismo. Um grupo focou nos assentos para crianças dos carrinhos de supermercados e decidiu dar uma olhada nas cadeirinhas infantis para automóveis e nos carrinhos de bebês. Outro grupo entrevistou um sujeito que consertava carrinhos de supermercado. Kelley escolheu entrevistar um comprador profissional de carrinhos que trabalhava para uma das grandes redes de supermercados.

No final do dia, como recorda Kelley, "Três metas foram traçadas: tornar o carrinho mais acolhedor para as crianças, imaginar um processo de compras mais eficiente e melhorar a segurança".

A Máquina de Idéias da Cultura IDEO

A segunda manhã foi dedicada a um brainstorming, o que Kelley chama de "...a máquina de idéias da cultura IDEO".[5] As paredes foram rapidamente cobertas por centenas de rabiscos e anotações. A seguir os integrantes da equipe votaram nos seus esboços favoritos. Depois do almoço, os líderes da equipe, que apuraram os votos, decidiram como seriam os protótipos — baseados nas possibilidades técnicas que o prazo permitia — e dividiram a equipe em quatro grupos, cada uma encarregada de construir um modelo de carrinho baseado num foco de interesse.

A velocidade com que os grupos trabalharam foi absolutamente incrível. Em três horas, os modelos estavam prontos. A equipe de design reuniu-se na oficina da empresa com o pessoal da modelagem e da mecânica e selecionou as melhores características de cada protótipo. Nos dois dias seguintes, as equipes de design e da oficina trabalharam juntas, praticamente sem interrupção, para terminar o novo carrinho no prazo estipulado, sexta-feira. Quando o carrinho foi finalmente exibido na TV, para uma audiência de cerca de dez milhões de telespectadores, era um objeto que guardava pouca semelhança com os carrinhos que existem desde tempos imemoriais. Elegante, de linhas curvas, tinha um sistema de encaixe para cestos de mão que permitia ao usuário andar pelo corredor do supermercado apenas com o cesto, deixando o carrinho estacionado. Além disso, contava com dois apoios para copos, um leitor de código de barras, rodas com travas e uma barra de segurança acoplada a uma bandeja de brinquedos no assento para crianças. Fiel à ideologia da IDEO, ele não apenas redefinia o conceito de carrinho de supermercado, ele redefinia a experiência de fazer compras.

Os telefonemas começaram cedo na manhã seguinte — em sua maioria, de executivos de empresas. "A maioria deles estava se danando para carrinhos de supermercado", dizia Kelley. "Eles queriam era saber mais sobre como tínhamos conseguido criar o carrinho. Um CEO me disse que, pela primeira vez, ele entendeu o que a criatividade realmente significava e como ela podia ser usada no ambiente de negócios."

A Máquina de Idéias de Nossa Cultura: Salas de Guerra

Tom Kelley e a IDEO têm conseguido de forma notável oferecer às empresas novos e extraordinários elementos de DNA e novos e extraordinários pontos de vista sobre o futuro. Eles também têm conseguido canalizar de forma brilhante a energia criativa gerada por todo aquele fantástico DNA.

A última coisa que a comunidade de negócios precisa é mais uma análise sobre o que deu errado com o fenômeno ponto-com. Então, vou lhe poupar. Exceto por uma observação: eu não sei se já havia visto antes uma tamanha explosão maciça de pensamento criativo num período tão curto de tempo. Muitas grandes idéias criativas surgiram naquela era. Mas muito daquela energia era mal canalizada e dispersa. Se o casamento entre estratégia de negócios e criatividade é para valer, é melhor convidar o conceito de disciplina para se sentar lado a lado com o pensamento criativo. É isso que define as nossas salas de guerra — disciplina.

Divida o Conhecimento!

A idéia de criar salas de guerra, na verdade, surgiu de algo que observei no início da minha carreira — os executivos de contas estavam sempre escondendo fatos do pessoal de criação. Eles eram quase obsessivos em possuir informações e mantê-las longe de qualquer outra pessoa; eram informações deles e de mais ninguém. No início, não consegui entender. Por que aquela gente era tão possessiva com os fatos? Depois eu descobri. Em meus trinta anos de publicidade, constatei que o pessoal de contas se agarrava desesperadamente às informações porque era através delas que seu trabalho era avaliado na agência — da mesma forma que o pessoal de criação é avaliado por seu *book*, portfólio e carretel de comerciais. Eis por que eles não queriam dividir as informações. Como eles poderiam ter algum valor mensurável se compartilhassem a posse dos fatos?

No pensamento criativo, porém, só se alcança a inovação dividindo informações — não se comportando como senhores feudais defendendo seus torrões. Foi durante os anos que passei na MVBMS que tive a idéia das salas de guerra como uma maneira de mudar essa e outras situações. E como já éramos uma organização descentralizada, democrática e aberta, não precisamos derrubar paredes para colocá-la em prática.

O que é uma *sala de guerra*? É um local físico onde as informações úteis são armazenadas e ficam acessíveis a todos. Tão importante quanto isso: é um processo de aprendizado em grupo e de construção de idéias que acontece num local comum, reservado para esse fim, em cada uma de nossas agências. Em resumo, é um lugar onde o pensamento criativo aleatório se transforma no único tipo de pensamento criativo que tem valor para todos nós: o pensamento criativo canalizado para um alvo.

Toda empresa precisa ser capaz de canalizar a energia criativa. As salas de guerra são parte de um processo que estabelecemos para forçar as pessoas a serem disciplinadas em seu pensamento criativo. Hoje, as salas de guerra estão totalmente integrados na nossa maneira de fazer negócios; são as máquinas de idéias de nossa cultura.

ACESSO LIVRE, PENSAMENTO CANALIZADO

Entre numa sala de guerra em qualquer uma de nossas agências e você encontrará as paredes cobertas de informações — o que chamamos "janelas do conhecimento". Lá repousam visões sobre os negócios do cliente, organizadas para incluir as percepções do consumidor, apurações de votações internas, análises competitivas, tendências de mercado, dinâmicas de negócios, estudos de *tracking* e qualquer outro tipo de pesquisa feita recentemente. Essas informações nos permitem ser totalmente objetivos sobre os negócios de nossos clientes. O conceito de "janelas" veio da cultura da computação adotada pela Microsoft, que deu aos usuários a possibilidade de ter várias fontes de informação abertas na tela do computador ao mesmo tempo. (N.T.: o autor refere-se ao programa "windows",

> *Quando se começa a pensar sobre Idéias Criativas nos Negócios, acontece algo extraordinário. O pessoal criativo fala sobre estratégia. Executivos de contas se tornam criativos. Estrategistas demonstram astúcia sobre negócios. E mais ainda, quando você estabelece esse processo nas áreas de comunicações de marketing, todo mundo — o pessoal de marketing direto, especialistas em interatividade, gente de relações públicas — esquece de suas áreas de atuação por algum tempo. Mas mesmo assim eles trazem para a equipe os pontos de vista que resultam de suas experiências específicas. Idéias Criativas nos Negócios com certeza criam paixão, entusiasmo e energia — justamente o que todo negócio precisa.*
> *— Beth Waxman, Euro RSCG MVBMS Partners, Nova York*

"janelas" em inglês). A premissa é que se você olha para diferentes janelas de informação ao mesmo tempo, em vez de ver cada uma delas separadamente, acaba por enxergar as coisas de outra forma. É a diferença entre tirar uma fotografia com uma lente teleobjetiva ou com uma lente grande angular.

Nas nossas salas de guerra, as janelas do conhecimento atuam na retaguarda, são como os papéis de parede da tela do computador, constantemente modificados. Ao reunir todas as informações no mesmo espaço físico — oferecendo-as a todos ao mesmo tempo, no mesmo local — produzimos um raciocínio melhor. Também importante é o fato de que a sala de guerra integra as pessoas de uma forma não-hierárquica, proporcionando um grau de conhecimento similar para todos. É uma estaca no coração dos métodos hierárquicos da velha escola, em que cada conjunto de informações era guardado, individualmente, pelo contato. Nós eliminamos essas barreiras, compartilhamos as informações e depois as transformamos em visões que, esperamos, gerem grandes idéias. A equipe de mídia sabe as mesmas coisas que os planejadores, o pessoal de criação e o cliente.

Sim, o cliente. Sabe aquele tempo em que o contato era o grande protetor do cliente? Acabou. Em nossa metodologia, o cliente não mais entrega um *brief* ao contato. O cliente faz um *brief* para a equipe, na sala de guerra. E a equipe é montada em função do cliente. O ideal é que o cliente participe do primeiro dia. As salas de guerra são holísticas. Pelo fato de o cliente ser um integrante da equipe, a porta está aberta para um salto criativo ocorrer bem no começo do processo — quando pode ajudar a definir o objetivo empresarial básico e ser usado para inventar e revigorar marcas e negócios.

ANTES DE SALTAR:

- Esteja pronto para fazer uma análise totalmente objetiva — e dolorosamente profunda — do negócio do cliente.
- Estabeleça um método na agência que lhe permita compartilhar informações de forma não-hierárquica.
- Faça do cliente um membro efetivo da equipe.

Seja Específico, Construa em Cima do Conhecimento

"Como alcançar a paz no mundo" não seria um bom tópico para a sala de guerra. É muito geral, muito amplo. Os tópicos das salas de guerra precisam ser bem específicos, do tipo "Como lançamos esse produto?" ou "Como conquistamos participação no mercado?"

Salas de guerra também não são tanques de imersão. Não se pode reunir as pessoas numa sala, expô-las a todas essas informações, julgar o que se aprendeu... e esperar que todos fiquem impregnados de idéias e que elas assomem à superfície. Você tem que construir em cima do conhecimento que adquiriu. E isso tem que ser um processo contínuo. As janelas do conhecimento e o aprendizado que resulta da nossa primeira sessão na sala de guerra nos permite descobrir o que sabemos e o que não sabemos. Aquilo que não sabemos, vamos investigar. Depois, voltamos com as novas informações, fazemos uma reavaliação e construímos sobre o que aprendemos. Inevitavelmente, após a reavaliação, surge algo novo que não sabemos. E começa tudo de novo.

Esse processo de construir nosso conhecimento a partir do chão é extremamente útil como ferramenta para novos negócios. E quando outras pessoas se juntam à equipe, elas podem ser conduzidas através do pensamento em uma hora — nada de grandes curvas de aprendizado. Isso permite que elas comecem a pensar a partir de um ponto muito à frente daquele em que elas teriam que começar.

Antes de Saltar: É importante entender que o trampolim para dar um salto criativo é formado por fatos e dados, não por ficção. O melhor pensamento criativo surge da disciplina, não de um brainstorming desordenado. E quando reunir informações, evite a tentação de censurá-las. O que uma pessoa considera desprezível pode levar outra pessoa a uma idéia revolucionária.

É uma Guerra Contínua

As salas de guerra se tornaram uma metáfora para a cultura da Euro RSCG. Em certa época, na MVBMS, havia dez salas de guerra funcionando ao mesmo tempo, algumas delas sempre reservadas. Em vez de

> *Não podemos viver e respirar ICNs se não cultivarmos o diálogo entre todas as áreas. Podemos dispor das melhores informações do mundo, mas uma ICN não surge apenas de informações. Surge da interpretação dos diálogos que têm como base as informações.*
> *— Sander Flaum, Robert A. Becker Euro RSCG, Nova York*

> *Reunir as diferentes áreas da agência sob o mesmo teto (e, mais importante, sob a mesma liderança) é um pré-requisito para se estimular a mudança em direção ao pensamento sem obstáculos. Ficar restrito aos limites de sua própria área é a morte do que considero a verdadeira criatividade e, portanto, a morte das ICNs.*
> — Mark Wnek, Euro RSCG Wnek Gosper, Londres

marcar reuniões em seus escritórios ou em salas específicas para esse fim, as pessoas começaram a se encontrar lá. Na minha opinião, isso serve de combustível à idéia de que as pessoas podem ser mais produtivas trabalhando em ambientes menores do que em grandes espaços abertos — desde que o espaço tenha o tamanho certo.

As reuniões nas salas de guerra são mantidas em funcionamento até quando for necessário, às vezes até o fim do projeto. A sala de guerra de um cliente em particular está hoje funcionando há 11 anos. E as salas de guerra não estão restritas às nossas dependências. Sabendo como elas são vitais, fazemos cópias em acetato de todas as janelas do conhecimento — dessa forma, podemos "levar a sala" conosco e trabalhar onde quer que estejamos. Às vezes, recriamos a sala de guerra nos escritórios dos clientes. Assim, o conhecimento pode ser compartilhado lá, assegurando que eles estejam envolvidos em cada passo do processo. É certamente uma grande vantagem quando precisamos que eles assinem algum papel.

LAMPEJOS GLOCAIS

A natureza das salas de guerra permite que elas funcionem em vários escritórios ao mesmo tempo, com o mesmo objetivo. Para a apresentação de uma grande campanha global, tivemos salas de guerra operando simultaneamente, por dois meses, em Londres, Paris, Mumbai e Nova York. Cada sala tinha algumas diferenças locais — ênfase em diferentes linhas de produtos, por exemplo —, mas elas foram instaladas de forma a que todas as visões e idéias resultantes delas fossem compartilhadas com os outros escritórios envolvidos na apresentação. Isso significava que uma visão em Paris poderia deflagrar uma idéia em São Paulo, que acabaria sendo processada pela equipe global para um trecho de uma apresentação a ser feita em Londres.

Marian Salzman, chefe da área de estratégia da Euro RSCG, estava envolvida no lançamento. Ela se recorda: "O conceito de sala de guerra se tornou claro para muitos de nós durante esse trabalho com um novo negócio — cada uma das pessoas envolvidas na apresentação tinha as mesmas oportunidades para se inteirar do raciocínio das outras. Com as salas de guerra não há individualismos egoístas. Éramos todos artistas glocais trocando idéias, anunciando-as, refletindo sobre elas, extraindo conceitos do caos".

Não o Faça!

Às vezes as visões que se tem nas salas de guerra podem levá-lo a um lugar onde você nunca tencionou ir. Um caso: Regina, um de meus primeiros clientes quando me juntei à Messner Vetere Berger Carey, era conhecido principalmente por seus aspiradores de pó, embora também fabricasse panelas de pressão e tentasse combinar as tecnologias desses produtos para entrar no mercado de spas domésticos com uma invenção que transformava a banheira comum numa de hidromassagem.

Quando a Regina nos procurou, seus executivos estavam pensando em expandir os negócios e entrar no ramo de purificadores de água. Estavam animados para criar um aparelho de uso doméstico, do tipo que se acopla a uma torneira. O que eles queriam de nós? Saber quantas velocidades o aparelho deveria oferecer.

Para encontrar a resposta, precisamos aprender tudo sobre o ramo de negócios da água. A princípio pensamos que era uma proposta simples — o mercado de purificadores de água não poderia ser algo tão complexo. Mas estávamos totalmente equivocados. A complexidade do assunto era de tirar o fôlego. Acabamos aprendendo mais do que cada um de nós jamais pensou em saber — e certamente muito mais do que sempre quisemos saber.

Nunca chegamos a definir quantas velocidades o purificador de água Regina deveria ter — não houve necessidade de fazê-lo. Isso porque depois que coletamos todas as informações e começamos a criar em cima das janelas de conhecimento, acabamos num lugar totalmente diferente. Não pretendíamos chegar lá; simplesmente fomos levados por nossa investigação.

Nunca vou esquecer a reunião na qual apresentamos nossas conclusões ao cliente. Estávamos na sala de guerra, cercados por todas aquelas janelas do conhecimento, e começamos a conduzir os executivos da Regina através das informações que havíamos adquirido. Começamos com nossas descobertas iniciais, depois explicamos como elas haviam nos levado a procurar por outros dados e, já de posse deles, o próximo passo lógico era olhar para aquele outro fato, no qual aprendemos outras coisas e assim por diante. No final, anunciei que havíamos chegado a uma conclusão, e ela era unânime: não havia oportunidades para um purificador de água de uso doméstico. A Regina não deveria entrar nesse ramo de negócios.

A empresa já havia feito previamente muitas das pesquisas que fizemos, mas não soube como olhar para os resultados ou como construir em cima do conhecimento. Nós havíamos feito o trabalho pesado. Ao final, eles nos agradeceram efusivamente.

Basicamente, havíamos perdido um cliente por nossa própria iniciativa. Mas era a coisa certa a fazer.

A Caixa de Ferramentas Estratégica

As salas de guerra obrigam nosso pessoal a ser impiedoso em seu pensamento criativo. Tudo começa com uma reflexão objetiva sobre o negócio de nosso cliente. Apenas esse procedimento já retira as pessoas de sua zona de conforto; logo elas estarão pensando muito além da mentalidade tradicional das ações de promoção. Em resumo: as salas de guerra nos permitem canalizar toda aquela energia criativa dispersa para o pensamento criativo dirigido e objetivo.

A Euro RSCG Worldwide é composta de 233 escritórios distribuídos por 75 países. Para levar a cultura das Idéias Criativas nos Negócios a cada posto avançado, precisamos proporcionar um método completo e de fácil compreensão. Um método que sirva como uma ferramenta universal, mas que possa ser adaptado às características de cada ambiente. Com o processo Euro RSCG Cinco Pontos™, fizemos exatamente isso. Em toda a agência, ele serve de modelo para a criação de Idéias Criativas nos Negócios.

Por que um método como esse é necessário? Porque acreditamos que, assim como não se pode pintar sem aprender perspectiva ou sem sujar as mãos, assim como não se pode compor uma sinfonia sem saber as estruturas dos acordes, não se pode chegar de maneira consistente a uma Idéia Criativa nos Negócios inovadora sem disciplina e método. O método não é aplicado por um decreto meu e não vem dos escritórios centrais da agência; ele reflete o empenho contínuo e o acúmulo de informações dos planejadores em volta do mundo e suas ações.

Os planejadores usam o método em conjunto com as equipes de contas e clientes, mas ele não é uma lista de regras rígidas, enviadas com a recomendação de que sejam seguidas à risca. Os cinco passos que compõem o método também não são uma abstração científica — você verá que eles têm uma seqüência lógica. Fornecem direções para se canalizar a energia criativa. Mantêm as pessoas focadas. Essencialmente, eles são uma maneira de trazer disciplina para o processo de pensamento criativo... o que nos dá o direito de exigir que a criatividade e os negócios formem um casamento perfeito. É o nosso bilhete de entrada no conselho de administração.

Ponto 1: Esteja atento à marca, ao "prosumidor" e a todas as informações disponíveis (chamamos de *prosumidor* ao consumidor de hoje, mais pró-ativo e com mais poder — são aquelas pessoas que prestam atenção ao marketing e são mais exigentes em suas relações com as empresas, comerciantes e prestadores de serviços). Decifre o público-alvo das categorias de produtos e seus hábitos.

Ponto2: Determine de que forma a marca é vista, hoje, pelos prosumidores e pessoas que têm influência no mercado.

Ponto 3: Determine os objetivos, as variáveis de mercado e os fatos concretos que devem entrar na criação de uma ICN.

Ponto 4: Junte todas as pessoas e todas as ferramentas para gerar a ICN. Não importa que tipo de *briefing* você use — mas use algum.

Ponto 5: Finalmente, avalie o nível de sucesso do projeto. Mas não pare nesse ponto. Use as informações para refinar e fortalecer a estratégia. E nunca pare de fazer a pergunta: essa idéia leva à inovação lucrativa?

A seguir, comece o processo todo outra vez...

Eu enfatizei a todos os nossos escritórios os benefícios que a agência e nossos clientes obtêm dessa abordagem sistemática da criação de ICNs. Também descobrimos que o aprendizado através da prática é de

É sempre útil olhar antes de saltar. A compreensão sobre o que pode e deve ser mudado, e sobre o que jamais deve ser mudado, surge da imersão no assunto. Viva e respire o assunto, torne-se especialista nele, não salte antes de cumprir os três primeiros passos do método das ICNs.
— Fergus McCallum, KLP Euro RSCG, Londres

> *A essência das ICNs é "transformar o próprio negócio", fornecendo "inovação lucrativa". Segundo essa lógica, me parece que a única medida que importa é o ponto principal: lucro, o preço das ações. Acho que se nos desviarmos muito desse critério, confundimos seu significado. O aumento da percepção da marca não é suficiente nesse bravo e empolgante mundo novo.*
> — Ira Matathia, Euro RSCG MVBMS Partners, Nova York

longe a melhor maneira de dominar esse novo tipo de pensamento dirigido a produzir inovação lucrativa. Enviamos equipes para treinar os planejadores e outros funcionários no método dos Cinco Pontos e deixá-los experimentar pela primeira vez a energia que deriva de se focar todos os esforços nesse único objetivo. O treinamento tira as ICNs da esfera da teoria... e as torna tangíveis.Como descreve Marian Salzman, nossa diretora da área de estratégia, "Ao longo dos três dias de treinamento, mergulhamos nosso pessoal no mundo das Idéias Criativas nos Negócios e o ensinamos como usar nosso método dos Cinco Pontos para criar uma ICN própria. Chamamos a isso de 'Playshop', em vez de workshop, porque quando você começa a voar pelas soluções criativas, o procedimento vira pura diversão. Usamos estudos de *cases* para falar dos saltos criativos, das transformações, o embrião de genialidade que pode explodir e se exteriorizar para se transformar num plano de ação. A energia que resulta disso é fantástica".

Dessa maneira, temos imprimido nossa forma de raciocínio peculiar na agência, um escritório de cada vez — um membro da equipe de cada vez.

ANTES DE SALTAR: Reconheça que gerar ICNs não é um processo intuitivo. Exige disciplina e treino. Nosso método de Cinco Pontos não é complicado; seu método também não precisa ser. O importante é ter um método. Quando você chegar ao fim, volte para o começo. Depois que você implementou a ICN, reveja a estratégia e comece tudo de novo.

PLANEJE

Se a construção de marcas não é mais simplesmente uma questão de estratégia de comunicação, mas de estratégia de negócios, não é preciso um salto criativo para perceber que o planejamento estratégico deve ser alçado de coadjuvante a personagem principal. Como esperar que as empresas que são seus clientes o envolvam ativamente em seus processos de planejamento estratégico se o planejamento não ocupa um lugar sublime na sua própria agência? Falar não é suficiente. É preciso fazer.

Qual a nossa parte no processo de planejamento?

Há algum tempo, no encontro anual do Account Planning Group (APG), a lenda do planejamento de contas Jane Newman me deixou lisonjeado ao me apresentar como o primeiro "autêntico planejador" dos Estados Unidos. Vindo da pessoa a quem se atribui ter trazido o planejamento de contas do Reino Unido para os EUA, aquilo significou muito para mim. Embora eu tenha quase certeza de que nunca exibi esse título no meu cartão de visitas, posso dizer que, desde o meu começo na British Motors, tenho me dedicado a tentar entender as conexões entre a marca e as necessidades empresariais e entre a marca e o consumidor. A resposta passa pela psicologia. E fazer as perguntas certas é apenas metade do processo estratégico. O planejamento precisa gerar perspectivas originais, afrontar convenções e criar rupturas estimulantes. Grandes planejadores não respeitam situações assentadas. Eles provocam e desafiam.

Durante os anos em que trabalhei em comunicação de marketing, isso é o que aprendi sobre planejamento — quando ele é feito corretamente:

Planejamento é como contar histórias. O desafio do planejador é encontrar os padrões e a coerência no caos das informações e das opiniões e depois elaborar uma narrativa simples e convincente.

Planejamento é também futurismo. Enquanto a pesquisa monitora o agora, ou analisa acontecimentos pelo espelho retrovisor, o planejamento vive no tempo futuro. Não se trata de pensar sobre o que *é*, mas sobre o que é possível, sobre como antecipar e mesmo começar mudanças.

Planejamento é amparo. O planejamento desempenha um papel vital na alimentação e na proteção das tarefas recém-nascidas e no sustento e desenvolvimento das tarefas já existentes. Como disse Charles Brower, "Uma idéia nova é delicada. Ela pode ser assassinada por uma zombaria ou por um bocejo; ela pode ser apunhalada por uma ironia e dilacerada até a morte por um franzir de sobrancelhas vindo de determinada pessoa".[6]

Planejamento é maternidade e paternidade.

E mais uma coisa: planejamento não requer apenas que se seja visionário, é preciso ser um bom tradutor de idéias.

> O planejamento transporta o brilho e o lampejo da visão
> a um local onde os integrantes da equipe possam vê-la,
> cheirá-la e prová-la.

Qual o ambiente ideal para o planejamento surgir? Aquele em que os pensamentos correm soltos, as informações são compartilhadas livremente, todos contribuem para as idéias brotarem sem restrições e existe disciplina para canalizar essa grande corrente de energia criativa.

Para nós, é a sala de guerra. Qual é a sua sala de guerra?

Cometa Erros

Antes de Saltar: Entenda que você não pode criar uma estrutura que permita às pessoas produzir grande pensamento criativo e depois sentar-se e esperar que dali nasçam apenas grande pensamento criativo e inovações. Se você não está preparado também para erros e fracassos... é melhor nem começar.

Sempre que as coisas estavam indo muito bem, quando os negócios corriam tão nos eixos que era difícil imaginar como poderiam melhorar, lembro-me que Jerry Taylor costumava dizer a seu pessoal na MCI: "Vocês não estão cometendo erros suficientes". Ele queria dizer que se nada falha, você não está correndo riscos como deveria, o que significa que deve estar perdendo algumas grandes oportunidades. Por definição, se você tem uma empresa aberta, se a democratização é o seu mantra organizacional, e se a necessidade de pensamento criativo inovador está arraigada em sua cultura corporativa, as pessoas devem estar correndo riscos, e podem estar cometendo erros. E isso deve ser aceito normalmente. Ninguém deve ser mandado para a guilhotina por errar.

Eu sempre disse: "Prefiro estar errado na segunda-feira do que certo na sexta-feira". Por quê? O mais provável é que, se você esperou até sexta-feira, as idéias que você está apresentando são provavelmente aquelas sobre as quais você tem certeza, mas não são necessariamente suas melhores idéias. É a noção de ter coragem de agir antes que você esteja 100% seguro. E se você estiver errado? Pelo menos você correu o risco. Se está errado na segunda, você tem de terça a quinta para consertar e ainda estar à frente da concorrência.

Quando o ex-presidente americano Franklin Roosevelt corajosamente proclamou que "A única coisa que devemos temer é o próprio medo", poderia estar falando para qualquer um em nosso ramo de negócios, especialmente quando o medo parece se instalar na alma de nossas empresas em tempos de recessão ou quando surge o mais remoto sinal de mau tempo na economia. O medo é o nosso pior inimigo. Isso porque quando as pessoas têm medo, principalmente as pessoas criativas, que são ampla maioria em nossas agências, elas tendem a fazer coisas que em outras circunstâncias jamais sonhariam em fazer — em geral, coisas não muito inteligentes. O maior perigo, especialmente em tempos difíceis nos quais as pessoas temem perder o emprego, não é que o grande pensamento criativo cesse de brotar. É que o pensamento criativo continue a surgir, mas ninguém apresente suas idéias porque tem medo. Medo de ser rejeitado. Medo de ser despedido. Medo de perder a conta do cliente.

Sempre me perguntam: "O que devo fazer, Bob?" E eu sempre digo: "Faça a coisa certa. Faça a coisa certa para o cliente e para o negócio." Porque se você faz o que realmente acredita que está certo, você não pode errar. Podemos perder a conta, mas você não terá errado.

> *O objetivo é ter uma parceria real com o cliente, de confiança verdadeira. Mas o que é confiança verdadeira? Não é dizer a ele: "Ouça-nos, confie em nós". É ter o direito de dizer o que é bom para o negócio. Às vezes você sabe que o que vai dizer não será bem recebido. Mas, para mim, atender um cliente não é agradá-lo sempre. É descobrir como fazer da marca e do produto um sucesso.*
>
> *— Mercedes Erra, BETC Euro RSCG, Paris*

O Fator Medo

Bill Taylor faz uma interessante conexão entre medo e criatividade. Como ele diz, "Qualquer empresa aberta à criatividade e à inovação radical tem que descobrir o que ela pensa sobre o medo... e sobre o medo como fator de motivação. Porque ele é um grande motivador e freqüentemente um motivador muito bom".

Taylor faz uma distinção entre quem deveria ter medo e quem não deveria, e cita a Intel como uma empresa que sabe disso. "É bom para as empresas ter medo", diz Taylor. "Assim como é ruim para as pessoas, individualmente, ter medo. O desafio é: como você faz para ter uma empresa paranóica sem gente paranóica? A Intel descobriu o caminho para isso. Quando Andy Grove diz que 'Só os paranóicos sobrevivem', ele está falando da empresa. O problema com a maioria das companhias, porém, é que a organização não quer se confrontar com seu próprio desaparecimento, mas todo mundo na organização quer — é só o que eles pensam, o tempo todo. Nesse caso você tem uma companhia que confia cegamente em si mesma, cheia de gente morta de medo. É o oposto da Intel, que conseguiu descobrir como ser uma empresa relativamente paranóica sem muita gente paranóica em seus quadros."

Taylor também conta uma história estupenda sobre Marc Andreesen, co-fundador da Netscape. Andreesen mantém uma lista — atualizada todo mês — com dez motivos pelos quais sua empresa vai acabar. Como explica Taylor, "Ele não a usa para amedrontar as pessoas, e sim para sacudir a empresa e tirar sua tranqüilidade. É um pequeno truque limpo".

A Estrutura Física

Digamos que você criou uma cultura corporativa na qual as idéias fluem livremente. Você estruturou sua empresa para ser receptiva ao pensamento criativo. Você tem disciplina e um método a seguir, seja ele de cinco, oito ou vinte pontos. Na sua visão, você criou uma organização descentralizada, democrática e aberta. Está tudo pronto? Talvez não. Depende da aparência do seu escritório.

Escolha qualquer publicação de negócios atual, e provavelmente você vai encontrar um monte de conselhos corporativos no sentido de criar organizações não-hierárquicas e de delegar os processos de decisão. Se você o fizer, garantem esses artigos, logo terá uma empresa transformada e funcionários motivados.

Acho que é ótimo para as empresas derrubar paredes metafóricas e criar organizações abertas. Tenho trabalhado numa companhia assim desde o final dos anos 80 — quando a MVBMS foi fundada. E vejo os benefícios. A cultura aberta foi a máquina que possibilitou a criação das salas de guerra — sem ela, o conceito teria permanecido enredado no limbo da teoria da escola de administração.

O que me surpreende, porém, é que muito dessa conversa sobre "cultura corporativa" é psicológico e teórico. Na minha visão, podíamos nos beneficiar do foco no outro ingrediente crucial para se criar a cultura correta — o espaço físico. Esta não é uma reflexão secundária. Não é uma nota complementar nos ajustes a serem feitos na cultura corporativa. O espaço físico, na verdade, pode ser o componente mais importante da cultura corporativa — é a sua manifestação. Tenho visto, repetidamente, como se pode mudar comportamentos e mentalidades apenas transformando os ambientes.

O Escritório da IDEO

Tom Kelley é um entusiasta da importância do espaço físico. Como ele diz, "O espaço é a última fronteira... você pode moldar as atividades da sua empresa se mudar o ambiente físico de trabalho".[7]

A teoria de Kelley é a de que, assim como a inovação nasce de equipes, as equipes precisam de espaços para ter sucesso e crescer. O local de trabalho é isso — uma estufa na qual a inovação pode florescer. E toda empresa deveria considerar esse espaço como um de seus bens mais valiosos.[8]

Os escritórios da IDEO seguem o que Kelley chama de conceito de "vizinhança". Ele tem espaços de trabalho abertos que funcionam como "parques" para os integrantes da equipe. Tem também "portas tipo celeiro transparentes, de resina Lexan, que podem ser fechadas se os membros da equipe quiserem pôr mãos à obra e trabalhar reservadamente em alguma coisa".[9] Todos são estimulados a colocar uma marca pessoal em seu espaço de trabalho; protótipos de projetos feitos pela IDEO servem como decoração colorida e criativa. Simples cubos de espuma de borracha espalhados pelos escritórios podem se transformar em divisórias temporárias. Todo o mobiliário do escritório, mesmo as divisórias, é removível, de forma a que os membros da equipe possam trocá-los de lugar de acordo com o projeto em que trabalham. Quase todo mundo tem direito a voto para resolver qualquer problema de espaço que surja na empresa. Isso faz parte do conceito de que muitas cabeças pensam melhor do que uma, e de que as soluções realmente inovadoras para os problemas surgem não de pessoas trabalhando sozinhas em seus cantos,

IDEO, Palo Alto

mas de grupos que contribuem com diferentes pontos de vista para enfrentar o desafio.

À medida que a IDEO cresceu, os escritórios se expandiram, mas não sob o mesmo teto. Em vez de se colocar todo mundo num único local, os cerca de 160 funcionários foram distribuídos por sete prédios bem próximos, simulando o que Kelley chama de "um microcosmo de campus de universidade. O estilo e a personalidade de cada prédio reflete seus ocupantes e sua combinação peculiar de projetos".[10] Os espaços livres e os locais entre os prédios são usados como áreas informais de convivência, onde se compartilham idéias e informações.

O que a IDEO conseguiu, e que tantas empresas não conseguiram, foi fazer a conexão entre o espaço de trabalho e o pensamento criativo. Como Kelley observa, mesmo depois que a Amazon.com abriu seu capital, Jeff Bezos continuou num escritório apertado, do mesmo tamanho daquele de seu assistente; essa era uma expressão da cultura corporativa da Amazon. Idem com relação a Andy Grove, que trabalhava num cubículo do mesmo tamanho daqueles de seus funcionários. E ele podia estar certo em fazê-lo — a aparência de seu local de trabalho envia uma mensagem-chave para todos na empresa e para o mundo exterior sobre quem é você. Mas como diz Tom Kelley, "Você tem que criar uma cultura na qual o espaço é importante".[11]

FUEL NORTH AMERICA

Nossas salas de guerra são parte de nossa estrutura física. Elas representam um método, mas também são um espaço real. O que emana daquele espaço — um grupo de pessoas reunidas de forma não-hierárquica compartilhando um nível semelhante de informação — é a materialização de nossa cultura corporativa: aberta, descentralizada, democrática. Mas as salas de guerra não são espécimes raros que mostramos numa exposição. Você não sai das salas de guerra e entra em escritórios divididos em pequenos espaços separados por paredes de verdade ou metafóricas. Você entra num ambiente que representa o que são nossas salas de guerra e nossa cultura.

Por exemplo: entre nos escritórios de Nova York da Fuel North America, uma unidade da Euro RSCG MVBMS Partners, e você vai se

*Fuel North America,
Euro RSCG MVBMS
Partners, Nova York*

ver no meio do que parece ser um *loft* do Soho do tamanho de dois campos de futebol. Agora, imagine-se cercado de janelas, adicione uma vista para o rio e mais 160 estrategistas, profissionais de criação, produtores e planejadores. Tire as secretárias — elas não existem — e os obstáculos. Não apenas os obstáculos psicológicos, mas as paredes, literalmente. O resultado é um espaço que estimula a livre expressão de idéias, um espaço estruturado para incentivar o casamento entre negócios e criatividade.

A agência foi concebida da mesma forma que o espaço — para atender as demandas de marketing da era digital. A Fuel North America foi criada com um objetivo específico: fornecer soluções melhores e mais focadas para um único cliente, a Volvo. Tudo começou quando a Volvo, num esforço para desenvolver publicidade consistente no mercado americano a nível local, e não apenas nacional, decidiu implementar um programa tático que iria consolidar as atividades de mídia locais necessárias para auxiliar as vendas. Para isso, a empresa reuniu vinte grupos de revendedores de automóveis — que na prática se tornaram nossos clientes. Mas havia uma grande questão a resolver: como coordenar publicidade para vinte grupos locais de revendedores espalhados por todo o país, e fazê-lo com a agilidade e os prazos que os mercados locais exigiam?

Em vez de reestruturar nossa agência já existente, criamos outra totalmente nova: a Fuel. Ela é uma agência em separado — rápida, reativa, estruturada exclusivamente para negociar com os diretores de contas locais e, simultaneamente, interagir com a agência matriz para manter a continuidade estratégica e criativa. É sobre esse tipo de ação que nos referimos quando reforçamos a importância da construção "glocal" de marcas. Para ser bem-sucedidas, as marcas globais precisam conter uma única essência em todos os países, com as devidas adaptações e nuances para cada mercado em particular. É a única maneira de se atender aos desejos e necessidades de toda a base de clientes.

Na Fuel, a informação viaja rapidamente, seja através de conversas, telefone ou e-mail. Cabos multimídia se entrelaçam com tubos de ventilação de aço expostos. Há seqüências de cubículos com painéis de vidro fosco que servem como telas de projeção para trabalhos gráficos e comerciais de TV. Os móveis são leves, modernos e funcionais. As reuniões de improviso são tão freqüentes quanto as planejadas. Não há departamentos separados para cada área. Nada de hierarquia. Nenhum escritório com janelas exclusivas. Nem banheiros privativos da diretoria. Todos ficam num espaço aberto, inclusive os sócios. Há integração ao enésimo grau. O espaço não apenas define a cultura, ele é a cultura. E essa concepção tem sido muito bem-sucedida.

BETC Euro RSCG Paris

Se você visitou o 10º *arrondissement* de Paris nos últimos anos, sabe que a última coisa que esperaria encontrar lá é uma agência de sucesso —

BETC Euro RSCG, Paris

e este é um dos motivos pelos quais a BETC Euro RSCG se sentiu atraída por esse bairro operário e com diversidade étnica.

Quando a BETC estava decidindo como deveria ser sua nova sede, a equipe de criação imaginou um local de trabalho que fosse parecido em estrutura e atmosfera ao conforto e à liberdade que temos em casa. Por que colocar as pessoas num escritório apertado, formal, impessoal e rígido se você quer que elas pensem de forma justamente oposta a essas características? Os executivos imaginaram espaços maiores e abertos, com mais luz e leveza — um espaço que refletisse seu fluxo contínuo de idéias e informações de uma área para outra. Eles imaginaram muitas áreas comuns para se trocar idéias e relaxar, assim como lugares menores e salinhas para os necessários momentos de isolamento. Eles acreditavam firmemente que o local de trabalho tem uma influência grande e direta na forma como trabalhamos. Mas eles também reconheciam que o conceito de espaço se estende para além das quatro paredes de um prédio. O local onde ele está erguido é igualmente importante.

BETC Euro RSCG, Paris

A procura pelo local ideal levou três anos — não é fácil encontrar imóveis numa vizinhança acolhedora e ao mesmo tempo próxima ao centro nervoso da cidade. A solução foi uma loja de departamentos fechada nos anos 60, uma construção ampla, antiga e com cinco andares. Em certa época ela havia abrigado uma loja de móveis, depois foi abandonada de novo, e nos últimos 15 anos fora usada como estacionamento. Mas muitos dos detalhes originais ainda estavam intactos: átrios majestosos, arcadas imponentes, janelas enormes, vastas áreas livres e uma belíssima iluminação natural.

Se você entrar nesse prédio hoje, verá que ele se parece mais com uma casa do que com um escritório. Os salões, em cada andar, quase lhe convidam para encontrar os colegas. O quinto andar inteiro, com vistas maravilhosas de Paris, foi transformado num café-bar, completo com espreguiçadeiras para aqueles necessários momentos de descanso (nesta empresa não há suítes executivas nos últimos andares dos prédios — aqui reina o proletariado). Vastas áreas abertas se combinam com pequenas salas e cubículos localizados em volta do perímetro do edifício.

Quando levo meus clientes para conhecer a agência e mostro o departamento de planejamento e pesquisa, eles sempre ficam surpresos. Pela primeira vez, eles vêem todo o investimento que é feito nas idéias. O que gosto nas ICNs é que elas nos colocam num cruzamento entre dois objetivos: procurar pela idéia nos negócios e transmitir essa idéia para o consumidor. Então, existem duas partes: a criatividade estratégica e a criatividade de execução. Até agora, a maioria das pessoas tem pensado apenas na segunda.
— Mercedes Erra, BETC Euro RSCG, Paris

A fluidez do espaço espelha a fluidez da empresa. Há também uma inegável sensação de jovialidade: as pequenas salas de reuniões em cada andar são pintadas em cores primárias fortes e são identificadas não por números frios, mas por nomes. Em vez de se reunir na sala 2206-3W, você se reúne no *box rouge*, no *box blanc*, no *box bleu* ou no *box vert*.

CraveroLanis Euro RSCG

O mundo das agências em Buenos Aires é muito parecido com o de Manhattan, em Nova York, pelo menos no que diz respeito à localização. Tente achar hoje uma agência de publicidade na Madison Avenue — a maioria delas se deslocou em direção ao sul da cidade. Quando a Cravero Lanis Euro RSCG decidiu que era tempo de encontrar uma nova sede, também resolveu procurá-la fora do centro e finalmente a encontrou num antigo depósito portuário em Puerto Madero.

Como é o caso em muitas agências, a mudança para um novo local foi ditada pela necessidade de mais espaço e por planos de expansão futura. Mas a metragem do imóvel estava longe de ser o fato mais importante na escolha. A CraveroLanis aproveitou a oportunidade da mudança para criar um tipo de espaço inteiramente novo.

Os espaços abertos do escritório seguem um diagrama geométrico que transmite transparência e simplicidade. A agência não tem locais privativos, com exceção das salas de reuniões com clientes. Há um bar no meio — completo, com mesa de sinuca — e uma linda vista do rio e das docas. As áreas exteriores são cobertas por amplos jardins cheios de flores e árvores. Existe até um saco de pugilismo — a direção incentiva os funcionários a usá-lo sempre que precisam colocar para fora um pouco de energia. E uma cabine telefônica ao estilo inglês na entrada para dar um pouco de privacidade enquanto se fala ao celular.

A intenção do projeto da agência é estimular o pensamento criativo, eliminar hierarquias e reduzir a burocracia. Pode-se ver todo mundo, encontrar todo mundo e ter acesso a todo mundo — todos estão logo ali.

Seria coincidência que a CraveroLanis tenha sido o local de nascimento da campanha da Billiken, consagrada como a Idéia Criativa nos Negócios número um em nossa rede de agências em 2001? Ou que ela te-

CraveroLanis Euro RSCG, Buenos Aires

nha sido citada pela *Ad Age Global* como a agência mais criativa do ano na América Latina? Ou que a *Gunn Report* a tenha apontado como a sexta agência mais criativa do mundo em 2001? Nenhuma outra agência latino-americana havia alcançado uma posição tão alta.

Não acho que seja coincidência, como também não acho que seja coincidência que a BETC e a Fuel North America tenham ficado entre as três primeiras colocadas em nossos prêmios CBI. Isso não é coincidência, é sólida evidência. Evidência que uma estrutura aberta e não-hierárquica estimula grande pensamento criativo e que o espaço físico é importante.

ESTRUTURANDO RELAÇÕES ENTRE CLIENTES E AGÊNCIAS

Já estamos lá? Vamos dizer que você estruturou sua empresa com vistas ao pensamento criativo. Você tem uma organização aberta em que tudo contribui para as idéias fluírem livremente. Você libertou o pensamento criativo, embora feito com disciplina. E sua estrutura física reflete sua cultura corporativa. Estará você pronto para dar o salto? Quase.

ANTES DE SALTAR: Mais um momento de reflexão. Se você está realmente decidido a fornecer Idéias Criativas nos Negócios para seus clientes, esteja preparado para fazer tudo o que isso exige. Inclusive reestruturar seu jeito de fazer negócios — no interesse de seus clientes.

Foi o que fizemos com a Fuel North America. Não poderíamos ter coordenado uma campanha de publicidade a nível nacional com vinte grupos varejistas espalhados por todo o país, e dar conta da rapidez de respostas que os mercados locais exigiam... sem criar uma nova agência totalmente dedicada a essa tarefa. Então, foi o que fizemos.

Temos nosso pessoal trabalhando em tempo integral em seus escritórios. Assim, temos conseguido entregar ao cliente mais do que grandes anúncios — temos conseguido entregar-lhe soluções de comunicação totalmente integradas... e grandes Idéias Criativas nos Negócios.

O Poder da Unificação

Em nossa rede de agências, já vimos como estruturas abertas e não-hierárquicas levam a soluções inovadoras para nossos clientes. A pergunta que nos propusemos foi: "Poderíamos ir além de uma estrutura não-hierárquica entre pessoas... para uma estrutura não-hierárquica entre empresas?" Já vimos como quebrar barreiras, física e mentalmente, pode estimular o pensamento criativo. Vimos o que pode acontecer quando você vai além dos títulos de diretor de criação, redator, planejador, executivo de contas e, em vez disso, torna-se não-hierárquico, integrado ao enésimo grau e — muito importante — independente da mídia, sem focar a princípio em nenhuma delas. O que aconteceria se você desse um passo à frente nesse conceito? Se você colocasse a independência em um novo local e a aplicasse a nível corporativo? E se a publicidade, o marketing direto, o marketing interativo, a promoção de vendas, as relações públicas e os serviços de consultoria, em vez de serem pequenos feudos lutando pela maior fatia da verba do cliente, também tivessem a mesma importância? E se eles estivessem trabalhando juntos por um objetivo comum: criar grandes Idéias Criativas nos Negócios independentemente da área?

O resultado dessa manobra foi a fusão de 11 das nossas agências americanas em duas agências que agrupam todas as áreas em uma organização. No novo modelo de negócios, cada agência trabalha sob um mesmo centro de lucros e perdas, com um único CEO e uma única equipe de administração. Todas as tradicionais barreiras de integração foram eliminadas — financeiras, estruturais e físicas. Não há incentivo para uma área em particular focar em si própria.

O centro de operações de uma das novas agências, em Nova York, abriga um representante de cada área, junto com a equipe administrativa. Todos se sentam em banquinhos, diante de mesas de trabalho altas. Há muitas áreas abertas, com sofás e ambientes acolhedores onde os colegas podem debater e conversar.

Dois assistentes — também aqui não há secretárias — sentam-se no meio do ambiente. O espaço físico expressa o novo modelo de negócios — focado exclusivamente em proporcionar soluções de comunicação totalmente integradas... e grandes Idéias Criativas nos Negócios.

Enquanto muito de nossos concorrentes estão ocupados tentando remodelar as estruturas antiquadas, vindas do século XX, de suas agências, acho que criamos a agência-modelo para o século XXI. Pense a respeito, e pergunte-se: você está tentando competir no admirável mundo novo do século XXI com uma estrutura de agência que cumpria seu objetivo lá atrás no século XX? As regras mudaram. Os negócios de nossos clientes mudaram, de forma revolucionária. Você também não precisa mudar de forma revolucionária?

Exija um Relacionamento Criativo

Então você está lá. Está pronto para dar o salto. Tem uma agência que foi estruturada para aplicar o pensamento criativo às estratégias de negócios de seus clientes. Você está querendo reestruturar sua própria agência para atender às necessidades do cliente, se for preciso. Sem problemas.

Agora vamos ao outro parceiro nessa relação: o cliente. Você precisa reestruturar as relações entre cliente e agência? Sim, precisa, se vocês vão realmente trabalhar juntos como parceiros, se você vai criar um ambiente no qual o salto criativo acontece bem no começo do processo, quando ele pode ajudar a definir a idéia básica do negócio e ser usado para criar e definir marcas e negócios.

Qualquer empresa, não importa de que ramo, tem o direito de exigir de sua agência um relacionamento de negócio criativo. Não é apenas um direito: eu diria que é um imperativo. E esse relacionamento de negócio criativo precisa incluir a alta administração tanto da empresa quanto da agência — todos precisamos reconhecer que as lições de criatividade

A cada geração uma idéia surge e acaba com tudo o que veio antes. A união do lado esquerdo com o lado direito do cérebro para gerar Idéias Criativas nos Negócios certamente é uma novidade no pensamento das agências. Ela irá fazer com que todas as áreas enfrentem desafios maiores, trabalhando por objetivos mais altos. Libertar as mentes do pessoal de mídia, de planejamento, de pesquisa, de criação e de contas para raciocinar sem fronteiras estabelecidas ou restrições de idéias significa colocar no jogo toda uma nova força criativa.
— Jim Durfee, Euro RSCG MVBMS, Nova York

começam no topo. Esse caminho tem duas mãos: toda agência tem o direito de exigir um relacionamento criativo de seu cliente.

E não se engane: essas exigências recíprocas vão mudar a natureza dos relacionamentos.

Não Seja Tão Protetor

Nosso velho mundo era tão confortável, não é mesmo? Principalmente se você fosse um cliente. Nós preparávamos um *brief* criativo com sua proposta exclusiva de vendas: seu produto é mais puro, é mais brilhante, é mais forte. Seu executivo de contas pegava essas informações e brifava o pessoal da criação, a equipe de mídia e quem mais precisasse desses dados sigilosos. Todas as solicitações na agência tinham que passar pelo executivo de contas. Ele era o seu contato principal. Quanto mais ele o protegia, melhor estaria fazendo o seu trabalho.

Não é que nós deixássemos de praticar nossa própria forma de protecionismo. No velho mundo, nós evitávamos que certos tipos de informação chegassem até as pessoas. A teoria era: dê a elas somente aquelas informações de que elas precisam. Se você é alguém da criação, e está criando um comercial de trinta segundos, o quanto você precisa realmente saber? Precisa saber a proposta exclusiva de vendas: mais puro, mais brilhante e mais forte. Isso devia bastar. O pessoal de criação raramente saía de seu andar no prédio. Eles ficavam no seu canto e deixávamos que fizessem o que melhor sabiam fazer. Era a abordagem Albert Einstein do pensamento criativo. Melhor não interferir com o processo criativo, nós dizíamos.

No velho mundo, a agência era o fornecedor; o cliente era o comprador. A agência fazia a criação; o cliente fazia o julgamento. Sob o antigo modelo de negócios, assim estava bom. Funcionava. Nós criamos alguns grandes anúncios juntos. Até ganhamos um monte de prêmios.

Mas a publicidade não gira mais ao redor de "propostas exclusivas de vendas". Ela não envolve apenas a comunicação de marketing. Ela envolve agências criativas e clientes tornando-se parceiros na solução de problemas estratégicos de negócios. E isso exige que todos nós deixemos os nossos nichos de conforto.

Agora volto ao ponto onde começamos. A saber, as Idéias Criativas nos Negócios não nascem do isolamento. Elas nascem de equipes que compartilham a mesma ampla base de conhecimento. Elas surgem quando a compreensão da marca e do DNA da empresa é tão profundo quanto o conhecimento sobre o consumidor. E chegar a esse ponto exige que todos os envolvidos contribuam com informações e idéias desde o início do processo, inclusive o cliente. Portanto, se você é um cliente, diga adeus ao tempo em que o executivo de contas era seu grande protetor.

Garanto que você não vai sentir saudades desse tempo. Porque o processo em que você vai se envolver será muito mais recompensador do que a decisão sobre como será o seu próximo comercial de trinta segundos. Vi isso acontecer com nossos clientes, que adoram a abertura que redefiniu nossa maneira de trabalhar. O clima é contagiante.

AS AGÊNCIAS ESTÃO PRONTAS PARA A TAREFA?

Coloquei a seguinte questão para Bill Taylor: "As empresas estão prontas para que suas companhias criativas e agências as ajudem a definir a estratégia de negócios? Elas estão prontas para um casamento harmonioso?"

Taylor acha que as boas empresas entendem que as fronteiras tradicionais, em todos os níveis, estão evaporando, evoluindo e assumindo novos contornos. Só porque você tem feito negócios de um determinado jeito nos últimos trinta anos não significa que deve continuar a fazê-los da mesma maneira nos próximos trinta. Por outro lado, como ele diz, "Pode acontecer de as agências ambicionarem fazer coisas das quais não são capazes. Deus sabe, existe uma diferença entre querer oferecer uma gama mais ampla de idéias e serviços e ser realmente capaz de fornecê-los".

Basicamente, observa Taylor, as empresas agora se sentem confortáveis em cooperar com as mesmas empresas com as quais competem — e estão aderindo a procedimentos que seriam impensáveis há vinte anos. "E se você pode fazer negócios com seus arquicompetidores", ele diz, "tudo indica que as empresas podem ter a versatilidade de achar que suas agências devem estar preparadas para fazer mais por elas do ponto de vista estratégico, e desempenhar um papel maior em seus negócios."

Tendo adquirido versatilidade, só lhe falta mais um elemento. Uma coisinha chamada *confiança*.

Confiança

MCI, Intel, RATP, Room Service, Billiken. Todas as Idéias Criativas nos Negócios de que já fui testemunha *jamais* teriam visto a luz do dia, e muito menos teriam sido postas em ação, sem um profundo e duradouro sentimento de confiança. A confiança permitiu ao pessoal da RATP e nossas agências em Paris trabalharem em conjunto nos últimos sete anos e meio para mudar o metrô da cidade. A confiança permitiu à MCI transformar as chamadas de longa distância de commodity em marca. A confiança possibilitou a construção de uma ponte projetada por Calatrava em Buenos Aires.

Confiança é fundamental em tudo o que fazemos. Em que medida? Quando fiz uma enquete entre alguns de meus colegas sobre os elementos necessários para criar um ambiente capaz de estimular ICNs, a palavra confiança aparecia repetidamente nas respostas. E fiquei intrigado ao constatar que várias delas enfocavam aspectos diferentes do conceito de confiança. Em conjunto, elas contêm as seguintes lições:

- *A confiança está relacionada ao compromisso — e à certeza de que todos na equipe estão comprometidos com a idéia da mesma forma que você.* Isso se aplica tanto ao cliente quanto aos membros da equipe individualmente. Daniel Pankraz, da Euro RSCG Partnership, em Sydney, disse-me que "Ao pôr em prática uma ICN, a confiança entre os funcionários e a dupla agência/cliente traduz o compromisso com a causa". É essencial, ele diz, que "todos sejam movidos pelo mesmo enorme entusiasmo em mudar os negócios do cliente de uma forma positiva, e não apenas agir como uma fábrica de anúncios!" Isso faz sentido. Todos sabemos como é difícil manter firmemente o foco quando você suspeita de que todo o seu trabalho duro possa ser inutilizado pela falta de comprometimento de outras pessoas envolvidas no processo.
- *A confiança é baseada num entendimento claro de um conjunto de objetivos comuns.* "Quanto mais atuo nesse ramo", diz Tom Moult, da agência

Moult, em Sydney, "mais percebo que a confiança é o ingrediente de maior importância em qualquer relação de negócios. Construir essa confiança é a primeira tarefa a ser feita em qualquer novo relacionamento. Para isso, é absolutamente fundamental que todo mundo nas duas (ou mais) equipes entendam os objetivos finais que devem ser alcançados. Isso parece muito claro, mas na prática requer que o processo seja administrado de maneira firme, atenta e visível para manter a todos no mesmo barco."

- *Confiança requer abertura e compartilhamento.* "Só através de uma completa colaboração no que diz respeito a informações, idéias e objetivos pode-se chegar às melhores soluções", escreve Phil Bourne, da nossa agência KLP Euro RSCG, em Londres.
- *A confiança é forjada em um relacionamento de cada vez.* Não existe algo como a confiança entre uma empresa e uma agência. A confiança se desenvolve entre pessoas, com fluxo e refluxo em bases individuais. "Na verdade", diz Aron Katz, da Euro Partnership em Sydney, "a confiança entre agência e cliente, ao nível pessoa a pessoa, é a pedra angular de muito do nosso trabalho atual!" Concordo plenamente.
- *Não pode haver confiança sem respeito.* Eu posso gostar muito de alguém na empresa de um cliente, e essa pessoa pode gostar de mim, mas se não respeitamos as habilidades, a experiência e os conhecimentos um do outro, não temos como construir uma parceria de negócios. "Sem um ambiente de confiança, as ICNs não funcionam", diz John Dahlin, da Euro RSCG Tatham Partners. "O cliente precisa confiar na equipe da agência e em suas habilidades antes de se abrir a respeito de seus problemas e oportunidades no mercado." Isso remete a uma das características fundamentais das ICNs: se você não pode ter acesso irrestrito a uma empresa — seus dados, suas idéias, seus fracassos anteriores, a visão de seus líderes — não adianta investir o tempo e o esforço necessários para criar uma ICN. Para uma Idéia Criativa nos Negócios ser totalmente eficiente, não pode haver segredos. Glen Flaherty, da Euro RSCG Wnek Gosper, coloca dessa maneira: "Sem confiança, qualquer ICN que venha a surgir numa agência fica entregue à própria sorte. Para que floresça uma cultura de ICNs precisa haver parceria autêntica. Temos que nos tornar íntimos. Precisamos chegar perto do seu negócio e você chegar perto do

nosso. É necessário que confiemos um no outro o suficiente para dividirmos nossos sonhos, para despirmos nossas almas".

Importante: a confiança torna-se mais forte com o sucesso mútuo — e esse é um dos efeitos colaterais positivos das ICNs. "Em geral, ao longo de uma relação de negócios, quanto maior o desafio e quanto maior o sucesso, mais confiança e respeito se estabelece entre as partes", diz Jim Durfee, da Euro RSCG MVBMS. "Nesse sentido, a ICN abre caminho para que se desenvolva um forte relacionamento cliente/agência num nível bem acima dos limites estreitos da publicidade tradicional."

UM *BRIEF* CRIATIVO PARA O SÉCULO XXI

Às vezes fico pensando como seriam os negócios da Hallmark hoje se não fosse pela visão de Irv Hockaday. Tento imaginar como as coisas seriam diferentes se Hockaday tivesse procurado as agências com um *brief* criativo tradicional e dissesse: "Ei, os negócios estão parados. Preciso de uma campanha publicitária. Me preparem alguns comerciais de TV". Em vez disso, ele disse saber que a marca era muito valorizada pelos consumidores. Sabia que os consumidores veriam com bons olhos sua expansão para outros tipos de produtos. O que ele não sabia era que produtos seriam esses. E aquele foi seu desafio para as agências.

Se você entrega um *brief* criativo sem muita definição para sua agência ou empresa criativa e espera que elas voltem quatro semanas depois, sem ter nenhum contato com elas nesse período, estará destruindo suas chances de algum dia se ver frente a frente com uma ICN. A não ser, é claro, que a sua agência tenha a coragem e a convicção de procurá-lo e desafiar sua proposta.

Mas imagine as possibilidades que surgiriam se transformássemos completamente nosso modo de pensar sobre comunicação de marketing. Se abandonássemos nosso pensamento do século XX e começássemos a fazer o que devemos fazer: inventar um novo tipo de *brief* criativo para o século XXI, para o tempo em que vivemos hoje.

"Nas margens da história, o vento está soprando em nossas faces", escreve o futurologista William Irwin Thompson.[12] Parece excitante. Por que não vamos até lá e, juntos, inventamos o futuro?

Capítulo 10

Dê o Salto

Tudo isso é um perigo para corações fracos.

As Idéias Criativas nos Negócios, em todos os níveis, exigem coragem. É preciso coragem para desenvolvê-las, coragem para apresentá-las, coragem para lutar por elas e coragem para aplicá-las.

É preciso coragem até para abraçar o próprio conceito de Idéias Criativas nos Negócios. Significa estar aberto ao pensamento criativo e disposto a aplicá-lo à estratégia de negócios. Significa ter a coragem de dar o salto criativo e transformar seu negócio de uma forma que você nunca imaginou. Você precisa de coragem para convidar a criatividade para a sala do conselho de administração.

Ainda assim, a ironia é que, embora a necessidade de trazer o pensamento criativo para os negócios nunca tenha sido tão grande, ter coragem nunca foi tão difícil.

Vivemos em tempos de incríveis desafios. As mudanças que ocorreram estão muito além de qualquer coisa que pudéssemos imaginar há apenas alguns anos. Essas mudanças fizeram do mundo de hoje um lugar muito mais incerto em muitos aspectos. Essas mudanças afetaram o mundo da publicidade, o mundo dos negócios — e o mundo de cada um de vocês que está lendo este livro. A incerteza mudou a vida dos consumidores, a economia das agências e os negócios de nossos clientes. Ela está mudando a própria natureza de *todos* os nossos negócios — o que é compreensível, e preocupante.

É preocupante porque nosso trabalho de construção de marcas e de negócios é muito importante. Diante da adversidade, a demanda por idéias e lideranças criativas, e por trabalhos brilhantes de construções de marcas, é enorme. Considerando-se a realidade econômica e social de hoje, capitalizar em cima do pensamento criativo é crucial. O pensamento criativo, sob certos aspectos, representa o capital intelectual de nosso ramo e, possivelmente, dos negócios em geral. Ele está no coração do liberalismo econômico que norteia nosso modo de vida.

Mas a incerteza e o medo são os inimigos do espírito criativo. Quando as pessoas têm medo de correr riscos ou cometer enganos, elas têm medo de dar o salto. E pode-se ter certeza que as melhores idéias nunca serão apresentadas. Agora, mais do que nunca, o sucesso de todos nós — cliente *ou* agência — depende da coragem e da liderança que cultivarmos juntos.

O que fazemos não está ligado apenas à publicidade, ao marketing ou à comunicação. Está ligado à criatividade. À visão criativa, à liderança criativa e às idéias criativas que geram novas oportunidades de construir negócios. Mas o caminho para fazê-lo de forma eficaz — especialmente em tempos de incerteza e medo — é através da coragem. Não apenas a coragem de ser competente, mas a coragem de ser extraordinário.

"Nada de medo" é o mantra entoado em nossa rede de agências. Esperamos dar saltos sem medo diariamente — ou pelo menos tentamos, sem medo, dá-los — e somos destemidos em nossa busca por Grandes Idéias Criativas nos Negócios. Enquanto você se prepara para dar o salto em sua própria empresa, aqui vão dez recomendações-chave:

1. *Diga adeus à publicidade.* Dê um afetuoso *adieu*, faça suas despedidas, e vá em frente. Este é o fim da publicidade, e é o começo de algo novo, algo muito mais emocionante e recompensador. Aplique o pensamento criativo à estratégia de negócios. Dê regularmente saltos não-lineares, de A para B... para M ou talvez até para Q. Não pergunte "Qual é a idéia publicitária criativa?", mas sim "Qual é a Idéia Criativa nos Negócios?"

2. *Reduza a taxa de mortalidade.* Tire a placa de "Não Perturbe" da porta e convide a criatividade para a sala de reuniões. Na verdade, exija sua presença lá — como um membro vitalício do conselho de administração. E se você não tiver altos executivos que abracem o pensamento criativo? Contrate os serviços de quem abrace — e ajude a reduzir o índice de mortes de ICNs. O único ponto em comum que observo em todas as Idéias Criativas nos Negócios é um alto grau de aceitação do pensamento cria-

tivo nas altas esferas da empresa. Se uma idéia criativa não nasce lá, ela ao final será abatida lá. E não se esqueça dos futuros diretores. Eduque os líderes emergentes de amanhã e semeie uma nova geração de executivos e CEOs que abracem o pensamento criativo.

3. *Escolha um parceiro que use o lado esquerdo e o direito do cérebro.* Aos CEOs capazes de dar os saltos por si próprios, que vocês voem cada vez mais alto em suas empresas. Para aqueles que precisam de ajuda para trazer o pensamento criativo para seus negócios, seja seletivo e escolha o parceiro certo. Em outras palavras, a agência criativa certa. Porque você precisa não simplesmente de um parceiro estratégico, mas de um parceiro estratégico *criativo*, e metade das pessoas no nosso ramo são pagas justamente para apresentar idéias criativas. As agências são mais bem equipadas para gerar o tipo de raciocínio "cérebro direito encontra o cérebro esquerdo", aquele capaz de transformar os negócios. Não estou sendo parcial; é um fato.

4. *Não dirija sua atenção apenas ao consumidor.* O velho modelo para se construir marcas expressivas nos negócios era baseado na ação de se entender o consumidor. Mude isso. Explore profundamente, torne-se íntimo do DNA da marca e do negócio, assim como você faz com o DNA do consumidor. O espaço entre os dois é onde as Idéias Criativas nos Negócios nascem. Pergunte e descubra, em profundidade, em qual negócio você realmente está (ou seu cliente está) e qual a posição do consumidor.

5. *Deixe os cantores cantarem e os dançarinos dançarem.* Seja você uma agência ou um cliente, crie ambientes nos quais os cantores e dançarinos possam florescer. Comece com a idéia de uma estrutura descentralizada, aberta, não-hierárquica. A seguir estabeleça um método que lhe permita canalizar toda aquela energia criativa para um raciocínio focado, estratégico e criativo. Permita a você e a todos compartilhar informações, cometer enganos e (sim) aceitar fracassos. Lembre-se também de que o espaço físico não é um elemento secundário — é a materialização da sua cultura corporativa. Então, vá em frente, derrube as paredes e livre-se do escritório cheio de esquinas.

6. *Elimine os feudos.* Independência da mídia é a palavra de ordem aqui, tanto na sua estrutura corporativa como no pensamento criativo. Elimine os feudos em guerra e proclame que todas as áreas de comunica-

ção são equivalentes. E se você se sente realmente destemido? Dê a eles um conjunto de metas comuns e deixe-os brilhar. Em vez de tentar consertar a estrutura de sua empresa, danificada e egressa do século XX, crie um novo modelo de negócios para o tempo em que vivemos.

7. *Seja divertido.* Estamos todos no negócio do entretenimento. Com cada Idéia Criativa nos Negócios, proporcione não apenas um forte componente de produto e um forte componente de comunicação, mas também uma poderosa, tangível e altamente divertida experiência do consumidor com a marca. À medida que entramos na era da experiência multimídia, multicultural e multinacional com a marca, o entretenimento logo se tornará um atrativo maior do que nossos próprios produtos. O fator entretenimento precisa ser encaixado na experiência total com a marca desde o início. Com o novo uso do entretenimento, podemos recuperar o antigo poder da mídia de massas.

8. *Isso não é namoro, é casamento.* Procurando por uma relação sem compromissos? Um namoro ocasional agora, outro mais à frente, mas nada muito sério? Então, não dê o salto de forma alguma. Idéias Criativas nos Negócios são o resultado de uma combinação rigorosa de trabalho em equipe e meticulosa disciplina. E quando acabar? Não acaba. As Idéias Criativas nos Negócios não são um evento isolado. Não é apenas um namorico e... adeus. As ICNs são uma maneira de fazer negócios.

9. *Revele sua alma.* Abra as gavetas do arquivo. Algum esqueleto conhecido está escondido lá dentro? Então, prepare-se para arrastá-lo para fora. As Idéias Criativas nos Negócios significam empresas e clientes formando parcerias para resolver problemas estratégicos nos negócios. E numa parceria verdadeira não se pode guardar segredos ou planos secretos. As ICNs exigem completa colaboração e acesso irrestrito às informações. É preciso dividir os mesmos objetivos e sonhos, com absoluta confiança de parte a parte em todos os níveis.

10. *Crie um brief para o século XXI.* Todos sabemos que a publicidade não mais diz respeito apenas a propostas exclusivas de vendas. Nem mesmo a comunicação de marketing. O velho *brief* criativo está obsoleto. Agora, está em nossas mãos criar um novo *brief* criativo — uma nova criatividade — para o século XXI. Se você é um cliente, exija um relacionamento criativo de sua agência. Se você é uma agência, exija o mesmo de

seu cliente. Vá além de encomendar campanhas publicitárias. Vá além de encomendar anúncios. Em vez disso, encomende pensamento criativo sobre o seu negócio. E quando você o obtiver? Recompense-o.

A coragem é inimiga do medo. O que pode nos tornar corajosos, principalmente nesses tempos atemorizantes e incertos? Antes de saltar, há uma última direção para a qual você deve olhar: *seu interior*. E não estou sugerindo qualquer processo de autoconhecimento profundo e esotérico.

Estou falando sobre entusiasmo.

Há muito tempo, fui considerado culpado por estar no ramo de negócios do entusiasmo. Será que o mesmo pode ser dito de nossa agência global? O que posso dizer é que, na minha opinião, entusiasmo nos permite ser corajosos. Ficamos tremendamente empolgados com a oportunidade de deflagrar uma nova revolução no pensamento criativo, de criar a versão para o século XXI da dupla "*book* e carretel de comerciais", e de redefinir as relações agência/cliente para os tempos em que vivemos.

As fagulhas começam a voar quando conectamos o mundo criativo e o dos negócios. E coisas incríveis acontecem quando colaboramos efetivamente com nossos clientes/parceiros e instilamos a mágica da criatividade na textura e na natureza em si do negócio. Eu já vi isso acontecer. Já fizemos isso acontecer. É um grande "Uau!". E acho que o entusiasmo irrefreável vem daí.

Tudo isso é, sem dúvida, um novo jeito de fazer negócios. Mas ele está ajudando a criar um futuro que abriga esperanças e potencialidades. Acho que você vai concordar que ele é muito mais recompensador — para todos nós — do que o velho mundo de publicidade e negócios que deixamos para trás.

Se você compartilha do nosso entusiasmo, seja nosso convidado. Experimente. Você provavelmente vai descobrir alguma coisa a mais do que nós. Seja você da geração *baby boom*, da *Gen Xer* ou um recém-formado, você vai se descobrir fazendo um trabalho importante e que traz satisfação. E vai se divertir com ele.

Vá em frente. Dê o salto.

Site na internet: www.leapthebook.com

Se você pensa em saltar, ou está procurando por mais exemplos de saltos criativos brilhantes, visite www.leapthebook.com. Lá você encontrará casos de empresas e marcas que deram o salto e prosperaram, reinventando a si próprias, seus mercados e suas fronteiras de atuação.

AGRADECIMENTOS

No capítulo 9, falei sobre colaboração criativa. Este livro é um perfeito exemplo disso: um trabalho de colaboração criativa. Como em todas as grandes colaborações, há muitas pessoas a quem desejo agradecer por terem contribuído para ele.

Em primeiro lugar, e principalmente, obrigado a Rebecca Leatherman, com quem tenho o prazer de trabalhar há mais de dez anos, e a Lisa Fabiano, com quem tenho o prazer de trabalhar há mais de 15 anos. Sem elas, este livro não seria possível.

Obrigado a Jesse Kornbluth e Ann O'Reilly, cujas contribuições foram inestimáveis.

Obrigado a um grupo coeso de pessoas cuja colaboração em equipe fez com que tudo acontecesse: Lillian Alzheimer, Johanna Berke, Roger Haskins, Sebastian Kaupert, Michael Lee, Carin Moonin, Peggy Nahmany, Sandra Riley, Marian Salzman, Amy Sreenen, Nancy Wynne.

Obrigado a todos da Euro RSCG em volta do mundo que forneceram suas reflexões sobre Idéias Criativas nos Negócios:

Thomas Bassett, Black Rocket Euro RSCG, São Francisco
Ron Berger, Euro RSCG MVBMS Partners, Nova York
José Luis Betancourt, Betancourt Becker Euro RSCG, Cidade do México
Leendert Bikker, Euro RSCG, Northern Europe
Frank Bodin, Euro RSCG Switzerland, Genebra
Marco Boender, Human-I Euro RSCG Interactive, Amsterdã
Phil Bourne, KLP Euro RSCG, Londres
Claude-Jean Couderc, Euro RSCG Worldwide, Paris
Matt Cumming, Euro RSCG Partnership, Sydney
John Dahlin, Euro RSCG Tatham Partners, Salt Lake City
Vincent Digonnet, Euro RSCG Partnership Asia Pacific, Cingapura
Paul D'Inverno, Bounty Euro RSCG, Londres
Olivier Disle, BETC Euro RSCG, Paris
Matt Donovan, Euro RSCG Partnership, Sydney
Jay Durante, Euro RSCG MVBMS, Nova York
Jim Durfee, Euro RSCG MVBMS, Nova York
Mercedes Erra, BETC Euro RSCG, Paris
Gary Epstein, Euro RSCG Tatham Partners, Chicago
Iain Ferguson, Euro RSCG Worldwide, Nova York
Glen Flaherty, Euro RSCG Wnek Gosper, Londres
Sander Flaum, Robert A. Becker Euro RSCG, Nova York
George Gallate, Euro RSCG Worldwide, Nova York
Israel Garber, Euro RSCG MVBMS, Nova York
Denis Glennon, Euro RSCG Tatham Partners, Chicago
Jerome Guilbert, BETC Euro RSCG, Paris
Romain Hatchuel, Euro RSCG Worldwide, Nova York
Don Hogle, Euro RSCG MVBMS, Nova York
Marianne Hurstel, BETC Euro RSCG, Paris
Michael Kantrow, Euro RSCG MVBMS, Nova York
Aron Katz, Euro RSCG Partnership, Sydney
Marcus Kemp, Euro RSCG MVBMS, Nova York
Cynthia Kenety, Euro RSCG MVBMS, Nova York
Pierre Lecosse, Euro RSCG Europe, Paris
John Leonard, Euro RSCG Tatham Partners, Chicago
Mason Lin, Euro RSCG Partnership, Pequim
Suzanne Lord, Euro RSCG Tatham Partners, Chicago
Pierre Lordonnois, Euro RSCG Worldwide, Paris
Ira Matathia, Euro RSCG MVBMS Partners, Nova York
Fergus McCallum, KLP Euro RSCG, Londres
Sean McCarthy, Euro RSCG MVBMS, Nova York

Dan McLoughlin, Euro RSCG MVBMS Partners, Nova York
Tom Meloth, Euro RSCG MVBMS, Nova York
Luca Menato, Euro RSCG Circle, Londres
Don Middleberg, Euro RSCG Middleberg
Tom Moult, The Moult Agency, Sydney
Julie Ng, Euro RSCG Partnership, Hong Kong
Joe O'Neill, Euro RSCG MVBMS, Nova York
Kuan Kuan Ong, Euro RSCG Partnership, Pequim
Trish O'Reilly, Euro RSCG MVBMS, Nova York
Daniel Pankraz, Euro RSCG Partnership, Sydney
Chris Pinnington, Euro RSCG Wnek Gosper, Londres
Olivier Pluquet, Euro RSCG Worldwide, Paris
Ishan Raina, Euro RSCG India, Mumbai
Nicolas Riou, Euro RSCG Worldwide, Paris
Juan Rocamora, Euro RSCG Southern Europe, Madri
Rich Roth, Euro RSCG MVBMS, Nova York
Sid Rothberg, Euro RSCG MVBMS, Nova York
Eugene Seow, Euro RSCG Partnership Asia Pacific, Cingapura
Phil Silvestri, Euro RSCG MVBMS, Nova York
Suman Srivastava, Euro RSCG India, Mumbai
Annette Stover, Euro RSCG Worldwide, Nova York
Marty Susz, Euro RSCG MVBMS, Nova York
Charlie Tarzian, Euro RSCG Circle, Nova York
Joanne Tilove, Euro RSCG MVBMS, Nova York
Michelle Verloop, Euro RSCG Worldwide, São Francisco
Dominique Verot, Carillo Pastore Euro RSCG, São Paulo
Beth Waxman, Euro RSCG MVBMS, Nova York
Mark Wnek, Euro RSCG Wnek Gosper, Londres

Obrigado aos nossos clientes por nos permitir compartilhar suas Idéias Criativas nos Negócios — e às outras empresas (que gostaríamos de ter como clientes algum dia) cujas histórias ajudaram a demonstrar o poder das Idéias Criativas nos Negócios.

Obrigado a Airié Stuart e à equipe da John Wiley & Sons, Emily Conway, Jessie Noyes e Michelle Patterson por seu apoio.

E finalmente, um muito obrigado especial a Andrew Jaffe, que me fez começar a escrever este livro e que gentilmente atuou como jurado em nosso segundo prêmio anual Idéias Criativas nos Negócios.

Notas

INTRODUÇÃO   1. Brian D. Biro, *Beyond Success: The 15 Secrets to Effective Leadership and Life Based on Legendary Coach John Wooden's Pyramid of Success* (Nova York: Perigee Books, 1997).

CAPÍTULO 1   1. Wendy Law-Yone, *Company Information: A Model Investigation* (Washington, DC: Washington Researchers, 1980), pp. 29—32.

2. Alice Z. Cuneo, Raymond Serafin, "Agency of the Year: With Saturn, Riney Rings Up a Winner, But Integrated Marketing Programs Work for More Clients Than GM Unit," *Advertising Age*, 14 de abril de 1993.

3. Marie Brenner, *Going Hollywood: An Insider's Look at Power and Pretense in the Movie Business* (Nova York: Delacorte Press, 1978), p. 123.

4. Lorraine Spurge, *MCI: Failure Is Not an Option—How MCI Invented Competition in Telecommunications* (Encino, CA: Spurge Ink!, 1998).

5. Patricia Sellers (com reportagem de Joyce E. Davis), "Do You Need Your Ad Agency," *Fortune*, 15 de novembro de 1993.

CAPÍTULO 2   1. Langdon Winner, *The Whale and the Reactor: A Search for Limits in an Age of High Technology* (Chicago: University of Chicago Press, 1986), p. 45.

2. Naomi Klein, *No Logo: Taking Aim at the Brand Bullies* (Nova York: Picador, 2000), p. 31.

3. George Plimpton, editor, *Writers at Work, the Paris Review Interviews, Ninth Series* (Nova York: Viking Penguin, 1992).

4. As informações para o estudo do *case* da Disney foram extraídas das seguintes fontes: "Disney Timeline," *Daily Variety*, 26 de junho de 1998; Jay Carke, "Disney World Celebrates 100 Years of Magic," *Miami Herald*, 9 de outubro de 2001; Bill Capodagli and Lynn Jackson, *The Disney Way: Harnessing the Management Secrets of Disney in Your Company* (Nova York: McGraw-Hill, 1999).

5. Akio Morita, with Edwin M. Reingold and Mitsuko Shimomura, *Made in Japan: Akio Morita and Sony* (Nova York: E.P. Dutton, 1986).

6. Langdon Winner, *Autonomous Technology* (Cambridge: MIT Press, 1977), p. 24.

Notas **243**

1. Jesse Kornbluth, "Robin Williams's Change of Life," *New York*, 22 de **CAPÍTULO 3** novembro de 1995, p. 40.

2. B. Joseph Pine II and James H. Gilmore, *The Experience Economy: Work Is Theatre & Every Business a Stage* (Cambridge: Harvard Business School Press, 1999).

3. Warren G. Bennis, citação do site www.brainyquote.com.

4. Oliver Wendell Holmes Sr., citação do *Investor's Business Daily*, 5 de março de 2001.

5. John Nathan, *SONY: The Private Life* (Boston: Houghton Mifflin Company, 1999), p. 155.

6. Akio Morita, with Edwin M. Reingold and Mitsuko Shimomura, *Made in Japan: Akio Morita and Sony* (Nova York: E.P. Dutton, 1986), p. 81.

7. Richard Branson, *Losing My Virginity: How I've Survived, Had Fun, and Made a Fortune Doing Business My Way* (Nova York: Three Rivers Press, 1998).

8. Ronald D. Davis, *The Gift of Dyslexia: Why Some of the Smartest People Can't Read and How They Can Learn* (Nova York: Berkley Publishing Group, 1997).

9. Cassandra Jardine, "One Day, We'll Take Over the World," *Daily Telegraph*, 10 de janeiro de 2001.

10. Richard Branson, *Losing My Virginity: How I've Survived, Had Fun, and Made a Fortune Doing Business My Way* (Nova York: Three Rivers Press, 1998), p. 59.

11. Ibid., p. 152.

12. Informação sobre a Virgin citada no site www.virgin.com.

13. Andrew Culf, "Thou Shalt Have a New Moral Code: Royalty and MP's Are Regarded as Setting Poor Example but Mother Teresa Seen as Ideal Person to Point Way Through Moral Maze," *Guardian*, 10 de outubro de 1994.

14. As citações de Bill Taylor nesse capítulo foram extraídas de uma entrevista feita pela Euro RSCG Worldwide em fevereiro de 2002.

1. As informações para o estudo do *case* da MCI foram extraídas de Lor- **CAPÍTULO 4** raine Spurge, *MCI: Failure Is Not an Option—How MCI Invented Competition in Telecommunications* (Encino, CA: Spurge Ink!, 1998), pp. 139—142, 156, 169.

244 Salto — Uma Revolução em Estratégia Criativa nos Negócios

2. Langdon Winner, *The Whale and the Reactor: A Search for Limits in an Age of High Technology* (Chicago: University of Chicago Press, 1986), p. 45.

3. Frederic Raphael, *Somerset Maugham* (Maynooth: Cardinal Press, 1989), p. 49.

4. Bill Capodagli and Lynn Jackson, *The Disney Way: Harnessing the Management Secrets of Disney in Your Company* (Nova York: McGraw-Hill, 1999), pp. 9—10.

5. As citações de Bill Taylor nesse capítulo foram extraídas de uma entrevista feita pela Euro RSCG Worldwide em fevereiro de 2002.

6. Walter Lippmann, citação do site www.ibiblio.com.

7. Informações sobre a Benetton citadas no site www.benetton.com.

8. Eric J. Lyman, "The True Colors of Toscani," *Ad Age Global*, 1 de setembro de 2001.

9. Andrew Tuck, "Interview: Luciano Benetton—True Colours," *The Independent*, 23 de junho de 2001.

CAPÍTULO 5   1. Pierre Teilhard de Chardin, *The Phenomenon of Man* (Nova York: Harper Perennial, 1976). [*O Fenômeno Humano*, publicado pela Ed. Cultrix, São Paulo, 1988.]

2. As informações para o estudo do *case* Perdue foram extraídas das seguintes fontes: Wendy Law-Yone, Company Information: A Model Investigation (Washington DC: Washington Researchers, 1980); "Forbes 500 Largest Private Companies," *Forbes*, outubro de 2001; site www.perdue.com.

3. Wendy Law-Yone, *Company Information: A Model Investigation* (Washington DC: Washington Researchers, 1980), p. 31.

4. "Forbes 500 Largest Private Companies," *Forbes*, outubro de 2001.

5. As informações para o estudo do *case* Intel foram extraídas das seguintes fontes: Tobi Elkin, "Co-Op Crossroads Inside Intel: A Decade Old Campaign's Long Road from Nerdville to Geek Chic," *Advertising Age*, 15 de novembro de 1999; "Intel Corporation: Branding Ingredient," preparado por Leslie Kimerling sob a supervisão do professor associado Kevin Lane Keller (hoje na Amos Tuck School of Business, Dartmouth College) para uma tese de graduação na Stanford University Graduate School of Business (com a cooperação da Intel e a colaboração de Dennis Carter, Sally Fundakowski e Karen Alter), dezembro de 1994; Andrew S. Grove, *Only the Paranoid Survive: How to*

Exploit the Crisis Points that Challenge Every Company (Nova York: Currency, a division of Doubleday, 1996).

6. Tobi Elkin, "Co-Op Crossroads Inside Intel: A Decade Old Campaign's Long Road from Nerdville to Geek Chic," *Advertising Age*, 15 de novembro de 1999.

7. Andrew S. Grove, *Only the Paranoid Survive: How to Exploit the Crisis Points That Challenge Every Company*. (Nova York: Currency, a division of Doubleday, 1996), p. 151.

8. Joshua L. Kwan, "Robet Noyce: The Genius Behind Intel," *San Jose Mercury News*, 20 de junho de 2001.

9. As informações para o estudo do *case* Nasdaq foram extraídas das seguintes fontes: "New Nasdaq MarketSite Opens Formally in Times Square," *PR Newswire*, 3 de janeiro de 2000; site www.nasdaq.com e The Nasdaq Stock Market, Inc.

CAPÍTULO 6

1. Theodore Levitt, "Marketing Myopia," *Harvard Business Review*, setembro-outubro de 1975.

2. Hiawatha Bray, "Wang to Be Sold to Gentronics in $2b Cash Deal," *The Boston Globe*, 5 de maio de 1999.

3. As informações para o estudo do *case* Starbucks foram extraídas das seguintes fontes: Howard Schultz and Dori Jones Yang, *Pour Your Heart into It* (Nova York: Hyperion, 1997); site www.starbucks.com.

4. Howard Schultz and Dori Jones Yang, *Pour Your Heart into It* (Nova York: Hyperion, 1997), p. 200.

5. Informações sobre o Yahoo! citadas no site www.yahoo.com.

6. Marshall McLuhan, *Understanding Media* (Cambridge: MIT Press, 1994), p. 167.

7. Marjorie Williams, Bruce Brown, Ralph Gaillard Jr., "MTV as Pathfinder for Entertainment," *Washington Post*, 13 de dezembro de 1989.

8. As informações para o estudo do *case* MTV foram extraídas das seguintes fontes: *Tom McGrath, MTV: The Making of a Revolution* (Filadélfia: Running Press Book Publishers, 1996); Jack Banks, *Monopoly Television: MTV's Quest to Control the Music* (Boulder, CO: Westview Press, a division of HarperCollins, 1996).

9. A informação para o estudo do *case* Hallmark foi extraída da seguinte fonte: Sharon King, "Floribunda! The Business of Blooms Consolidates: A Mixed Bouquet of Acquisitions Has Built U.S.A. Floral Products," *New York Times*, 28 de julho de 1998.

246 Salto — Uma Revolução em Estratégia Criativa nos Negócios

10. A informação para o estudo do *case* MCI foi extraída de: Lorraine Spurge, *MCI: Failure Is Not an Option—How MCI Invented Competition in Telecommunications* (Encino, CA: Spurge Ink!, 1998), pp. 174—176.

11. As informações para o estudo do *case* Guinness foram extraídas das seguintes fontes: "End of Irish Boom in Sight?" *BBC News*, 9 de agosto de 2001; site www.tradepartners.gov.uk.

12. Informação sobre a Irlanda citada no site www.bookreporter.com/authors/au-mccourt-frank.asp.

13. Informação sobre a Guinness citada no site: www.witnness.com.

14. Informação sobre a Guinness citada no site da BBC Radio 1 website (www.bbc.co.uk/radio1/artist_area/wilt/).

15. As informações sobre a MTV e The Osbournes foram extraídas de: Gary Levin, "MTV Re-Enlists the Osbournes," *USA Today*, 30 de maio de 2002; Marc Peyser, "Newsmakers," *Newsweek*, 10 de junho de 2002.

16. Suzanne Kapner, "A Testy Branson Flirts with the Market Again," *New York Times*, 26 de maio de 2002.

17. Steven Erlanger, "An American Coffee House (or 4) in Vienna," *New York Times*, 1 de junho de 2002.

CAPÍTULO 7   1. Erich Joachimsthaler, David A. Aaker, "Building Brands Without Mass Media," *Harvard Business Review*, janeiro-fevereiro de 1997.

2. Citação de Samuel Beckett no site www.ipv.pt/millenium/Ireland_esf4.htm.

3. A informação para o estudo do *case* Guggenheim foi extraída de uma palestra de Kren na Euro RSCG Worldwide, dezembro de 2000.

4. As informações para o estudo do *case* Guggenheim foram extraídas das seguintes fonts: Mark Honigsbaum, "Saturday Review: McGuggenheim? Motorbikes and Armani—Is This Any Way to Run a Great Gallery?" *Guardian*, 27 de janeiro de 2001; Clare Henry, "The Modern Art of Survival: Thomas Krens, Director of New York's Guggenheim Museum, Has a Dream," *Financial Times*, 24 de fevereiro de 2001; Antony Thorncroft, "The Art of Making Money: The Guggenheim Museum Is Going Global," *Financial Times*, 6 de junho de 1998; Douglas C. McGill, "Guggenheim Names a New Director," *New York Times*, 13 de janeiro de 1988; Kim Bradley, "The Deal of the

Century: Opening of the Guggenheim Museum Bilbao, Spain," *Art in America*, julho de 1997; Silvia Sansoni, "Multinational Museums," *Forbes*, 18 de maio de 1998; Paul Lieberman, "Museum's Maverick Showman," *Los Angeles Times*, 20 de outubro de 2000; Frederick M. Winship, "Mellon Millions to Aid Reeling Arts Groups," United Press International, 11 de dezembro de 2001; site www.guggenheim-lasvegas.org.

5. As informações para o estudo do *case* Guggenheim foram extraídas de Charles Osgood (âncora), Martha Teicher (repórter), "The Artful Lodger; Thomas Krens Directs Guggenheim into the 21st Century with the Guggenheim Bilbao," *Sunday Morning*, CBS-TV, 1 de novembro de 1998.

6. Ibid.

7. Clare Henry, "The Modern Art of Survival: Thomas Krens, Director of New York's Guggenheim Museum, Has a Dream," *Financial Times* (Londres), 24 de fevereiro de 2001.

8. A informação sobre a construção da ponte em Madero Este, em Buenos Aires, foi extraída de uma entrevista com Jorge Heymann, presidente and diretor criativo da Heymann/Bengoa/Berbari, outubro de 2001.

9. Paul Angyal, "Nothing Zooms Like a Moped: Fast and Cheap—Western Distributor Hopes for a Comeback," *National Post*, 26 de janeiro de 2001.

1. Rick Lyman, "Moviegoers Are Flocking to Forget Their Troubles," *New York Times*, 21 de junho de 2002. **Capítulo 8**

2. Michael J. Wolf, *The Entertainment Economy: How Mega-Media Forces Are Transforming Our Lives* (Nova York: Times Books, Random House, 1999), pp. 75—76.

3. As informações para o estudo do *case* Disney foram extraídas das seguintes fontes: escrito e apurado por Rebecca Ascher-Walsh, Ty Burr, Betty Cortina, Steve Daley, Andrew Essex, Daniel Fierman, Jeff Gordinier, David Hochman, Jeff Jensen, Tricia Johnson, Dave Karger, Allyssa Lee, Leslie Marable, Chris Nashawaty, Joe Neumaier, Brian M. Raftery, Joshua Rich, Erin Richter, Lisa Schwarzbaum, Jessica Shaw, Tom Sinclair, Benjamin Svetky, and Chris Willman, "The Nineties," *Entertainment Weekly*, 24 de setembro de 1999; Greg Hernandez, "Under His Spell:

248 Salto — Uma Revolução em Estratégia Criativa nos Negócios

Fans Line Up Early for First Crack at 'Harry Potter' Video," *Daily News of Los Angeles*, 29 de maio de 2002; " 'The Lion King' Classic Book from Disney Publishing's Mouse Works Picked as Nº 1 Best Selling Children's Book of 1994 by USA Today," *Business Wire*, 13 de fevereiro de 1995; Michael McCarthy, Fara Warner, "Mane Attraction: Marketers, Disney Put $100 Million on Nose of Lion King," *Brandweek*, 21 de março de 1994; Barry Singer, "Theater: Just Two Animated Characters, Indeed," *New York Times*, 4 de outubro de 1998; Patti Hartigan, "Broadway's New 'King': In the Circle of Cultural Life, Disney's Animated Hit Is Raising Hopes for a New King of Musical Theater," *Boston Globe*, 9 de novembro de 1997; Evan Henerson, " 'King' of the World? Disney May Be Just That Much Closer with Its New Musical," *Daily News of Los Angeles*, 15 de outubro de 2000; "Disney's Animal Kingdom at Walt Disney World Resort Dedicated Tuesday in African-Themed Spectacle," *PR Newswire*, 28 de abril de 1998; site www.disney.go.com/disneytheatrical/lionking/awards.html.

4. Barry Singer, "Theater: Just Two Animated Characters, Indeed," *New York Times*, 4 de outubro de 1998.

5. As informações para o estudo do *case* Crayola foram extraídas das seguintes fontes: site www.crayola.com; site www.binney-smith.com; site www.wackyuses.com.

6. As informações para o estudo do *case* Nokia Game foram extraídas das seguintes fontes: "Nokia Game Kicks Off on November 4: The All-Media Adventure Expands to 28 Countries in Europe and the Middle East," *Business Wire*, setembro de 2001; "Nokia Game Players Complete Geneva's Final Assignment: Final Played by 25,000 Players in 28 Countries on November 23," *M2 PRESSWIRE*, 26 de novembro de 2001; "Nokia and Euro RSCG Worldwide Win Gold Lion Direct for Nokia Game at 2002 International Advertising Festival in Cannes," *PR Newswire*, 24 de junho de 2002.

7. As informações para o estudo do *case* Projeto Greenlight foram extraídas das seguintes fontes: site www.projectgreenlight.com; Hayley Kaufman, "An Emerging Writer and Reluctant Star," *Boston Globe*, 17 de março de 2002; "LivePlanet on Track in Effort to Integrate Media in Entertainment and Technology," *Business Wire*, 4 de junho de 2001; Mark Caro, "The Reel Reality: Pete Jones Won a Screenwriting Contest. His Prize? Being Filmed by HBO While He's Filming," *Chica-*

go Tribune, 15 de julho de 2001; Kenneth Turan, "Movie Review: Drama in the Filmmaking, Not the Film," *Los Angeles Times*, 22 de março de 2002; Caryn James, "TV Weekend: Novice Directors, Be Careful What You Pray For," *New York Times*, 30 de novembro de 2001.

8. Kenneth Turan, "Movie Review: Drama in the Filmmaking, Not the Film," *Los Angeles Times*, 22 de março de 2002.

9. "LivePlanet on Track in Effort to Integrate Media in Entertainment and Technology," *Business Wire*, 4 de junho de 2001.

10. As informações para o estudo do *case* Edwin Schlossberg foram extraídas das seguintes fontes: "From the Publisher: A Conversation with Edwin Schlossberg, Author of *Interactive Excellence: Defining and Developing New Standards for the Twenty-First Century*," site Amazon.com; site www.esidesign.com.

1. As citações de Bill Taylor neste capítulo foram extraídas de uma entrevista feita pela Euro RSCG em fevereiro de 2002. **CAPÍTULO 9**

2. Tom Kelley with Jonathon Littman, *The Art of Innovation: Lessons in Creativity from IDEO, America's Leading Design Firm* (Nova York: Currency Books, Doubleday, 2001), p. 69.

3. Ibid., p. 71.

4. As informações sobre o projeto de carrinho de supermercado feito pela IDEO para o *Nightline* foram extraídas de *The Art of Innovation*, pp. 6—13.

5. Ibid., p. 56.

6. Citação de Charles Brower tirada do site www.wilcherish.com/cardshop/quotes/brower1.htm.

7. Palestra de Tom Kelley na reunião dos cem dias da Euro RSCG Worldwide em Las Vegas, 16 de novembro de 2001.

8. *The Art of Innovation*, pp. 121—126.

9. Ibid., p. 123.

10. Ibid., p. 124.

11. Ibid., p. 146.

12. William Irwin Thompson, *At the Edge of History* (Nova York: Harper & Row, 1971), p. 178.

CRÉDITOS DAS FOTOS

Sony Walkman, p. 48. Copyright © Richard Pasley/Stock Boston LLC. Walkman é marca registrada de Sony Corporation.

Virgin, p. 54. Getty Images. O logotipo da Virgin é marca registrada de Virgin Enterprises Limited.

Virgin Atlantic Airways, p. 58. Getty Images. Virgin Atlantic é marca registrada de Virgin Enterprises Limited.

Imagem da Benetton Fabrica, p. 68. Copyright © Stefano Beggiato para Fabrica. Reproduzido com autorização de Benetton Group.

Peugeot, p. 76. Copyright © Jean-Jacques Castres.

Intel, p. 92. Reproduzido com autorização de Intel Corporation.

Intel BunnyPeople, p. 95. Os personagens BunnyPeople são marca registrada de Intel Corporation. Reproduzido com autorização de Intel Corporation.

Adesivo refletor para bicicletas, p. 98. Reproduzido com autorização de Intel Corporation.

Nasdaq, p. 102. Copyright © Alex Farnsworth/The Image Works.

RATP, p. 110. Copyright © Sébastien Meunier.

Starbucks, p. 115. Copyright © Vincent Dewitt/Stock Boston.

Yahoo!, p. 121. Copyright © 1999 Yahoo! Inc. Todos os direitos reservados.

MTV, p. 123. Copyright © Jan Butchofsky-Houser/Corbis. MTV é marca registrada de MTV Networks.

Flores Hallmark, p. 127. Hallmark é marca registrada de Hallmark Licensings, Inc.

Flores Hallmark, p. 133. Reproduzido com autorização de Hallmark Cards, Inc.

1-800-COLLECT, p. 135. 1-800-COLLECT é marca registrada de MCI.

Guggenheim Nova York, p. 154. Foto de David Heald. Copyright © Solomon R. Guggenheim Foundation, Nova York.

Guggenheim Bilbao, p. 158. Copyright © Margaret Ross/Stock Boston.

A Arte da Motocicleta, p. 160. Foto de Ellen Labenski. Copyright © Solomon R. Guggenheim Foundation, Nova York.

Puerto Madero, Buenos Aires, p. 167. Copyright © Michael Dwyer/Stock Boston.

O Rei Leão, p. 173. Copyright © Michael Newman/Photo Edit, Inc.

Lápis de cor Crayola, p. 176. Reproduzido com autorização de Binney & Smith Inc., fabricante dos produtos Crayola. Copyright © Network Productions/The Image Works.

Room Service, p. 189. Copyright © Petter Karlberg.

Projeto Greenlight, p. 191. Projeto Greenlight é marca registrada de Project Greenlight and Greenlight Marks.

Fazenda ESI Macomber, p. 195. Copyright © 1982, Donald Dietz. Reproduzido com autorização de ESI Design.

IDEO, Palo Alto, p. 219. Copyright © Roberto Carra. Reproduzido com autorização de IDEO.

Fuel North America, Euro RSCG MVBMS Partners, p. 221. Copyright © Ruggero Vanni, IMAGELEAP, Inc.

BETC Euro RSCG, Paris, p. 222. Copyright © Hervé Abbadie.

BETC Euro RSCG, Paris, p. 223. Copyright © Hervé Abbadie.

CraveroLanis Euro RSCG, Buenos Aires, p. 225. Reproduzido com autorização de Apertura e Target Magazines.

CRÉDITOS DO TEXTO

Capítulos 1 e 9. Volvo é marca registrada da Volvo Trademark Holding AB.

Capítulos 1 e 5. Wendy Law-Yone, *Company Information: A Model Investigation* (Washington, D.C.: Washington Researchers, 1980).

Capítulos 2 e 3. Akio Morita with Edwin M. Reingold and Mitsuko Shimomura, *Made in Japan: Akio Morita and Sony* (Nova York: E.P. Dutton, 1986). Reproduzido com autorização de E. P. Dutton Penguin Putnam Inc.

Capítulos 2 e 4. Bill Capodagli and Lynn Jackson, *The Disney Way: Harnessing the Management Secrets of Disney in Your Company* (Nova York: McGraw-Hill, 1999). Copyright © 1999 by the Center for Quality Leadership. Reproduzido com autorização de The McGraw-Hill Companies.

Capítulos 2, 4 e 8. Este livro faz referências a várias marcas registradas da The Walt Disney Company e da Disney Enterprises, Inc., reproduzidas com autorização.

Capítulo 3. John Nathan, *SONY: The Private Life* (Boston: Houghton Mifflin Company, 1999). Copyright © 1999 by John Nathan. Reproduzido com autorização da Houghton Mifflin Company. Todos os direitos reservados.

Capítulo 4. "The True Colors of Toscani," *Ad Age Global*, 1 de setembro de 2001. Reproduzido com autorização da edição de setembro de 2001 da Ad Age Global. Copyright © Crain Communications Inc., 2001.

Capítulo 5. "Intel Corporation: Branding Ingredient," preparado por Leslie Kimerling sob a supervisão do professor associado Kevin Lane Keller (hoje na Amos Tuck School of Business, Dartmouth College) para uma tese de graduação na Stanford University Graduate School of Business (com a cooperação da Intel e assistência de Dennis Carter, Sally Fundakowski e Karen Alter) dezembro de 1994. Reproduzido com autorização do professor associado Kevin Lane Keller, da Amos Tuck School of Business e do Dartmouth College.

Capítulo 5. Andrew S. Grove, *Only the Paranoid Survive: How to Exploit the Crisis Points that Challenge Every Company*. (Nova York: Currency (uma divisão da Doubleday), 1996). Reproduzido com autorização da Doubleday, uma divisão da Random House, Inc.

Capítulo 6. Tom McGrath, *MTV: The Making of a Revolution* (Filadélfia: Running Press Book Publishers, 1996). Copyright © 1996 by Tom McGrath, publicado pela Running Press Book Publishers, Filadélfia e Londres.

Capítulo 6. Jack Banks, *Monopoly Television: MTV's Quest to Control the Music* (Boulder, CO: Westview Press, uma divisão da HarperCollins,

Créditos **253**

1996). Copyright © 1996 by Westview Press. Reproduzido com autorização da Westview Press, integrante da Perseus Books, LLC.

Capítulo 6. "Sing a Song of Seeing; Rock Videos Are Firing Up a Musical Revolution," *Time*, 26 de dezembro de 1983. Copyright © 1983 by Time, Inc. Reproduzido com autorização.

Capítulo 7. "Multinational Museums," *Forbes*, 18 de maio de 1998. Reproduzido com autorização da Forbes.

Capítulo 7. "The Artful Lodger; Thomas Krens Directs Guggenheim into the 21st Century with the Guggenheim Bilbao," *Sunday Morning*, 1 de novembro de 1998. Usado com autorização da CBS News/Sunday Morning.

Capítulo 7. Informação para o estudo do *case* Guggenheim utilizada com permissão de Thomas Krens, diretor, The Solomon R. Guggenheim Foundation.

Capítulo 8. Michael J. Wolf, *The Entertainment Economy: How Mega-Media Forces Are Transforming Our Lives* (Nova York: Times Books (Random House), 1999). Copyright © 1999 by Michael J. Wolf. Reproduzido com autorização da Times Books, uma divisão da Random House, Inc.

Capítulo 8. "Theater; Just Two Animated Characters, Indeed," *The New York Times*, 4 de outubro de 1998. Copyright © 1998 by The New York Times Company. Reproduzido com autorização.

Capítulo 9. Tom Kelley with Jonathon Littman, *The Art of Innovation: Lessons in Creativity from IDEO, America's Leading Design Firm.* (Nova York: Currency Books, Doubleday, 2001). Reproduzido com autorização da Doubleday, uma divisão da Random House, Inc.

Foto de Lisa Berg

Sobre o autor

Bob Schmetterer é Chairman do Conselho de Administração e CEO da Euro RSCG Worldwide e Presidente e COO da Havas. Sob sua liderança, a Euro RSCG Worldwide subiu da nona para a quinta posição entre as maiores empresas de comunicações de marketing do mundo, com 233 escritórios em 75 países, e figura entre as dez maiores em publicidade, serviços de marketing, comunicação em serviços ligados à saúde e comunicação interativa on-line.

Ao longo de sua carreira, Bob tem sido avaliado como um líder inovador em seu ramo, um defensor entusiasmado das mudanças, das inovações e da criatividade no ambiente empresarial. Ele fala freqüentemente sobre dinâmica do mercado de consumo e tecnologia das comunicações, sobre as relações entre publicidade e entretenimento e sobre novas maneiras de pensar de forma estimulante e recompensadora. A revista *Advertising Age* classificou Bob como "um visionário criativo com uma perspectiva clara do futuro de nosso ramo de negócios" e a *Business Week* o definiu como um "introdutor de novidades e um agitador" do marketing digital.

A visão e a crença de Bob de que os profissionais de publicidade são os mais bem equipados para pensar de maneira criativa sobre comunicações tem sido essencial, na Euro RSCG Worldwide, para o desenvolvimento das Idéias Criativas nos Negócios, conceito segundo o qual o pensamento inovador transforma os negócios convencionais em experiências de consumo únicas e irresistíveis. Ele acredita que os benefícios são enormes para as empresas que conseguem injetar a mágica da criatividade na estrutura e na natureza de seu negócio. Esse tipo de pensamento inovador conduziu a campanhas brilhantes para clientes como Intel, Peugeot, Air France, Orange, Abbey National, MCI, Danone Group, Reckitt Benckiser, Volvo e Yahoo!

Ele foi um dos primeiros a identificar o impacto que a internet teria na publicidade e a encorajar clientes e colegas a começar a pensar sobre campanhas integradas, que independem da mídia. Além disso, pertence à diretoria da Havas e atua em diversas outras organizações, entre elas o Conselho de Fundadores do International Institute for Management Development (IMD), a sede de Nova York da AAAA, o conselho consultivo da @d Tech e o comitê diretor da empresa de *new media* da ANA/AAA, CASIE. Ele tem sido o palestrante principal em inúmeros eventos e conferências, incluindo o Festival Internacional de Publicidade de Cannes Lions, o seminário da AAAA-ANA, o Fórum de Publicidade Jupiter Global Online e o Seminário Nacional de Vendas Yahoo!

Anteriormente em sua carreira, Bob foi COO da Scali McCabe Sloves, Diretor Executivo da HCM Worldwide e um dos sócios fundadores da Messner Vetere Berger McNamee Schmetterer Euro RSCG.